실학파의 산문과 비평

―서유구의 청년기 저작에 대한 비평의 실제―

강민구 지음

보고사

머리말

　실학자들에 대한 연구는 한국학 연구자에게 피해가기 힘든 과제이다. 비록 전공이 실학자들과 멀리 떨어져 있다고 하여도 예외가 될 수 없다. 그러나 필자는 실학자 연구에 끼어들기가 부담스러웠고, 신선함도 느낄 수 없었다. 오히려 기존 학설의 타당성을 검증하고 싶은 충동이 더 강하였다.
　필자가 서유구의 『풍석고협집』을 접하게 된 것은 『건천고』 연구로 박사학위를 취득한 직후였다. 비록 『건천고』의 생동감에는 미치지 못하지만 『풍석고협집』에는 당대 최고 문인이자 실학자들의 비평이 고스란히 남아 있었기에 몹시 흥미로웠다. 이렇게 해서 필자도 실학자에 대한 연구 대열로 들어설 수밖에 없게 되었다. 『풍석고협집』 연구에 착수한 것이 1998년의 일이니, 벌써 15년이 되었다. 그 당시에 『풍석고협집』의 작품을 모두 번역해 두고 생각날 때마다 논문으로 생각을 정리한 것이 5편에 이른다. 연구 기간으로 따진다면 많은 성과가 아니지만, 『풍석고협집』만을 연구의 대상으로 삼았기에 어지간한 것은 다루어 보았다고 할 수 있다.
　『풍석고협집』은 서유구가 18세부터 25세까지 창작한 산문을 수록한 작품집이다. 작자인 청년 서유구와 필자의 연배가 그리 차이 나지 않았을 때에는 『풍석고협집』의 진가를 미처 깨닫지 못하였다. 그러나 이제는 청년 서유구의 식견과 필력이 경이로울 뿐이다. 그러한 경이로움은 필자가 나이를 먹을수록 점점 커진다는 사실을 최근에야 알게 되었다. 이것이 이 책을 서둘러 집필하게 된 이유이다. 이 책은 그간 학회지에 발표한 관련 논문 3편을 근간으로 삼아 오류를 수정하고 지면이 허락하지 않아 미루어 두었던 논리를 확장한 것이다.

따분한 전문서적의 출간을 흔쾌히 허락해 주신 보고사 김흥국 대표님과 어지러운 원고를 편집해 주신 박현정 편집장님께 감사드린다. 그리고 이 책의 오류를 조금이나마 줄여주려고 소중한 조언을 해 준 경북대학교 김선화, 우지영, 박정민 선생에게도 진심으로 감사드린다.

2013년 8월 광복절에 강민구 씀.

목차

┃ 머리말 … 3

1. 서론 ·· 7
2. 작품과 비평의 결합 양상 ··· 10
3. 풍격론 관련 비평 ·· 21
4. 문체론 관련 비평 ·· 47
5. 기교론 관련 비평 ·· 63
   1) 자법(字法)·구법(句法)·장법(章法)에 대한 비평 ············ 63
   2) 묘사에 대한 비평 ··· 102
   3) 서정에 대한 비평 ··· 119
   4) 서사에 대한 비평 ··· 142
   5) 의논에 대한 비평 ··· 154
6. 효용론 관련 비평 ·· 163
   1) 인간의 가치 발현의 수단 ·· 165
   2) 음악론을 겸한 효의 실천법 ·· 169
   3) 활쏘기를 겸한 학문의 방법 ·· 177
   4) 마음의 정화를 겸한 창작의 수단 ······························ 184
   5) 각성의 수단 ·· 188
7. 결론 ·· 195

┃ 참고문헌 / 201
┃ 찾아보기 / 203
┃ 부록 – 楓石鼓篋集 原文 / 219

실학파의 산문과 비평

1. 서론

　세계 문학사에서 18세기는 이전 시기와 명확하게 구별되는 특징을 보인다. 그 특징 가운데 하나는 전업(專業) 비평가의 출현이다. 한국문학에서 서구문학과 동일한 현상을 찾으려는 발상에 무리가 있다는 것은 재론의 여지가 없다. 그렇지만 이 시기에 한국문학이 조용한 가운데 변화가 일어나고 있었음은 부인할 수 없다. 한국문학에서는 비록 서구와 같이 비평이 문학으로부터 독립하여 독자적 영역을 확보하지는 못하였지만, 이전 시기에 보지 못하였던 다양한 내용과 형식의 비평이 출현한다. 이를 우리 문학의 진전된 현상으로 파악하더라도 대과(大過)는 아닐 것이다.
　장구한 기간 지속된 중세 봉건기의 문화는 그 변화의 속도가 대단히 느렸다. 중세 동양 문화에서 가장 정채(精彩)로운 분야인 한문학을 살펴본다면 그러한 현상을 확인할 수 있다. 한문학의 제 장르는 그것이 발생한 이후로 다소간의 변화가 있었음을 부인할 수는 없지만 한문학의 시대가 막을 내릴 때까지 대체적 특징은 유지되었다. 그러나 18세기 후반에는 경제·철학·사회·문학의 제 분야에서 중세적 질서에 대한 회의와 반성이 진지하게 이루어졌다. 본 연구는 그 중에서 문학의 변화 현상을 비평의 분석을 통하여 규명하고자 한다.

 문학에 대한 비평 행위가 출현한 이후로 비평은 문학의 외적·내적 현상과 본질을 설명·해석하고 그 가치에 대한 판단을 내려왔다. 비평은 문학의 변화 현상을 민감하게 포착하는 기능을 담당한다고 하겠다. 뿐만 아니라, 비평은 작가에게 문학의 변화를 적극적으로 요구하여 낡은 틀을 파괴하도록 하는 기능을 수행하기도 한다. 그러므로 문학 현상의 변화를 가장 정확하게 파악할 수 있는 수단이 문학 비평이라고 하겠다.

 중세의 한국 문학은 성리학적 문학관이라는 패러다임으로부터 크게 벗어날 수 없었다. 기실 성리학적 문학관이란 문학의 발전을 제약하는 보수적 성향을 갖는다. 환언한다면 성리학적 문학관은 중세봉건적 성향을 가장 충실하게 견지하고 있는 문학 관념이라고 할 수 있다. 따라서 중세해체기의 조짐을 문학의 방면에서 찾는다면, 그것은 '성리학적 문학관으로부터의 이격(離隔)'이라고 단정할 수 있다. 이러한 현상은 18세기에 뚜렷하게 보인다. 18세기 후반 실학파의 활동을 진보적 운동으로 규정하는데 크게 이의를 제기할 사람은 없다. 그렇다면 그들의 문학 활동 역시 그러할까? 실학파 그룹의 구성원 중에는 중세적 문학 관념으로부터 상당 정도 일탈의 성향을 보이는 인물이 있는가 하면, 일부는 보수적 성향을 공고히 유지하고 있기도 하다. 이는 그들의 정치적 성향이나 신분적 입지와 밀접한 관련을 갖는다. 이처럼 보수와 진보가 혼재, 착종된 중세봉건시대 해체기의 문학적 현상에 대한 고찰은 우리의 중세 문학사에서 중요한 작업이라고 하겠다.

위와 같은 연구의 문제 의식을 충족시킬 수 있는 자료가 풍석(楓石) 서유구(徐有榘)[1]의 『풍석고협집(楓石鼓篋集)』이라고 하겠다.

『풍석고협집』은 산문집으로써 총 47편의 작품이 수록되어 있다. 그런데 여기에는 실학파의 중요 구성원인 이덕무(李德懋)[2]와 성대중(成大中)[3]의 비평이 작품마다 부기(附記)되어 있다. 또 이의준(李義駿)[4]의 비평도 볼 수 있다. 일정하지는 않지만 어떤 작품은 3인의

---

[1] 서유구(徐有榘): 1764(영조 40)~1845(헌종11). 자는 준평(準平). 호는 풍석(楓石). 조부는 서명응(徐命膺)이며 부는 서호수(徐浩修). 1790년 증광문과에 별과로 급제하여 군수·관찰사를 거쳐 대제학에 이르렀다.
　서유구에 대한 선행 연구는 조창록(2002)의 『풍석 서유구에 대한 한 연구』(성균관대 한문학과 박사학위논문)에 상세하게 정리되어 있다.

[2] 이덕무(李德懋): 1741(영조 17)~1793(정조 17). 자는 무관(懋官). 호는 형암(炯庵)·아정(雅亭)·청장관(青莊館)·영처(嬰處)·동방일사(東方一士). 박학다식하고 고금의 기문서(奇文異書)에 달통하였으며 문장에 개성이 뚜렷하여 문명을 떨쳤으나 서자였기 때문에 중용되지 못하였다. 그는 약관에 박제가(朴齊家)·유득공(柳得恭)·이서구(李書九)와 함께 『건연집(巾衍集)』이라는 사가시집(四家詩集)을 내어 문명을 떨쳤다. 특히 박지원(朴趾源)·홍대용(洪大容)·박제가(朴齊家)·유득공(柳得恭)·서이수(徐理修) 등의 북학파 실학자들과 깊이 교유하였다.

[3] 성대중(成大中): 1732(영조 8)~1812(순조 12). 자는 사집(士執). 호는 청성(青城). 부는 성효기(成孝基). 1753년(영조 29)에 생원이 되고 1756년에 정시문과에 병과로 급제하였다. 서얼이라는 신분적 한계 때문에 환로가 평탄하지 못할 처지였으나, 서얼통청운동(庶孽通清運動)에 힘입어 1765년 청직(清職)에 임명되어 서얼통청의 상징적 인물이 되었다. 그의 학맥은 노론 성리학파 중 낙론계(洛論系)에 속한다. 북학사상에 경도되어 홍대용·박지원·이덕무·유득공·박제가 등과 교유하였다.

[4] 이의준(李義駿): 1738(영조 14)~1798(정조 22). 본관은 전주. 자는 중명(仲命). 호는 우산(愚山). 부는 대사헌 이휘중(李徽中). 이휘중은 서유구의 조부인 서명응의 매형이다. 부교리, 종성부사, 대사간을 역임하였으며, 1798년(정조 22) 황해도 관찰사 재직 중 병사하였다. 저서로는 1796년 교정한 『장릉지(莊陵志)』, 정조의 명을 받아 편수한 『존주휘편(尊周彙編)』이 있다. 이밖에 이가환(李家煥)과 함께 한백겸(韓百謙)의 「기전설(箕田說)」·유근(柳根)의 「기전도설후어(箕田圖說後

비평이 모두 부기되어 있는 경우도 있다. 이덕무는 당대의 혁신적 문학관을 주도하는 그룹에 동조한 인물이다. 반면 성대중은 보수적 문학관을 견지하였던 인물로 평가된다. 또 이의준(李義駿)은 경학(經學)과 이학(理學)에 성취가 있었던 인물이다. 이는 매우 흥미로운 비평 구도가 아닐 수 없다. 즉 『풍석고협집』은 당대의 진보적 비평가와 보수적 비평가, 그리고 이학가(理學家)가 동시에 비평을 가한 대단히 소중한 자료가 아닐 수 없다. 본 연구에서는 그들 삼인의 비평을 통하여 서유구의 청년기 저작의 문학적 특질을 탐색해 보고자 한다.

2. 작품과 비평의 결합 양상

『풍석고협집(楓石鼓篋集)』의 비평에 처음으로 주목한 사람은 성낙훈 선생이다. 성낙훈 선생은 "『풍석고협집』에는 매 편 끝에 청성(靑城) 성대중(成大中), 형암(炯庵) 이덕무(李德懋) 등 당대의 명사(名士)들이 미사(美辭)로 평을 붙인 것이 있으나, 그것은 아첨이 아니면 희롱에 불과한 듯하다."5)라고 혹평하였다. 이와 같은 성낙훈 선생의 평가는 호평(好評) 일색인 비평의 내용과 서얼인 비평가들의 신분에 근거한 것으로 보인다. 성낙훈 선생은 이어서 "다만 그의 문장에서 특색을 찾는다면 도학자의 진부한 냄새나 번거로운 수식이 없는 간결하고 평이한 것이라고나 할까? 역시 그를 문장가라고 하기는 어렵

語)」 허잠(許箴)의 「기전도설설후(箕田圖說說後)」, 이익(李瀷)의 「기전속설(箕田續說)」 등을 모아 『기전고(箕田攷)』를 편집하였다.
5) 성낙훈(1974), 『조선실학의 개척자 10인』, 신구문화사, 194쪽.

다."라고 말하였다. 결국 성낙훈 선생은 서유구의 문장을 그리 높이 평가하지 않았기에 그의 문장에 붙은 비평 역시 객관적이지 않다고 본 것이다. 반면 강명관(姜明官)은 『풍석고협집』을 "도무지 20대 청년의 것이라 믿기 어려울 정도로 원숙한 필치로 쓰여지고 있다."라고 하여 서유구의 문학적 성취를 확신하였다.[6] 상반되는 두 선행 연구의 타당성에 대해서는 좀 더 검토할 필요가 있겠으나, 『풍석고협집』이 청년기 서유구 문학의 총화라는 사실은 의심의 여지가 없다. 그리고 청년 서유구의 문학적 성취와 수준은 작품마다 부기된 비평에 의하여 선명하게 볼 수 있다. 즉 『풍석고협집』은 문학과 비평이 결합된 텍스트라고 할 수 있다.

먼저 「자인(自引)」을 통해 『풍석고협집』의 문학적 특성과 체제, 구성, 편찬 과정을 보도록 한다.

> ① 풍석자(楓石子)의 글을 모아 장정을 완성하니 모두 여섯 권이다. 1권부터 3권까지는 서(序)·기(記)·서(書) 약간 편이고 4권부터 6권까지는 전(傳)·지(誌)·잡문(雜文) 약간 편이다.
> ② 신축년과 무신년이 착수하고 종료한 해이다.
> ③ 그 내용은 주로 의지(議識)로 대부분은 기사(記事)와 명물(名物)이며 고거(考據)가 열에 셋을 점한다.
> ④ 경예(經藝)와 자사(子史), 백가(百家)를 드나들었으며 장편은 줄줄이 수천 자나 된다. 그러나 실로 소득은 없다. 그 문장은 서한(西漢)을 좋아하였고 스승으로 삼았으며 당송의 대가로부터 명나라 말

---

[6] 강명관(2000), 「풍석 서유구의 산문론」, 『한국학논집』 제34집, 한양대학교 한국학연구소.

기의 명문장가에 이르기까지 빠짐없이 좋아하였다. 그러나 유독 우리나라 사람들의 문장은 좋아하지 않아서 그것을 보면 문득 크게 자성일가(自成一家)하지 못함을 딱하게 여겼다.

⑤ 마치 심한 고통이 있는 사람처럼 문장을 짓고 내놓기가 어려웠지만 완성한 뒤에는 크게 기뻐하였고 손님이 오면 꺼내놓고는 서로 지적하고 크게 으쓱거리며 옛사람에게 양보하지 않았다. 그러나 누군가 헐뜯더라도 크게 기뻐하면서 노여워하지 않았다.

⑥ 그 원고가 애초에는 많았는데 흩어져 없어졌다. 얼마 뒤에 후회하여 말하기를 "옛 기록에 '사람들은 수(倕)7)의 손가락을 아끼지 않고 자신의 손가락을 아낀다.'라고 하였다. 나는 나의 소유물을 아끼면 그만이다. 뒷날 항아리 덮개가 될 줄 내가 또 어찌 알겠는가?"라고 하였다. 드디어 그 때문에 배운 바와 기록한 말을 배열하고 '풍석고협집(楓石鼓篋集)'이라고 이름 붙였다. 중국의 조설범(趙雪颿)이 서(序)를 짓자 명가(名家)들이 각각 평어를 붙였건만 부용강(芙蓉江)의 서유구(徐有榘)는 직접 인(引)을 짓는다. 그 때 나이는 스물넷이다.8)

①단락에서는 『풍석고협집』의 체제와 구성에 대하여 서술하고 있

---

7) 수(倕): 요(堯) 임금의 솜씨 좋은 장인.
8) 集楓石子文, 裝池成, 凡六沓, 一沓之三沓, 序記書如干篇, 四沓之六沓, 傳誌雜文如干篇, 辛丑戊申, 其起訖之歲也. 其言主議識, 大多記事名物, 考據又什之三, 出入經藝子史百家, 多者纏纏累千言, 然實無所得也, 其文好師西京, 自唐宋大家, 訖明季名家, 靡所不好, 獨不好東人文, 見之輒唾然亦不能自成一家也. 其爲文出之甚難, 類有大苦者, 旣成則大喜, 客至則出以相彈射大詫, 不讓古人, 然或訾毁之, 亦欣然無忤也. 其藁初多散佚, 旣而悔曰: "前志有之, 人不愛倕之指而愛己之指, 吾愛吾有而已. 他日覆瓿, 吾又奚知, 遂爲之排次所學記語, 題曰楓石鼓篋集, 中州趙雪颿作序, 諸名家各有評語, 而芙蓉江徐有榘自引, 時年二十四.

다.『풍석고협집』은 시(詩) 한 편 들어가지 않은 산문집으로 대표적인 문체들로 구성되어 있음을 알 수 있다. 탑명(塔銘)·묘지명(墓誌銘)·제문(祭文)·애사(哀辭)는 지(誌)라는 상위의 문체가 수렴하고 있다.

②단락에서는『풍석고협집』에 수록된 작품의 창작 시기에 대하여 서술하였다. 신축년은 1781년이고 무신년은 1788년으로 서유구가 급제하기 이전인 18세부터 25세 사이에 해당한다.

③단락은『풍석고협집』의 내용에 대한 개략이다. 서유구는 자신의『풍석고협집』에 실린 작품의 내용은 기사(記事)와 명물(名物)이고 고거(考據)가 30%이며 그들의 의지(議識)로 포괄된다고 하였다. ①단락과 ③단락을 참작한다면 서유구의 산문에 대한 형식과 내용에 대한 인식을 알 수 있다.

④단락에서는 서유구가 자신의 수학 내력을 간략하게 소개하고 있다. 이는 자신의 문학적 원천에 대한 술회에 해당한다. 그가 수학한 텍스트는 경예(經藝), 자사(子史), 백가(百家), 서한·당송부터 명말의 명가서(名家書)라고 하였다. 서유구는『풍석고협집』을 창작할 당시에 대부분의 주요 서적을 학습하였던 것이다. 만년의 서유구는 「오비거사생광자표(五費居士生壙自表)」에서 자신의 삶을 다섯 시기로 나누어 회고하였는 바,『풍석고협집』을 창작한 시기는 그가 말한 '일비기(一費期)'(1764년~1790년)에 속한다. 일비기에 서유구는 중부(仲父)인 서형수(徐瀅修)9)에게서『단궁고공기(檀弓考工記)』와 당송팔가문을 배

---

9) 서형수(徐瀅修): 1749~1824. 자는 유청(幼淸). 호는 명고(明皐). 서명응(徐命膺)의 아들로, 숙부인 서명성(徐命誠)에게 입양되었다. 광주목사와 영변부사를 지내고 1804년 이조참판을 거쳐 이듬해 경기관찰사가 되었다. 저서로『명고전집(明皐全集)』이 있다.

웠고 유종원(柳宗元)과 구양수(歐陽修)의 문장에 뜻을 두었다. 그리고 얼마 뒤에는 『시경』·『서경』과 사자(四子)의 서적을 읽었으며 정현(鄭玄)의 명물학(名物學)과 주자의 성리학을 좋아하였다고 하였다.10) 그런데 서유구의 수학 내력을 구체적으로 파악하여 보면 그의 수업(受業)은 16세 이전에 이루어졌다. 서유구는 14세 때인 1777년에 조부 서명응에게서 당송팔가문을 수학하였으며 이듬해인 15세에 중부 서형수에게서 『시경』을 수학하였고 그 다음 해에는 이의준(李義駿)에게서 『서경』을 수학하였다.11) 특히 서유구는 서한의 문장을 전범으로 삼았다고 하였으니 구체적으로 『전국책』·『사기』 등이 그것이다.12) 약관 이전에 주요 전적을 학습한 서유구는 조선의 문장이 만족스럽지 못하였다. 우리나라 사람들의 문장이 자성일가하지 못하기 때문이라는 것이다. 이는 우리나라의 문학이 독자성을 갖지 못한 것에 대한 실망이라고 하겠다.13)

⑤단락에서는 서유구가 우리나라의 문학적 수준에 불만을 갖고 있었기에 자신이 창작에서 커다란 어려움을 겪게 되었음을 토로하고 있다. 여기에서 서유구가 문학 창작에 대단한 공력(功力)을 경주하였을 뿐만 아니라 문학 창작 행위 자체를 큰 기쁨으로 여겼다는

---

10) 始吾從仲父明皐公受檀弓考工記唐宋八家文, 嘐然有志於柳子厚歐陽永叔之文章, 旣而讀詩書四子書則又說鄭司農之名物, 朱紫陽之性理, 方其溺苦而未有得也. 不勝其斧之握而推之投也, 亡幾何, 而斡蠱以沮撓之, 遊宦以誘奪之, 昔之所學, 今皆忘之則一費也.(「五費居士生壙自表」)
11) 조창록의 상계논문 15쪽.
12) 「跋本史」(『楓石鼓篋集』), 「與宋莊伯書」(『金和知非集』), 「楓石鼓篋集序」(『明皐全集』).
13) 서유구의 우리나라의 문학 수준에 대한 불만은 홍경모(洪敬謨)의 「吏曹判書致仕奉朝賀楓石徐公諡狀」(『叢史』)에서도 볼 수 있다.

점을 간과해서는 안 된다. 또 하나 흥미로운 사실은 작품에 대한 비평이 활발하게 이루어졌다는 점을 볼 수 있다는 것이다.

⑥단락에서는 서유구가 자신의 작품이 일정한 가치가 있다고 자위하면서 『풍석고협집』을 편찬하게 된 경위를 서술하고 있다. '원고가 많이 일실(逸失)되었다'고 하였으니 『풍석고협집』에 수록된 47편은 그의 작품 중 일부에 지나지 않음을 알 수 있다.

이상에서 「자인(自引)」을 분석해 본 결과 『풍석고협집』은 서유구의 청년기 문학의식과 실천의 결정체임을 알 수 있다. 이러한 사실은 서형수도 「풍석고협집서」에서 말하고 있다.

문학창작의식이 선명하고 적극적일수록 비평이 기능할 여지가 많다. 『풍석고협집』의 비평에 참여한 3인의 비평가 중에서 이덕무가 비평을 주도하는 양상을 보인다. 이덕무의 문학비평은 『청비록(淸脾錄)』에 잘 나타난다. 또 성대중의 저작인 『청성잡기(靑城雜記)』〈췌언(揣言)〉의 각 편 말미에는 '청장평왈(靑莊評曰)'로 시작하는 이덕무의 평이 부기되어 있다. 이를 통해 본다면, 물론 문학적 비평과는 일정한 거리가 있지만, 이덕무가 성대중의 저작에도 평을 하였음을 알 수 있다. 이덕무는 "남의 시문(詩文)이 나의 뜻과 일치하지 않는 것을 보면 반드시 크게 의심하고 꺼려서 공연히 '세도(世道)를 망가뜨리고 심술(心術)을 파괴하는 것'이라고 단정한다. 아! 이 같은 사람은 참으로 세도를 망가뜨리고 심술을 파괴한다. 시문은 마치 사람의 얼굴이 모두 다른 것과 같으니 어찌 반드시 억지로 같게 하겠는가?"[14]라고

---

14) 見人詩文, 不與我同一意致, 則必大生疑忌, 公然勒定曰, 敗世道壞心術也. 嗚呼! 如此之人, 眞是敗世道壞心術也. 詩文如其面之不同, 何必强而同之.(『青莊館全書』, 「士小節 五·士典·事物」)

하여 비평에서 객관성을 유지하지 못하고 타인의 작품을 자신의 기호와 주관대로 재단하는 위험성을 경계하였다. 그는 또 "자기 글을 남에게 보여 칭찬을 바래서는 안 된다. 남이 혹여 칭찬하면 우쭐하게 기가 살고 남이 비난하면 시무룩하게 기가 꺾이는데, 재주는 한량(限量)이 있고 이름은 정가(定價)가 있으니 어찌 사의(私意)를 그 사이에 개입할 수 있겠는가? 나는 일찍이 이에 대해 깊이 경계하여 내 글을 감히 남에게 보여 비평을 구하지 않았다."15)라고 하여 비평에 매우 신중한 자세를 취하고 있었다. 이 역시 비평은 객관성을 유지해야 한다는 견해다. 그리고 이덕무가 당대 문학계에서 상당한 위치를 점하면서 비평에도 권위가 있었던 사실은 성대중이 "(당시의 문사들이) 이덕무의 비평을 얻으면 보물보다 진귀하게 여겼다."16)라고 한 말에서 잘 알 수 있다. 이와 같은 정황으로 본다면, 이덕무의 비평은 작품의 실제적 분석에 객관적 이론으로 기능할 수 있을 것이다.

성대중(成大中)은 『고문궤범(古文軌範)』을 편찬하는 등 문학에 지대한 관심을 지니고 있었다. 특히 그는 고문(古文)을 표방하였기에 정조로부터 순정(純正)하다는 평가를 받기도 하였다.17)

---

15) 不可持自己文字, 向人要譽. 人或譽之, 則勃然興起, 人或非之, 則蘭然沮喪, 才有限量, 名有定價, 豈可以私意容於其間哉? 余嘗深戒于此, 不敢以文字, 輕示人以求評批.(『靑莊館全書』,「士小節 五·士典·事物」)
16) 得其評批, 珍於金璧.(『靑城集』,「李懋官哀辭」)
17) (상이 이르기를) "이덕무·박제가 무리의 문체는 전적으로 패관소품(稗官小品)에서 나왔다. 내가 이들을 내각에 두었다고 해서 내가 그들의 문장을 좋아하는 줄 알지만, 이들의 처지가 남들과 다르기 때문에 이로써 스스로 드러내려고 하는 것일 뿐이다. 그래서 나는 실로 이들을 배우로서 기른다. 그러나 성대중(成大中)의 순정(純正)함과 같은 경우는 일찍이 누차 장려하지 않은 적이 없다."라고 하였다.[李德懋·朴齊家輩文體, 全出於稗官小品, 以予置此輩於內閣, 意予好其文,

이의준은 서유구가 『서경』을 배우는 등 경학과 이학의 측면에서 영향을 끼친 인물이다.[18] 그러나 그의 비평을 검토해 보면 문학에도 상당한 관심과 조예가 있었음을 알 수 있다. 그는 성대중과 『진양충의세편(晉陽忠義世編)』을 편찬하였다. 그러므로 이덕무와 성대중, 이의준은 일정한 관계를 맺고 있었던 것이다. 다음에서 『풍석고협집』에 부기된 삼인의 비평에 대한 전반적 상황을 보기 위해 도표로 정리하여 제시하였다.

- 1, 2, 3은 비평어가 부기된 순서이다.
- 단독으로 비평을 한 경우에는 '單'으로 표시하였다.
- 원문에는 성대중은 '青城', 이의준은 '愚山', 이덕무는 '炯庵'으로 표기되어 있다.
- 제목 앞의 일련번호는 필자가 연구의 편의를 도모하기 위하여 붙인 것이다.

작품 \ 비평가	成大中	李義駿	李德懋	未詳
1. 石鼓文序 - 代	1		2	
2. 蜻蛉國志序			單	
3. 仲父明皐先生始有集目錄後序	1	3	2	
4. 金陵詩序	1		2	
5. 梨雲閣詩序		2	1	
6. 芙蓉江集勝詩序	1		2	
7. 叔弟有樂字序			單	
8. 從父弟有榮字序	1	2	3	
9. 樂樂寮記		2	1	
10. 洗心軒記	2		1	
11. 幾何室記			單	

而此輩處地異他, 故欲以此自標, 予實俳畜之, 如成大中之純正, 未嘗不亟獎之.](『弘齋全書』,〈日得錄 五〉,「文學」)
18)「與李愚山論尙書古文書」,「與李愚山論深衣續衽鉤邊書」에서 서유구와 이의준의 학문적 관계를 볼 수 있다.

작품 \ 비평가	成大中	李義駿	李德懋	未詳
12. 不俗齋記	1		2	
13. 篠飮齋記			單	
14. 雨蕉堂記	1	2	3	
15. 羅尺洞記異	3	1	2	
16. 鶴西學射記	1	2	3	
17. 池北題詩圖記	1	2	3	
18. 上仲父明皐先生論四書輯釋書		單		
19. 與李愚山論尙書古文書		單		
20. 與李愚山論深衣續衽鉤邊書		單		
21. 與沈穉敎乞題小照書		1	2	
22. 與內弟朴聖用書				單
23. 與從父弟道可書	1	2	3	
24. 權應銖傳		單		
25. 魏禧邵長蘅傳		單		
26. 金朴二烈婦傳		單		
27. 和靖夫人傳				
28. 太學生趙君墓誌銘		1	2	
29. 柳君墓銘			單	
30. 宋母金恭人墓誌銘		1	2	
31. 烈婦劉氏墓誌銘		1	2	
32. 女老悅壙塼銘			單	
33. 喚醒庵舍利塔銘 幷序		1	2	
34. 祭王母李夫人文		1	2	
35. 祭王父保晩齋先生文		1	2	
36. 祭柳君彈素文 - 代		1	2	
37. 送遠辭哭幾何子 有序		2	1	
38. 春王正月辨		1	2	
39. 詩策			單	
40. 本史補編論斷				
41. 讀歐陽公帝王世次圖序			單	
42. 題洗劍亭雅集圖		1	2	
43. 跋本史			單	

작품 \ 비평가	成大中	李義駿	李德懋	未詳
44. 跋朱子墨蹟			單	
45. 漳河子琴銘				
46. 杖銘				
47. 筆洗銘			單	
總計 : 47	12	26	36	1

　『풍석고협집』에 소재한 47편의 작품에 대한 비평을 도표로 정리해 본 결과 이덕무의 비평이 36편으로 압도적으로 많다. 이의준이 26편으로 그 다음이고, 성대중은 12편으로 3인 가운데 가장 적다. 비평이 없는 4작품은 회람되지 않았을 가능성도 있다. 전(傳)에 대해서는 이의준만 비평을 한 것도 특징적이다. 경학에 관한 내용인 「상중부명고선생논사서집석서(上仲父明皐先生論四書輯釋序)」와 자신에게 보낸 「여이우산논상서고문서(與李愚山論尙書古文書)」에도 이의준만이 비평을 하였다. 이상과 같은 계량적(計量的) 자료를 놓고 볼 때 문학비평에 대한 관심은 이덕무가 가장 강하다고 하겠다.
　그런데 한 가지 밝혀야 할 문제는 그들 작품에 대한 비평의 과정이다. 3인의 비평가가 어떠한 경로로 비평에 참여하게 되었는지 현재로서는 알기 어렵다. 47편 작품에 3인의 평이 모두 부기된 것이 있는가 하면, 1인의 평이 부기된 것, 2인의 평이 부기된 것, 비평가가 명기되지 않은 것 등 다양한 형태를 보인다. 또 비평어가 없는 작품도 있다. 그리고 비평의 부기 순서도 일정하지 않다. 이로 볼 때 속단하기는 어려우나 원고가 하나의 체제를 갖춘 책으로 편집된 후에 3인에게 회람(回覽)된 것으로 보이지는 않는다. 만약 3인에게 차례대로 회람되었다고 한다면 비평가의 순서가 일정해야 할 것이다. 즉 원고가 작성될 때마다 3인에게 일정한 순서 없이 비평을 받은 것이 아닐까 추정된다. 그러나 성대중의 비평은 「세심헌기(洗心軒記)」와 「나척동기이(羅尺洞記異)」 2작품을 제외하면 모두 가장 앞에 놓여 있다. 이는 성대중(1732~1812)이 이덕무(1741~1793)보다 9살 연장이라는 데 원인이 있는 것으로 보인다. 서유구는 성대중에게 원고를 가장 먼저 회람시킨 것으로 추정된다. 다음의 비평 순위는 이의준(1738~1798)이다. 이의준은 「중부명고선생시유집목록후서(仲父明皐先生始有集目錄後序)」, 「이운각시서(梨雲閣詩序)」, 「악락료기(樂樂寮記)」, 「송원사곡기하자 유서(送遠辭哭幾何子 有序)」의 4작품을 제외하고는 모두 이덕무보다 앞서 비평을 하였다. 이로 본다면 서유구는 나이 순서에 따라 성대중·이의준·이덕무의 순으로 작품을 회람시키되 상황에 따라 순서가 일부 지켜지지 않은 작품도 있다고 정리할 수 있다.

3인의 비평 내용과 형식도 상당히 다양하다. 우선 형식적 측면에서 본다면 1자부터 157자에 이르기까지 길이가 다양하다. 성대중의 비평은 대부분 짧은 것이 특징이다. 비평어가 1자 1구에서 2자 1구, 3자 1구가 있으며 길어야 14자를 넘지 않는다. 반면 이덕무의 비평은 상대적으로 긴 형식을 사용하고 있다. 그리고 대부분 산문의 형식을 사용하고 있지만 시의 형식을 사용한 것도 있다. 또 대체로 명징성 있는 직설적 표현을 사용하기도 하지만 어떠한 경우에는 수사적 기교가 농후한 표현을 사용하기도 하였다. 순정한 고문체를 사용하는가 하면 어록체를 구사하기도 하였다. 그들은 비평가일 뿐만 아니라 당대에 문명을 떨친 작가였기에 비평 행위 그 자체가 또 하나의 창작 행위였던 것이다. 3인의 비평은 그 내용에 따라 풍격론과 관련된 비평, 문체론과 관련된 비평, 기교론과 관련된 비평, 효용론과 관련된 비평으로 나눌 수 있다.

3. 풍격론 관련 비평

　문학 작품의 '풍격'이란 작품의 내용과 형식이 유기적으로 통일된 가운데 현시된 독특성이다. 즉 '풍격'은 작가의 창조적 성숙성이 작품으로 현시된 것이다. 그러므로 문학 풍격은 작가의 창조적 특징과 직접적 상관성이 있다. 문학 작품의 풍격은 작품 내에서 유기적으로 통일된 내용과 형식의 구성적 특성에 의하여 현시된다.
　『풍석고협집』에서 풍격과 관계있는 비평이 이루어진 작품으로는 「금릉시서(金陵詩序)」·「여종부제도가서(與從父弟道可書)」·「지북제시도기(池北題詩圖記)」·「우초당기(雨蕉堂記)」·「숙제유락자서(叔弟有樂字序)」·「종부제유영자서(從父弟有榮字序)」·「여심치교걸제소조서(「與沈穉敎乞題小照書)」·「여내제박성용서(與內弟朴聖用書)」 등이 있다. 그 중 「금릉시서(金陵詩序)」는 『문심조룡』에서 제시한 8개의 풍격 중 하나인 신기(新奇)라는 평어가 붙은 작품이다.
　「금릉시서」의 전문을 보면 다음과 같다.

　　　정미년[1787] 2월에 내가 학산(鶴山) 별장에 있었는데 산 동쪽에 큰 계곡이 있었다. 내가 일찍이 달빛을 타고 가보니 밤이 적막하고 골짜기가 비어서 나뭇가지도 움직이지 않았다. 다만 냇물 소리가 쾰쾰 귀를 울리기에 돌아보고 즐거워하였다. 그리고 계곡 가 벼랑 바위 위에 나가 걸터앉아 조용히 들어보고는 '휴!'하고 탄식하여 말하였다.

아! 이것은 '산뢰(山籟)'니 시를 말할 수 있겠다. "하늘이 명산(名山)을 낳음에 돌이 그것의 뼈가 되고 냇물이 그것의 혈맥이 된다."는 말이 있다. 이와 같은 까닭에 활기(活機)가 움직이고 '뢰(籟)'가 생긴다. 저 부르짖는 것, 크게 우는 것, 부딪치는 것, 들끓는 것이 우르릉거리고 철썩거리는 것은 누가 그렇게 시켰는가? 이런 까닭에 돌이 없는 것을 '부(皁:언덕)'라고 하고 냇물이 없는 것을 '고(涸:물이 말랐다)'라고 한다. 부(皁)와 고(涸)는 무기력한 하나의 흙덩이일 뿐이니, 비록 사광(師曠)으로 하여금 종일 곁에서 귀를 기울이게 한들 무슨 소리가 들리겠는가? 이것을 '벙어리 산[啞山]'이라고 한다.

지금 시를 짓는 자는 아로새기고 채색하는 것을 능사로 여겨 투초(鬪草)를 하고 잎으로 짝을 맞추며[儷葉] 푸른색을 취하고 흰색으로 짝을 맞춘다. 토사(土沙)를 발라놓고 산봉우리라고 하고 흰 진흙탕을 퍼내서 용궁이라고 하니 맑고 기이하며 화려하고 아름답지 않은 것은 아니지만 잘라보면 혈맥이 없고 잘 살펴보면 뼈대가 없으니 느른하게 생기가 없다. 그런데도 이에 거들먹거리면서 스스로 기뻐하며 "나의 시는 삼당(三唐)의 바른 소리다."라고 말한다.

아! 흙인형에 의관을 차려 입히고 그것이 말하기를 구하면 될 법이나 한 짓인가? 식자(識者)의 관점에서 본다면 '벙어리 시[啞詩]'로 여기지 않을 자가 거의 드물 것이다. 시를 짓고 벙어리에 이르지 않는다면 이에 가할 것이다. 그러므로 내가 냇물의 흐름에서 '시도(詩道)'를 얻었다.

우리 형님의 시는 그렇지 않아서 정에 인연하고 뜻에 따라서 자기의 가슴 속에서 말하고자 하는 바를 울릴 따름이고 인공(人工)으로써 천성을 상실하게 하지 않는다. 그런 까닭에 종이와 붓 위에 맥락이 종횡하고 먹물로 써 나간 사이에 골격이 울긋불긋 솟아올라 한 번 읊고 한 번 감탄함에 도로롱도로롱 맑은 샘물이 바위틈에서 솟아나오는 듯하다.

　믿을 만하도다. 그 활기(活機)가 능히 뇌성(籟聲)이 나게 한다는 것을. 이로부터 치면 우레 울리는 소리가 되고 뿜으면 구슬이 흩뿌려지고 종치는 소리가 나고 솟구친다. 뒤흔들어 삼강(三江)의 거센 물결이 되고 훑고나가 팽려(彭蠡)의 종소리가 나는 것은 모두 필연적인 귀결이다.

　내가 삼월에 학산에서 돌아왔는데 형님이 지금 또 그곳으로 가셨다. 멀리서 생각해보건대, 장마물이 때로 이르면 폭포가 더욱 세차게 될 터이다. 내가 지난번에 했듯이 돌에 걸터앉아 홀로 그 소리를 듣고 시를 지어 읊조리는 소리가 물소리와 서로 섞이면 정신을 생기 있게 하지 않을 리 없으리라. 형님의 시 약간 수에 '금릉시초(金陵詩草)'라고 제목을 붙인다. 금릉은 우리 집의 선산이 있는 마을로, 학산(鶴山)이라고도 한다.[19]

---

19) 丁未二月, 余在鶴山丙舍, 山之東有大溪焉. 余嘗乘月至, 夜寂谷虛, 樹杪不動, 但聞川聲潝潝撞耳, 顧而樂之, 就溪邊崖石上, 箕踞靜聽之, 喟然嘆曰: 噫! 此山籟也, 可以言詩也已. 語有之, 天生名山, 石爲之骨, 川爲之脈. 夫如是, 故活機動而籟作焉. 彼呺者呍者洌汘者潫潫者之渭渭之汎汎者, 誰使之然哉? 是故無石謂之皀, 無川謂之㳖. 皀㳖也者, 頹然一土塊而已, 雖使師曠終日側耳于傍, 安所聽焉? 此之謂啞山. 今之爲詩者, 以雕績爲能事, 鬪草儷葉, 取靑妃白, 墁土沙以爲峯巒, 酌白泥以供水符, 匪不淸奇華艶, 而切之無脈, 相之無骨, 薾然無生意, 而洒沾沾自喜曰: "吾之詩, 三唐正聲也." 嗚乎! 衣冠于土偶而求其聲得乎? 自識者觀之, 不以爲啞詩也幾希, 爲詩而不至於啞則斯可矣. 故余於川流, 得詩道焉. 吾伯氏之詩不然, 緣乎情沿乎志, 鳴其胸中之所欲言而止, 不以人工喪天造. 故楮毫之上, 脈理縱橫, 行墨之間, 骨格峻嶒, 一詠一歎, 渿渿若淸泉從石罅迸射. 信乎其活機之能籟也. 自是而激爲雷煦, 噴爲璣濺, 爲鐘鞳爲洶湧, 盪之爲三江之澎湃, 鬻之爲彭蠡之噌吰, 皆其所必至也. 余以三月歸自鶴山, 而伯氏今又行矣. 遙想潦水時至, 瀑流益奮, 踞石獨聽, 如余曩時之爲, 而賦詩吟嘯, 水聲相雜, 則未嘗不栩栩逞神也. 伯氏詩凡若干首, 題曰金陵詩草. 金陵吾家丘墓鄕也, 亦名鶴山.(「金陵詩序」)

「금릉시서」에 대하여 성대중은 "휘어 꺾이고 얽혀 돌아가는 모양이 마치 물이 골짜기에서 나오는 것과 같아서 신기(新奇)하기를 바라지 않아도 저절로 신기(新奇)하다."[20]라고 평하였고, 이덕무는 "물을 빌어 시를 비유한 것이 예부터 간혹 있었지만 이와 같이 깊이 있고 소슬한 것은 일찍이 보지 못하였다. '아산(啞山)'과 '아시(啞詩)'는 『운부(韻府)』의 '산(山)'과 '시(詩)'자 보(譜)에 덧붙여 넣을 만하다. 그러나 산을 욕하고 시를 욕하는 것은 어찌 그리 지나치게 각박한가? 산과 시에 눈이 있다면 의당 콩알 만한 눈물을 떨굴 것이다."[21]라고 평하였다.

「금릉시서」는 좌소산인(左蘇山人)으로 잘 알려져 있는 서유구의 백씨(伯氏) 서유본(徐有本)[22]의 「금릉시초(金陵詩草)」에 붙인 서문이다. 서유구는 서유본의 시에 활기(活機)가 있다는 점을 부각시키기 위하여 '벙어리 산[啞山]'과 '벙어리 시[啞詩]'라는 개념을 제시하였다. 활기가 없는 산을 '벙어리 산'이라고 하듯이 수식, 모방을 일삼고 생명력이 없는 시는 '벙어리 시'라는 것이다. 성대중은 이와 같은 전환이 급격한 논리의 전개를 신기(新奇)하다고 하였고, 이덕무는 '아산(啞山)', '아시(啞詩)'와 같이 서유구가 새로 만들어낸 말을 '운부(韻府)에 등재할 만하다'고 높이 평가하였다. 『문심조룡(文心雕龍)』에서 신기(新奇)란 옛것을 버리고 새로운 것을 추구하며 지취(旨趣)가 험벽(險僻)

---

20) 屈折縈迴, 如水出峽, 不蘄奇而自奇. 青城.
21) 借水喩詩, 自昔或有, 而未嘗見若斯之泓渟蕭瑟也. 啞山啞詩, 堪續韻府山字詩字譜, 然罵山罵詩, 何太刻也? 山與詩有眼, 其當淚落如豆. 炯庵.
22) 서유본(徐有本): 1762~1822. 자는 혼원(混原). 호는 좌소산인(左蘇山人). 서호수(徐浩修)의 장남. 서철수(徐澈修)에게 양자 간 서유구(徐有榘)와 친형제간이며, 『규합총서(閨閤叢書)』의 저자 빙허각이씨(憑虛閣李氏)의 남편이다. 저서로는 『좌소산인문집(左蘇山人文集)』이 있다.

하고 괴이(怪異)한 것을 의미한다고 하였다.[23] 서유구가 '아산(啞山)', '아시(啞詩)'와 같이 존재하지 않는 말을 새로 만들어 내고 그것을 중심으로 문학 이론을 전개하였다는 점이 신기라는 풍격을 만들어 냈다고 평가한 것이다.

성대중이 「여종부제도가서(與從父弟道可書)」에 "창(鬯)"이라고 한 것이 『풍석고협집』에서 가장 짧은 비평이다. 창(鬯)은 창무(鬯茂)로 풀이할 수 있으니 작품의 전체적 분위기가 통창하며 비약 없이 논리가 전개되고 구성이 엄밀한 특징을 지적한 것이다. 또 다른 풍격 비평으로는 성대중이 「지북제시도기(池北題詩圖記)」에 대하여 "초오(超悟)"라고 한 것을 들 수 있다. "초오(超悟)"란 상식적인 견해에서 벗어나 깨달음이 있다는 의미이다. 「지북제시도기」는 '「지북제시도(池北題詩圖)」라는 그림 속의 인물이 시제(詩題)로 삼은 것이 무엇인가?'라는 물음에 대한 작가의 의식이 일반인의 의식 수준을 뛰어넘었다고 평가한 것이다. 또 「우초당기(雨蕉堂記)」를 성대중은 "超爽覺淸氣滿紙"라고 비평을 하였으니 "초탈하고 상쾌하여 맑은 기운이 종이를 채움을 깨닫겠다."라는 의미이다.

「우초당기」의 전문을 보면 다음과 같다.

> 내가 벼루를 사방에 두었으니 도운(濤雲)·우초(雨蕉)·용주(龍珠)·봉호(蓬壺)라고 하는데 우초연(雨蕉硯)은 내가 각별히 아끼는 벼루로 단계(端溪)에서 생산되었다. 현지(玄池) 가에 누운 파초 잎이 비바람에 반쯤 꺾인 모양이 횡으로 새겨져 있기에 그렇게 이름을 붙였다. 생각하건대 경자년[1780] 한여름에 내가 죽서(竹西)의 태극실(太

---

23) 新奇者, 摈古競今, 危側趣詭者也.(『文心雕龍』, 「體性」)

極室)에 있을 때 방 남쪽의 작은 언덕에 새로 파초 네다섯 본을 심었는데 갑자기 십 여척이나 자라나서 저물녘에 그 그늘이 창문을 덮으니 안석과 걸상과 책이 그 덕에 맑고 푸르게 되기에 마음에 들었다.

당시 더위가 대단하였는데 나는 폐병을 앓아누워서 땀을 줄줄 흘리며 잠든 듯 정신이 혼미하여 늘어지기를 여러 번 하였다. 그런데 홀연히 섬돌 사이에서 투덕투덕하는 소리가 들리더니 청량감이 얼굴을 스쳤다. 일어나 보니 떼구름이 잔뜩 몰려오더니 빗방울이 갑자기 파초 잎 위를 때려 딱딱, 톡톡 구슬이 흩어져 떨어지는 것 같았다. 내가 한참동안 가만히 그 소리를 듣고 있노라니 정신이 상쾌하고 기가 밝아져서 병이 치유되는 것을 깨닫게 되었다.

몇 년 뒤에 정원사가 파초를 잘못 가꾸어서 마침내 뿌리가 썩어버리게 되었고 나도 용주로 이사하였는데 이 때 우초연(雨蕉硯)이 내 손에 들어왔다. 그래서 조만간에 파초를 심어 창문가에서 빗소리를 듣고 이 벼루로 시를 쓰는 것을 금년의 피서 계책으로 삼으리라 내심 생각하였다. 그렇지만 때마침 처리할 일이 많고 시내에서 바쁘게 지내고 있었기에 소원을 이루지 못하였다.

박성용(朴聖用) 군은 나의 고종사촌인데 위인이 담박하고 활달하며 소탈하고 호방한데다가 특히 시를 잘하였다. 하루는 종이를 가지고 와서 나에게 당의 기문을 부탁하였는데, 그 당의 이름이 바로 '우초(雨蕉)'였다. 내가 보고나서 지난 일을 회상하니 마치 어제의 꿈과 같기에 이에 농담으로 대답하여 말하였다.

"음양은 서로 바뀌기에 비는 항상 내릴 수 없고 추위와 더위는 바뀌기에 풀은 때로 말라서 있는 것이 한순간이고 없어지는 것이 순식간이라네. 6,7월 사이에 폭우가 삼실 같이 내리고 푸른 잎이 부채 같은데, 그대는 난간에 기대서 그것을 바라보노라면 유쾌하게 즐겁겠지. 그러다가 가을 장맛비가 그치고 초목이 시들면 정원은 적막하여 서글

프고 고독하지 않을 수 없겠지. 그러니 내가 보건대 그대의 즐거움은 일 년에 며칠 되지 않을 것이고 나와 비교하면 없으나 있으나 매우 차이가 나지 않으리.

여기에 대처하는 기술이 있으니 왕자유(王子猷=王獻之)의 죽군(竹君)과 같으면 괜찮을 것이다. 대저 왕자유가 어찌 일찍이 하루라도 대나무가 없지 않았겠는가? 다만 풍운(風韻)과 취미가 자기와 같은 까닭에 마음이 그와 더불어 온전히 화(化)하여 비록 없더라도 없지 않는 것이 존재한다. 또 그대는 유독 옛날 사람이 눈 속에 그린 파초에 대해 듣지 못하였는가? 이것을 일러 신회(神會)라고 한다. 이 같은 것은 공간에 구애되지 않고 시간에 구속되지 않고 마음을 놓고 형체를 바꾸어 화락하게 자적할 따름이니, 또 '있느니, 없느니' 말하는가? 나는 장차 그대와 이런 뜻을 쓰리라."

드디어 우초연(雨蕉硯)을 그에게 주고 말하기를, "우선 이것으로 나의 말을 쓰라."라고 하였다.[24]

---

24) 余畜硯四方, 曰濤雲曰雨蕉曰龍珠曰蓬壺, 而雨蕉硯爲余所最奇愛, 硯端溪産也. 玄池邊橫刻偃蕉葉風雨半折狀, 故以名. 憶庚子中夏, 余在竹西之太極室, 室南小塢, 新植芭蕉四五本, 驟長十餘尺, 晚陰覆牖, 几榻書帙爲之澄碧可念. 時暑甚, 余病肺臥, 汗浡浡昏蕳若睡者數矣. 忽聞除砌間有漸瀝聲, 清涼撲面, 起視則陣雲密布, 雨鈴驟打蕉葉上, 拍拍簌簌, 琳瑯散落, 余竦聽久之, 神爽氣朗, 覺病良已. 後數年, 園丁失培, 蕉竟根敗棄, 余亦移家于蓉洲, 而雨蕉硯適以是時歸余. 私謂早晚蒔蕉, 當牕聽雨, 用此硯題詩, 爲今年逃暑計. 會以事牽, 卒卒在闠闠, 願莫之遂. 朴君聖用余內弟也, 爲人澹宕踈磊, 尤工於詩, 一日以赫蹏屬余記其堂, 堂之名卽雨蕉也. 余覽已, 回想囊時事, 怳然如昨夢, 洒戲復之曰: "陰陽相嬗而雨不可恒, 寒暑代謝而草有時枯, 其有也瞥然, 其無也倏然. 六七月之間, 白雨如麻, 綠葉如扇, 子凭軒顧之, 陶乎其樂, 及夫秋霖收而草木萎, 庭宇闃如, 未始不悵悵焉子子焉, 則吾見子之樂, 一年無幾日, 而視余之固無有不甚遠也. 處此有術, 如王子猷之竹君則可也. 夫子猷詎未嘗一日無竹哉? 特其風韻趣味, 與自家並, 故心與之全化, 雖無而不無者存也. 且子獨不聞昔之人雪中畫蕉乎? 此之謂神會, 若是者不囿於方, 不拘於時, 放心流形, 融然自適已耳, 又

이의준도 이 작품을 "소소(蕭疎)하고 산랑(散朗)하여 손 댄 흔적이 전혀 없다. 청문(靑門=邵長衡)을 충실히 따르니 문집 안에서도 득의작이다."25)라고 평하였으니 성대중의 비평과 크게 다르지 않다. 서유구는 이 작품의 주요 소재인 파초의 푸르름과 비의 청량함을 전반부의 주조로 표현하였다. 그리고 후반부에서는 그것들의 가치가 항구적이지 못하며 외물에 구속되지 않는 신회(神會)의 경지에 도달해야 함을 설파하였다. 따라서 성대중은 「우초당기」가 비와 파초에 대한 묘사로 청량감을 드러냈을 뿐만 아니라 일반론적 가치 체계를 초탈하는 경계를 잘 표현했다고 평가한 것이다.

「숙제유락자서(叔弟有樂字序)」와 「종부제유영자서(從父弟有榮字序)」에 대해서 성대중은 "二序竝典雅得體"라고 하였으니 "두 편의 서(序)가 모두 전아하여 체(體)를 얻었다."라는 의미이다. 「숙제유락자서」의 전문 분석을 통해 '전아(典雅)'라는 풍격의 근거를 추출하도록 한다.

① 셋째 아우 유락(有樂)이 관례(冠禮)를 함에 날은 가렸으나 손님을 가리지[筮賓] 않았으니 이 때 상중(喪中)이어서 예를 갖추지 못한 것이다. 기일(期日)이 되자 형제가 모두 용주(蓉洲)에 모여 관례 삼가(冠禮 三加)26)를 행하였다. 중형(仲兄)인 유구(有榘)가 조부의 명으로 그의 자를 '붕래(朋來)'라고 명명하였다. 또 그에게 자리를 내려 주고 고하였다.

② "너에게 관(冠)을 씌우고 자(字)를 지어 주는 것은 성인(成人)의

有無云乎哉? 吾將與子以之." 遂以雨蕉硯歸之曰, 姑以此書吾言.(「雨蕉堂記」)
25) 蕭疎散朗, 絶去近手, 畦徑靑門, 集中得意作. 愚山.
26) 관례 삼가(冠禮 三加): 관례 때 세 가지 관을 씌우는 예. 처음에는 치포관(緇布冠)을 씌우고 그 다음에는 피변(皮弁)을 씌우고 마지막으로 작변(爵弁)을 씌운다.

도이다. 네가 이미 관례를 하고 네가 자(字)를 얻었다. 장차 성인(成人)의 예로써 책할 것이니 너는 어찌 삼가지 않으랴? 또 너는 자를 명명한 뜻을 아는가?

대체로 대중과 더불어 즐기는 것을 '낙(樂)'이라고 한다. 군자가 선(善)을 함에 선이 남에게 미치면 믿고 따르는 자가 많다. 그러므로 즐겁다. 공자께서 '벗이 먼 곳으로부터 바야흐로 오면 또한 즐겁지 않은가?'라고 말씀하셨다. 벗이 오는 것은 나의 선을 믿고 따라서 오는 것이다. 이러한 까닭으로 한갓 배우기만 하면 자질구레한 명성을 얻기에는 족하여도 스스로 기뻐하기에는 부족하다. 한갓 익히기만 하면 스스로 기뻐하기에는 족하여도 즐거움이 되기에는 부족하다. 군자의 즐거움은 오로지 벗이 오는 것이리라. 비록 그렇지만 배우면 이에 기쁘고, 기쁘면 이에 즐겁다. 배움은 즐거움의 근본이니 어찌 근본을 먼저 세우지 않겠는가? '옥은 쪼지 않으면 그릇을 만들 수 없고 사람은 배우지 않으면 도를 이루지 못한다.'라고 하니 너는 힘쓸지어다. 같은 소리는 서로 응(應)하고 같은 기(氣)는 서로 구한다. 물은 습한 곳으로 흘러가고 불은 건조한 곳으로 타 들어간다. 학문이 이루어졌는데도 벗이 오지 않는 경우는 없다. 『대학』에서 말한 "밝은 덕을 밝힌다."는 것은 배워서 기쁨이요, "천하에 밝은 덕을 밝힘"은 벗이 와서 즐거움이다.

옛날에는 여덟 살에 소학(小學)에 들어가고 열다섯 살에 대학(大學)에 들어가니 네 나이가 지금 열다섯에 한 살을 더하였다. 그 나이를 따져보면 대학에 들어갈 만하다. 그러므로 네 이름을 '유락(有樂)'이라 하고 네 자를 '붕래(朋來)'라 하니 너는 힘쓸지어다."

③ 조부께서 말씀하셨다.

"좋구나! 네 말이여. 네가 빈(賓)의 일을 행하라."

유구(有榘)가 추창하여 나가 바로 서쪽 담에서 동쪽을 향하고 유락(有樂)은 서쪽 계단에 서서 동남쪽으로 향하였다.

④ 유구(有榘)가 다음과 같이 글을 읽었다.

"예의를 이미 갖추어 좋은 달 길한 날에 네 자(字)를 밝게 고하니 이에 자(字)가 매우 아름답다. 젊은 선비가 아름다운 덕을 지킴이 마땅하다. 길이 보존해 받으라."

⑤ 유락이 대답하였다.

"감히 가슴에 새기지 않겠습니까?"

이날 사촌 유영(有榮)도 관례하였다.27)

「숙제유락자서(叔弟有樂字序)」는 동생 서유락(徐有樂)의 관례에서 자(字)를 지어 주고 그 의미를 서술한 글이다. 이 글은 의미 구조상 다섯 단락으로 나눌 수 있다.

①단락은 사실을 기술하는 한편 본론인 ②단락의 도론(導論) 역할을 하고 있다. 이 단락에서 주목되는 단어는 '서빈(筮賓)'이다. '서빈

---

27) 叔弟有樂之冠, 筮日不筮賓, 時有功緦之服, 未成禮也. 及日, 兄弟, 畢袗[當作趍]于蓉洲, 冠三加, 仲兄有榘, 以王父命, 命之字曰: '朋來', 復賜之坐而告之曰: "冠而字之, 成人之道也. 而旣冠而字矣, 將責之以成人禮焉, 而盍愼諸, 且而知夫命字之義乎? 夫與衆樂之之謂樂, 君子爲善, 善及於人, 而信從者衆, 故樂. '子曰: 有朋自遠方來, 不亦樂乎?' 朋之來, 信從吾善而來也. 是故, 徒學, 足以諛聞, 不足以自悅, 徒習, 足以自悅, 不足以爲樂, 君子之樂, 其惟朋來乎! 雖然, 學斯悅, 悅斯樂, 學者, 樂之本也, 而胡不先立乎本? 玉不琢, 不成器, 人不學, 不成道, 而勉乎哉! 同聲相應, 同氣相求, 水流濕, 火就燥, 學成而朋不來者, 未之有也. 『大學』曰: '明明德', 學而悅也. 明明德於天下, 朋來而樂也. 古者八歲, 入小學, 十五入大學, 而年今十五加一, 以其時考之, 則可矣. 故名而曰: 有樂, 字而曰: 朋來, 而勉乎哉!" 公曰: "善哉! 爾之言之也. 爾行賓事." 有榘, 趨而出, 直西序東面, 有樂立于西階東面, 有榘讀曰: "禮儀旣備, 令月吉日, 昭告爾字, 爰字孔嘉, 髦士攸宜, 宜之于假, 永保受之." 有樂對曰: "敢不服膺." 是日也, 從父弟有榮亦冠. (「叔弟有樂字序」)

(筵賓)'이란 관례에서 길(吉)한 사람을 뽑아 관을 씌워 주는 등의 일을 맡기는 것을 이른다. 그런데 상중(喪中)이었던 까닭에 관례 하는 날 [筵日]만 정하고 서빈을 못했다. ③단락의 내용에 의하면 결국 서유구가 조부의 명에 의해 빈(賓)의 일을 행하게 되는데, 그가 동생의 자(字)를 잘 지어 주고 그 의미 부연이 훌륭하다고 판단되었기 때문이다. ②단락은 동생 유락(有樂)에게 붕래(朋來)라는 자를 지어준 의미에 대한 서술이다. ③·④단락은 관례의 의식을 기록한 것이다.

그렇다면 '전아(典雅)'라는 풍격의 의미는 무엇일까?

『문심조룡』에서는 '전아(典雅)'를 8가지 풍격 중 첫 번째로 나열하면서, 전아(典雅)란 유가의 경전에서 법을 취하고 유가의 저작이 지향하는 이념과 가치를 지향하는 것이라고 정의하였다.28) 『문심조룡』에서 정의한 전아(典雅)의 특징은 「숙제유락자서」에 부기된 이덕무의 비평과 상당 정도 일치한다. 이덕무는 "예부터 자설(字說)에 훈고(訓詁)를 많이 사용하였는데 이 글에서는 훈고에 『의례(儀禮)』의 주석까지 아우르니 역시 전(典)하고 역시 아(雅)하다."29)라고 하였다. 이덕무 역시 작품의 가치를 최종적으로 '전아(典雅)'로 평가한 것이다. 그리고 그 근거로는 자설(字說)30)의 일반적 특징인 훈고적 방법에 『의례』의 주석까지 겸비되었다는 점을 들고 있다.

---

28) 典雅者, 鎔式經誥, 方軌儒門者也.(『文心雕龍』, 「體性」)
29) 古來字說多用訓詁, 今則訓詁兼儀注所以亦典亦雅.(「叔弟有樂字序」)
30) 이덕무는 '자서(字序)'를 '자설(字說)'이라고 하였으니 아마도 두 가지 문체의 속성이 근본적으로 동일하다는 견해를 가지고 있었던 듯하다. 『문체명변(文體明辯)』에서는 자서(字序)를 자설(字說)의 하위 갈래로 설정하고 있으며 실제로 자(字)의 의미 서술을 목적으로 하는 글은 설(說)의 형식이 서(序)의 형식보다 압도적으로 많다.

서유구가 동생 서유락(徐有樂)의 자를 '붕래(朋來)'로 지어 준 이유는 그것이 '낙(樂)'과 의미상 관련이 있기 때문이다. 따라서 「숙제유락자서(叔弟有樂字序)」의 성패 여부는 '낙(樂)'으로부터 '붕래(朋來)'가 유추될 수 있는 의미망의 구축에 달려 있다. 그러한 서술 목적을 달성하기 위해서는 이덕무가 말한 바와 같이 훈고적 방법이 일반적으로 사용된다. 서유구도 '낙(樂)'에 대한 훈고적 방법을 사용하고 있다. 그가 '낙(樂)'과 '붕래(朋來)', 양자 간의 관계를 설정한 논리의 기본 축은 『논어』의 "學而時習之, 不亦說乎? 有朋自遠方來, 不亦樂乎?"라는 문장이다. 그는 두 개의 문장을 연속된 의미구조로 해석하였다. 서유구는 『논어』 외에도 『주역』의 "同氣相, 水流濕, 火就燥", 『대학』의 "明明德", "明明德於天下", 『의례주소(儀禮注疏)』의 "筮日筮賓", 『예기주소(禮記注疏)』의 "八歲入小學, 十五入大學"을 인용하고 있다. 인용에 의한 논증의 방법은 주로 본론인 ②단락에서 집중적으로 사용되었으며 관례의 의식에 대한 기술도 실은 『예기』의 "已冠而字之成人, 之道也."에서 인용된 것이다.

　서유구가 이 글에서 여러 가지 경전을 인용하면서 출전을 밝힌 것은 『대학』 한 종이다. 『예기』의 "玉不琢, 不成器, 人不學, 不知道."가 "玉不琢, 不成器, 人不學, 不成道."로 변형되었을 뿐 나머지는 원전을 그대로 인용하되 단절감·이질감·잡다함·산만함이 없도록 하였다. 만약 출전을 일일이 명기하였다면 위에 나열된 단점들이 야기될 수 있다. 이와 같이 「숙제유락자서」는 의논부(議論部)뿐만 아니라 기사부(記事部)까지 경전을 인용하였지만 그들 간에 부정합 현상이 보이지 않는다. 또 『대학』의 "明明德", "明明德於天下"를 『논어』의 "學而時習之, 不亦說乎?"와 "有朋自遠方來, 不亦樂乎?"로 각각 풀이한 것과 같이 경전의 내용들을 교차 해석하는 방법을 구사하고 있다. 이러한 작품상의 특징을 전아(典雅)하다고 평한 것이다.

전아(典雅)의 또 다른 특징은 「숙제유락자서(叔弟有樂字序)」와 함께 전아하다는 평을 받은 「종부제유영자서(從父弟有榮字序)」에서 볼 수 있다.

「종부제유영자서」의 전문은 다음과 같다.

사촌동생 유영(有榮)이 막내아우 유락(有樂)과 같은 날 용주(蓉洲)에서 관례(冠禮)를 하였다. 관례를 마친 뒤에 그의 형 유경(有檠)이 조부의 명으로 자를 '겸지(兼之)'라고 명명하고 유락의 예(禮)와 같이 자사(字辭)를 읽고 물러가서 사실(私室)에서 형제를 만났다.

유영이 사촌형 풍석자(楓石子)에게 절을 하므로 그에게 배례(拜禮)로 답하니 성인이기 때문이다. 유영이 자리에 나가 그와 같이 한 것을 물어보았다.

"명하면 이에 말할 수 있고, 말하면 이에 복행(服行)할 수 있습니다. 할아버지께서 이미 명하셨으니 형님께서는 말씀을 해주십시오. 아우가 장차 그것을 복행하겠습니다."

풍석자가 말하였다.

"역시 착하지 아니한가? 군자는 이름을 돌아보고 그 의미를 생각하나니 너는 저 나무를 모르는가? 화기(和氣)가 가운데 쌓여 영화(英華)가 밖으로 드러난다. 그러므로 나무의 영화는 꽃과 꽃받침이 그것이며 사람의 영화는 길상(吉祥)과 선한 일이 그것이다. 사람의 영화는 덕보다 높은 것이 없고 달(達)보다 귀한 것이 없다. 인(仁)을 행하며 의(義)로 말미암으며 선을 즐겨 게으름 피우지 않아서 얼굴이 환하고 등이 수북한 것은 도덕의 영화다. 띠를 드리우고 홀을 꽂고서 외지로 나가면 장수가 되고 중앙으로 들어오면 재상이 되어 사직에 공적이 있고 백성에게 은택을 입히는 것은 현달의 영화다. '겸지(兼之)'는 이 두 가지를 겸한 것이다. 대저 도덕은 하늘의 작위이고 현달은 사람의 작위이니 하늘이 명하고 사람이 높이면 어떤 영화가 이보다 크겠는가? 하늘과 사람이 협동하니 겸하여 무엇을 더하겠는가? 비록 그렇지만 옛날 사람은 하늘의 작위를 닦아서 사람의 작위가 그것을 따라가나니 너는 우선 그것을 닦을 따름이다.

『시법(諡法)』에 "총록광대(寵祿光大)를 '영(榮)'이라고 한다."라고 하였다. 현달(顯達)을 총록(寵祿)이라 하고 도덕(道德)을 광대(光大)라고 하는데 그것을 겸한 까닭에 '영(榮)'이라고 한다. 천고를 들어서 헤아려보면 이 시호를 얻은 자가 드물다. 그 어렵기가 이와 같거늘 너의 이름으로 삼고 너의 자로 삼으니 성대하도다. 그 축(祝)을 함이여! 네가 이 이름을 져버리지 않을 수 있다면 나는 유영과 함께 하리라."

유영이 놀라며 일어나 절하고 말하였다.

"대단합니다. 이름을 명한 뜻이여! 아우가 어찌 감히 하겠습니까? 비록 그렇지만 형님의 말을 띠에 쓰고자 합니다."[31]

---

31) 從父弟有榮, 與叔弟有樂, 同日冠于蓉洲. 旣加布, 其兄有檠以王父命命之字曰兼之, 讀字辭如有樂禮, 退而見兄弟于私. 有榮拜從父兄楓石子, 答拜禮之以成人也. 有榮卽席問然曰: "命之斯可言也, 言之斯可服也. 王父旣命之, 願兄言之, 弟將服之矣." 楓石子曰: "不亦善乎! 君子顧名思義, 而不知夫木乎? 和氣積中, 英華發外, 故木之榮, 花萼是已, 人之榮, 吉祥善事是已. 人之榮, 莫尊乎德, 莫貴乎達. 行仁由義, 樂善不倦, 晬面盎背, 道德之榮也. 垂紳縉笏, 出將入相, 功在社稷, 澤被生民, 顯達之榮也. 兼之者, 兼此二者也. 夫道德天爵也, 顯達人爵也, 天命之人尊之, 榮孰大焉? 天人協同, 兼孰加焉? 雖然古之人, 修天爵而人爵從之, 而姑修之已矣. 諡法曰, 寵祿光大曰榮, 顯達之謂寵祿, 道德之謂光大, 兼之故曰榮. 擧千古而數之, 得此諡者, 蓋寥寥焉. 其難也如是, 酒以名而字而, 盛矣乎, 其祝之也! 而能不負斯名也, 則吾與有榮焉." 有榮瞿然起拜曰: "大

「종부제유영자서」는 서유영(徐有榮)의 자를 '겸지(兼之)'라고 명명한 이유를 서술한 글이다. 서유구는 '영(榮)'은 '덕(德)'과 '달(達)'을 겸하는 것이라고 하였다. 그리고 『맹자』에서 말한 '천작(天爵)'과 '인작(人爵)'을 그것의 논거로 제시하였다.32) 그러나 이것을 뒤집어 보면 『맹자』의 '천작(天爵)', '인작(人爵)'을 논리 전개의 출발점으로 삼았다고도 할 수 있다. 이와 같이 경전의 내용을 글의 전반적 주지로 설정했다는 점에서 「종부제유영자서」를 전아(典雅)하다고 평가할 수 있다. 그리고 '전아'라는 풍격의 또 다른 특징은 이덕무가 "자서(字敍)에 시법(諡法)을 인용하니 천고의 탁월한 견해이다."33)라고 한 비평으로부터 찾을 수 있다. 「종부제유영자서」는 『맹자』의 내용을 주요한 논지로 사용하면서 후반에 소순(蘇洵)의 『시법(諡法)』에서 "寵祿光大曰榮"이란 말을 인용하였다. 그리고 다시 총록(寵祿)과 광대(光大)를 나누어 설명한 후 그 둘을 겸하는 것을 '영(榮)'이라 한다고 서술하였다. 이와 같이 경전과 시법의 내용을 적절히 혼효시킨 것이 전아(典雅)라는 풍격을 만들어 낸 것이다.

「여심치교걸제소조서(與沈穉敎乞題小照書)」도 풍격론에 해당하는 비평어가 부기되어 있다. 이의준은 「여심치교걸제소조서」를 "雅潔之極兼有慧韻"이라고 평하였으니 "극도로 아치(雅致)가 고결하며 혜운(慧韻)을 갖추었다."는 의미이다. 「여심치교걸제소조서」는 이명기가 그려준 자신의 화상을 『풍석고협집』의 앞에 붙이려고 심치교(沈穉

哉, 命名之義也! 弟則何敢, 雖然請以兄之言書諸紳.(「從父弟有榮字序」)
32) 孟子曰, 有天爵者, 有人爵者, 仁義忠信樂善不倦, 此天爵也, 公卿大夫, 此人爵也.(『孟子』,「告子」)
33) 字叙引諡法, 千古卓異之見. 炯庵.

教=沈象奎)34)에게 제화시를 부탁하는 편지이다.
「여심치교걸제소조서」의 전문을 보면 다음과 같다.

이명기(李命基)가 저를 위하여 초상화를 그려주었는데 먹으로 칠한 것을 자로 재보면 세로가 8촌이고 가로는 그 3분의 2가 채 못 됩니다. 초상화를 다 그린 뒤에 그 외곽을 둥글게 하여 거울을 마주하고 스스로 비춰보는 모양을 만드니, 이러한 예는 회암주자(晦庵朱子)에게서 처음 만들어졌고 근세에는 어양(漁洋) 왕이상(王貽上=王士禎)35)이 그것을 썼습니다. 혹자는 둥근 창문이라고 하지만 아닙니다. 그 화상이 머리에는 폭건(幅巾)을 쓰고 심의(深衣)에 큰 띠를 띠었는데 허리 아래로는 숨겨져 보이지 않습니다. 오른 손은 띠를 만지고 왼손은 책을 펼치고 눈에 광채가 나니, 생각이 모이는 것이 있는 듯합니다. 모인 생각을 그림으로 다 그려 보일 수 없으니, 원컨대 족하의 한마디 말을 얻어 표현하고자 합니다. 일찍이 뇌연(雷淵) 남공(南公=

---

34) 심상규(沈象奎): 1766~1838. 본관은 청송(青松). 초명은 상여(象輿). 자는 가권(可權)·치교(穉敎). 호는 두실(斗室)·이하(彝下). 조선 후기 정조 때 초계문신이 되었으며, 우의정·좌의정·영의정을 두루 역임하였던 인물로서 노론 시파의 거두였다. 학문적으로는 북학파로서 이용후생을 강조하였다. 문장이 간결하고 필법에 뛰어났으며, 시문의 내용이 깊고 치밀할 뿐 아니라 서간(書簡)에도 능숙하였다고 한다. 당시 집에 장서(藏書)가 많아 세상에서 그를 견줄만한 사람이 없었다고 하며, 그가 죽었을 때 헌종이 궁궐에서 사용하는 관곽(棺槨)을 하사하였다고 한다. 그의 학문은 북학파로서 이용후생의 중요성을 강조했으며, 정치적으로는 노론 시파의 거두였다. 『건릉지장속편(健陵誌狀續編)』과 『만기요람(萬機要覽)』을 편찬하였고, 저서로는 『두실존고(斗室存稿)』 16권이 전한다.

35) 왕사정(王士禎): 청나라의 시인(1634~1711). 자는 이상(貽上). 호 완정(阮亭)·어양산인(漁洋山人). 시호는 문간(文簡). 본명은 진(禛). 주이존(朱彝尊)과 함께 '남주북왕(南朱北王)'이라 불렸다. 청조풍(淸朝風) 시의 확립자이며 신운설(神韻說)의 주창자다. 시문집 『대경당집(帶經堂集)』(92권), 수필집 『지북우담(池北偶談)』(26권), 『거이록(居易錄)』(34권), 『향조필기(香祖筆記)』(12권) 등이 있다.

南有容)의 문집을 보니 「초상을 그리는 사람에게 주는 글」36)이 있었습니다. 이 글에서 "유자(儒者)는 '생(生)이 있으면 반드시 죽음이 있으니 형체와 마음이 함께 사라진다.'고 말하고 불자(佛者)는 '형체는 사라져도 마음은 사라지지 않는다.'고 말합니다. 선자(仙者)는 '형체와 마음이 모두 사라지지 않는다.'고 하고 초상화를 그리는 사람은 '마음은 사라져도 형체는 사라지지 않는다.'고 말합니다."라고 하였습니다. 저는 생각하건대 선(仙)과 불(佛)은 허탄(虛誕)해서 그 말을 취할 만하지 못하고 유독 초상화를 그리는 자의 말은 자못 실상에 맞는 이치가 있습니다. 그러나 마음이 사라졌는데 형체가 사라지지 않는 것이 과연 그 사람에게 무슨 도움이 되겠습니까? 또 그림의 힘은 백년을 넘지 못하니 그 마음이 이미 후세에 전해질 수 없다면 형체가 어떻게 홀로 전해질 수 있겠습니까? 소자상(邵子湘=邵長蘅)37)이 "나의 몸이 죽더라도 죽지 않고 보존되는 것이 있으니 문장이 전해지는 것은 천지와 더불어 서로 시작하고 끝이 나니, 백세 후에도 오히려 그 마음의 호오(好惡)를 상상해 볼 수 있다."라고 하였습니다. 그러니 이른바 '형체가 사라져도 마음은 사라지지 않는다.'는 것이 아닌가

---

36) 『雷淵集』, 「贈寫眞者朴善行序」.
37) 소장형(邵長蘅): 청나라의 학자(1637~1704). 강소(江蘇) 무진(武進) 사람. 자는 자상(子湘), 호는 청문산인(青門山人). 10살 때 제생(諸生)에 올랐지만 소안(銷案)을 올렸다가 제명당했다. 나중에 태학(太學)에 들어갔고 다시 순무(順无)의 향시에 응시했다가 그만 두고 고향으로 돌아왔다. 북경에 있을 때 시윤장(施閏章), 왕사진(王士禛), 서건학(徐乾學) 등과 교유했다. 또 진유숭(陳維崧), 주이존(朱彝尊), 강신영(姜宸英) 등과 친구로 사귀었다. 산수에 마음을 두고는 다시는 밖으로 나아가지 않고 평민으로 일생을 마쳤다. 저작으로『청문집(青門集)』(30권)이 있다. 명나라의 칠자(七子) 중 하경명(何景明), 이몽양(李夢陽), 왕세정(王世貞), 이반룡(李攀龍) 등 4명의 시집을 편찬하여 전겸익(錢謙益)이 칠자에 반대한 편파성을 바로잡았다. 또 왕사진과 송락(宋犖)의 시를 뽑아『이가시초(二家詩鈔)』를 편찬했다.

요? 그 마음이 이미 (문장으로) 전해지고 형체가 또한 그것에 붙어 전해지면 이른바 '형체와 마음이 모두 없어지지 않는다.'는 것이 아닌가요? 이와 같은 것은 유자의 도를 종주(宗主)로 하고 선자(仙者)와 불자(佛者)의 이로움을 통섭하는 하는 것으로 옛사람이 칭한 바 '불후(不朽)의 성사(盛事)'입니다.

대저 문장 짓는 솜씨가 좋고 서툴고 아름답고 추한 문제에 대해서는 우선 논하지 말고 그 사람의 고심(苦心)을 전하는 것이라면 한가지 일 뿐입니다. 문득 감히 스스로 헤아리지 않고 평소 찬술한 것을 모아 편집하고 또 초상화를 책의 맨 앞에 두었습니다.

유가를 종주로 하고 선불(仙佛)의 도를 통섭하는 데에 스스로 붙였지만 문사(文辭)가 솜씨 없고 언어가 거칠어 멀리 전해질 수 없다는 사실을 스스로 압니다. 만약 족하께서 몇 편의 단율(短律)을 써주셔서 그 왼쪽에 붙이면, 그 덕에 중해지고 전해질 수 있으리니 도리어 다행이 아니겠습니까?

제 졸고는 바야흐로 사람을 시켜 베껴 쓰게 하고 나누어 6권으로 만드니, 서(序)·기(記)·서(書)·전(傳)·비지(碑誌)·잡저(雜著) 각 체가 대략 갖추어졌습니다. 제 요량으로는 베껴 쓰기를 마치면 비단으로 장정을 만들고 상아로 책갈피를 만든 뒤에 잘 간직하여 베개 속의 비서(秘書)로 만들려고 합니다. 옛날에 백향산(白香山=白居易)은 책을 저술하여 수레바퀴 속에 간직하였고 육천수(陸天隨=陸龜蒙)는 저서를 불상의 뱃속에 간직하였습니다. 옛사람이 자신이 죽은 뒤에 저서가 후세에 전해지기를 간절히 바라는 심정이 이와 같습니다.

제 글이 비록 두 사람에게 매우 미치지 못하지만, 명장(名匠)의 손을 사랑하지 않고 제 손가락을 사랑하니 식자(識者)가 혹 저를 나무랄까요?[38]

---

38) 李生命基爲僕寫小照, 墨所加, 以橫黍尺計之, 縱八寸衡不及參之二. 旣像而

「여심치교걸제소조서(與沈穉敎乞題小照書)」에서 서유구는 인간의 정신과 육체에 대한 유·불·선 및 초상화를 그리는 화가의 관점을 소개하였다. 그리고 이어서 정신을 후세에 전할 수 있는 수단은 문장이며 육체의 모습을 후세에 전할 수 있는 수단은 초상화라고 서술하였다. 한 마디로 서유구는 '불후의 성사'를 성취하고 싶다는 것이다. 이의준은 「여심치교걸제소조서」가 강렬한 작가적 욕망을 표출하되 그 의치(意致)가 속투에 떨어지지 않았고 운치(韻致)가 상쾌하다고 평가한 것이다. 이덕무가 "일단(一段)의 우아한 운에 언외(言外)의 감개(感慨)를 약간 띠었다."[39]라고 평한 것도 이의준의 평과 크게 다르지 않다. 「여심치교걸제소조서」와 유사한 풍격 비평이 붙은 작품으로 「여내제박성용서(與內弟朴聖用書)」를 들 수 있다.

圈其外, 爲對鏡自照狀, 此例創於晦庵朱子, 近世王漁洋貽上用之, 或以爲圓牕非也. 其像頂戴幅巾, 深衣大帶, 自腰以下, 隱而不見, 右手捫帶, 左手展卷, 目睞睗似意有所會, 所會者圖不能盡其意, 願得足下一言發揮之. 曾看雷淵南公文集, 有贈寫眞者序曰: "儒者曰: '有生必有死, 形與心俱滅', 佛者曰: '形滅而心不滅', 仙者曰: '形與心俱不滅', 寫眞者曰: '心滅形不滅.'" 僕竊思仙佛誕也無足取, 獨寫眞者之言頗有實理, 然心滅而形不滅, 果何益於其人? 且圖畫之力不過百年, 其心旣不能傳於後世, 則形焉能獨傳, 邵子湘有言"吾身化矣, 而有不化者存, 文章之傳, 與天地相終始, 百世之下, 猶可想見其心之好惡", 則非所謂形滅而心不滅者乎? 其心旣傳, 形亦附而傳焉, 則非所謂形與心俱不滅者乎? 若是者宗儒者之道, 統仙佛之利, 而昔人所稱不朽盛事也. 夫文章之巧拙姸醜姑勿論, 傳其人之苦心則一耳. 輒敢不自量揣, 彙次平日纂述, 復以小照冠之, 竊自附於宗儒統仙佛之道, 而自知辭拙語蕪不堪傳遠, 如足下賜以數篇短律, 題其左方, 則可藉之爲重而傳, 顧不幸歟! 拙藁方倩人繕寫, 分爲六卷, 序記書傳碑誌雜著, 各體略具, 私計繕寫畢, 錦其帕牙其籤, 藏之爲枕中秘書. 昔白香山著書藏之轉輪, 陸天隨著書藏之佛腹, 古人汲汲於身後之傳如此, 僕文雖遠不逮二子, 然不愛傴手而愛己指, 識者或不我罪不邪?(「與沈穉敎乞題小照書」)

39) 一段雅韻, 微帶言外感槩. 炯庵.

서유구가 고종사촌 박성용(朴聖用)에게 보내는 편지인 「여내제박성용서」의 전문은 다음과 같다.

내일은 7월 16일이니 소동파의 고사를 모방하여 배를 띄워 부용강(芙蓉江)에서 노닐고자 하니 그대는 나와 함께 가는 것이 좋겠네. 갓 갠 달빛은 의당 더욱 아름다울 것일세. 이미 뱃사공에게 부탁하여 갈대 물가에 조각배 한 척을 대라고 하였는데 유독 퉁소를 부는 객이 없네만, 그대가 시를 짓고 내가 「용주부(蓉洲賦)」를 짓고 노를 두드리면서 노래하면 족할 것일세. 다만 나의 문장이 소동파의 문장을 당하기에 부족하다는 것이 애석할 뿐이지만, 이른바 '고금의 사람이 서로 미치지 못한다.'는 것이 어디 이뿐이겠는가?
정자 남쪽 작은 못에는 연잎이 둥둥 떠 있으니 그 위에 찹쌀 두어 말을 넣어 빚으면 하루 밤이 지나서 마실 수 있다네. 소동파가 아내에게 술 준비를 하게 했던 것에는 미치지 못할 수도 있겠지만 고금의 사람이 같고 다른 점을 알 수 없다네.
근간에 도경(圖經)을 상고해 보니, 적벽은 지금의 황주(黃州)에 있지 않고 가어현(嘉魚縣) 어악(魚嶽)의 큰 벼랑에 있더군. 사방득(謝枋得)40)이 "내가 강하(江夏)에서부터 동정(洞庭)으로 거슬러 올라갈 때 배가 포기(蒲圻)를 지나가는데 석벽(石壁)을 바라보니 '적벽(赤壁)'이라는 글자가 있었다. 그 북쪽 언덕은 '오림(烏林)'이라고 하는데 '오소(烏巢)'라고도 한다. 그 위에 주유(周瑜)의 사당이 있으니, 이곳이 주유가 전쟁하였던 곳이라는 사실을 의심할 여지가 없고 역사 기록을

---

40) 사방득(謝枋得): 송나라 말엽의 충신(1226~1289). 자는 군직(軍直). 호는 첩산(疊山). 강서성(江西省) 사람. 원나라가 강도(江都)를 침입하자 의병을 일으켜 싸우다가 송나라가 쇠퇴한 후 복건(福建)·건양(建陽)에 망명하여 변절하지 않고 굶어 죽었다. 저서로 『첩산집(疊山集)』, 『문장궤범(文章軌範)』 등이 있다.

상고해 보아도 모두 부합된다."라고 하였다.

대개 옛날 포기(蒲圻) 땅은 지금 가어(嘉魚)에 속한다. 황주산은 곧 '적비(赤嶼)'라고 이름하는데 '적비(赤鼻)'라고도 한다. 『수경(水經)』에서 "악현(鄂縣) 북쪽 강수의 오른 쪽에 번구(樊口)가 있고 또 강수는 왼쪽으로 적비산(赤鼻山)의 남쪽을 지나간다."라고 한 말이 이것이다. 소동파가 여러 서적을 두루 읽었음에도 불구하고 오히려 '鼻'를 '壁'으로 잘못 쓰니 비로소 지리학이 이처럼 어렵다는 것을 알 겠구나!

대저 소동파의 유람은 가짜 적벽에서 했던 유람이고 우리 두 사람의 유람은 진짜 용주(蓉洲)에서 하는 유람이라네. 이는 또 옛날의 글이나 사람과 꼭 같게 할 것이 아니거늘 어찌 갑자기 소동파가 홀로 천고의 훌륭한 일을 독점하도록 양보하겠는가? 인하여 붓을 잡고 쓸데없이 애오라지 한번 웃음거리를 제공하네. 일일이 말하지 않겠네.[41]

「여내제박성용서(與內弟朴聖用書)」에 "소폭의 글이지만 아름다운 운이 있다."[42]는 평어가 붙어 있으나, 평자가 누구인지는 누락되어

---

41) 明日是七月旣望, 欲倣子瞻故事, 泛舟遊芙蓉江, 子與我共之可也. 新晴月色當益佳. 已屬舟子艤一葉舟荻蘆汀邊, 獨無洞簫客, 子賦詩吾作蓉洲賦, 鼓枻而歌之足矣. 但惜吾文弗足當子瞻涕唾, 所謂古今人弗相及者此邪? 亭南小池, 荷葉田田, 醸秋數斝於其上, 可一宿而飮. 子瞻之謀諸婦者容或遜之, 古今人同不同, 未可知也. 閒攷圖經, 赤壁不在今黃州, 而在嘉魚魚嶽大崖之山. 謝枋得曰: "予自江夏泝洞庭, 舟過蒲圻, 望石崖有赤壁字, 其北岸曰烏林, 亦曰烏巢, 上有周瑜廟, 此爲瑜戰地無疑, 攷之史志皆合." 蓋古蒲圻地今屬嘉魚, 黃州之山則名赤嶼, 亦名赤鼻. 水經曰: "鄂縣北江水右得樊口, 又左逕赤鼻山南." 是也. 子瞻博極羣書, 迺猶訛嶼爲壁, 始知夷堅版輿之學, 其難如是哉! 夫子瞻之遊遊於假赤壁, 吾二人之遊遊於眞蓉洲, 此又古文人弗必同, 而何遽讓子瞻獨擅千古勝事? 因筆漫及, 聊供一笑, 不一一.(「與內弟朴聖用書」)
42) 小尺耐有佳韻.

있다. 「여내제박성용서」는 서유구가 소동파의 적벽의 유람을 모방하겠노라고 시작하여 중간에서 소동파가 유람하였던 곳은 적벽이 아니라는 점을 밝히고 끝으로 소동파의 유람은 가짜 적벽에서의 유람이지만 자신의 유람은 진짜 용주에서의 유람이라고 글의 내용을 반전시키고 있다. 조선의 문인들이 소동파의 적벽의 유람을 모방하는 것을 운치다고 여겼지만, 그것은 모방에 불과하다. 서유구도 당시 문인들처럼 소동파의 적벽의 유람을 모방하는 것처럼 글을 시작하였지만 최종적으로 그 맹랑함을 논리적으로 반박하였다. 당시의 맹목적 모방에 대한 논리적 반박이 매우 편폭이 짧은 글에서 이루어지고 있다는 점을 비평가는 매우 신선하게 느꼈던 것으로 보인다.

「환성암사리탑명 병서(喚醒庵舍利塔銘 幷序)」는 '고결(高潔)'이라는 비평이 붙은 작품이다.

「환성암사리탑명 병서」의 전문은 다음과 같다.

> 환성암(喚醒庵)은 백악산(白岳山) 후면 산기슭에 있다. 백악산 서쪽에 나의 별장이 있는데 암자와의 거리는 몇 리가 채 안 되기에 새벽부터 저녁까지 범종 소리를 들을 수 있다. 암자의 주지 봉민(奉敏)이 자주 나를 따라 놀았는데 하루는 가사를 입고 석장(錫杖)을 짚고 문에 이르러 말하였다.
> "아뢸 말이 있습니다."
> 내가 그를 들어오라고 하여 물어보니 봉민이 합장하여 예를 올리고 말하였다.
> "우리 암자에 도(道)가 있는 비구니가 있는데 지금 죽었습니다. 그녀의 이름이 드러나지 않을까 두려우니 그대의 말을 얻고자 합니다."
> 또 글 폐백을 받들어 합장하고 재배하며 말하였다.

"비구니는 저희 고모입니다. 성은 아무씨이고 호는 해화당(海花堂)이니 문화(文化)의 백성 여자입니다. 어려서는 기특하고 지혜로웠습니다. 냄새나는 채소를 먹지 않고 대사(大士)를 경건히 받들어 세상을 벗어나려는 생각이 있었습니다. 일찍이 죽은 지 사흘 만에 다시 살아난 일이 있는데 늙어서는 죽었을 때 염습한 곳이 시꺼멓기에 사람들이 모두 이상하게 생각하였습니다. 장성한 뒤에는 머리를 깎고 구월산(九月山)으로 들어가 수십 년 간 마음을 맑게 하고 습정(習定)[43]하였습니다. 늘그막에는 저를 따라서 사방을 유랑하며 구걸하여 겨우 먹고 살았습니다. 그런데도 굶주리고 추워 떠는 사람을 보면 문득 아낌없이 베풀어 주었습니다. 임인년[1782]에 암자에 와서 거처하였는데 이 때 비구니가 늙었건만 여전히 분향수행을 게을리 하지 않아 종일 염불하는 소리가 울려 퍼졌습니다. 암자에 5년 동안 거처하다가 병오년[1786] 8월 아무날 암자에서 죽으니 속세의 나이로는 67세이고 법랍(法臘)으로는 46세입니다.

다비를 마친 다음날 산언덕을 멀리서 바라보니 빛이 환한 구름의 상서로운 기운이 크게 뻗쳤습니다. 그 기운을 따라가서 사리 두 개를 얻으니 곧 비구니가 다비한 곳이었습니다. 이에 중과 속인 남녀가 모여 보고 예배하고 감탄하며 놀라니, 암자가 그 때문에 오열하는 소리로 가득 찼습니다.

아! 어찌 이상하지 않습니까? 저는 장차 부도에 그것을 간직하여 하나는 구월산에 안치하고 하나는 암자에 안치하여 중생의 복전(福田)으로 만들려고 하니 그대는 명(銘)을 써주십시오."

내가 들으니 백악산 꼭대기에는 '세존(世尊)'이라는 바위가 있다는데, 전해지는 말로는 먼 옛날에 세존보살이 일찍이 여기에서 노닐었다고 한다. 지금 그것을 바라보면 봉우리가 삐죽삐죽하고 파랗게 맑

---

43) 습정(習定): 심신을 수양하여 망념(妄念)을 없애는 일.

고 깨끗한 기운이 있다. 암자가 세존암 아래에 있으니 생각하건대 반드시 고승(高僧)과 명망 있는 중이 인도와 취령(鷲嶺) 사이처럼 많아야 하겠건만 나는 보지 못하였더니 비구니를 그런 사람이라고 말하더라도 좋으리라!

불가의 말에 "사문(沙門)에는 세 종류가 있으니 좌선(坐禪)이 으뜸이고 송경(誦經)이 중간이고 조중(助衆)이 하등이다."라고 한다. 그러니 비구니는 미천하다. 상등을 향하는 일은 논할 것도 없고 중등과 하등이라면 얼추 맞을 것이다. 이는 진실로 명법(銘法)에 해당한다. 명하여 말한다.

> 율무가 크고 앵두빛이니
> 반야(般若)의 법해(法海)로부터 왔도다
> 용주(龍珠)가 번쩍거리나니
> 불도 태울 수 없고 물도 침식할 수 없다
> 천신(天神)이 방망이를 잡고 수호하나니
> 붉은 깃발에 흰 소라네
> 나의 명을 여기에 쓰니
> 일월삼주(一月三舟)로다44)

---

44) 喚醒庵在白岳山後麓. 山之西, 余丙舍在焉, 去庵未數里, 晨夕梵鍾可聞也. 庵住持奉敏數從余遊, 一日衣水田衣杖錫而踵門曰: "願有謁也." 余進之而問焉, 奉敏合爪禮而曰: "吾庵有有道比丘尼, 今化矣. 不章是懼, 願得子之言." 復捧書幣, 合爪再拜曰: "尼, 吾姑也. 姓某氏, 號海花堂, 文化民家女, 幼奇慧, 不茹葷, 虔奉大士, 有出世想. 嘗死三日復甦, 至老死斂處黙然, 人咸異之. 旣長落髮入九日山, 澄心習定者數十年. 晚從吾流寓四方, 丐以餬口, 然見飢寒輒施之無慳. 壬寅來居庵, 時尼老矣, 猶焚修罔懈, 三朝六時, 佛聲浩浩如也. 居五年丙午八月某日, 示寂于庵, 世壽六十七, 法臘四十六. 旣茶毗翌日, 望見山之阿, 大放光明雲氣瑞氣, 踵之得舍利二, 卽尼茶毗處也. 於是緇白男女聚觀禮拜, 咨嗟駭歎, 庵爲之塡咽. 嗚呼! 豈不异哉? 吾將浮屠藏之, 一置之九月, 一置之庵, 爲衆生福

3. 풍격론 관련 비평

이덕무는 「환성암사리탑명 병서」에 대하여 "붓끝으로 이미 앵두처럼 큰 사리를 드러냈다."[45]라고 평하였다. 환성암(喚醒庵)의 주지인 봉민(奉敏)의 고모로 비구니인 해화당(海花堂)이 죽은 뒤 사리를 얻은 일을 전할 목적으로 작성된 글이다. 따라서 이덕무는 글의 목적이 충분히 달성되었다고 평한 것이다. 한편 이의준은 "서(敍)는 법(法)으로 뛰어나고 명(銘)은 기(奇)로 뛰어나니 고결(高潔)의 극치다."[46]라고 평하였다. 이의준은 「환성암사리탑명 병서」의 풍격을 '고결(高潔)'로 평하였는데 이 글을 구성하는 전반부에 해당하는 서(敍)와 후반부에 해당하는 명(銘)이 각각 '법(法)'과 '기(奇)'로 뛰어남으로써 '고결'이라는 풍격을 만들어 냈다는 것이다. 「환성암사리탑명 병서」는 작은 암자에 붙어살던 비구니가 죽은 뒤에 사리가 수습된 일을 기리기 위해 작성된 글이다. 암자의 주지가 비구니의 생애를 작자에게 말해주는 형식을 통하여 비구니의 생애와 특기할 만한 선행을 서(敍) 부분에서 착실하게 기술하였다. 서유구가 당면한 문제는 '그녀의 삶이 과연 명(銘)으로 기릴만한 것인가?'를 판정하는 것이다. 그는 비구니의 선행이 사문(沙門)의 등급 중에서 중등과 하등에 해당하기 때문에 명법(銘法)에 합당하다고 판정하였다. 「환성암사리탑명 병서」의

田, 子其銘之." 余聞白岳之巓, 有巖曰世尊, 相傳上世世尊菩薩嘗遊於是. 至今望之, 峯巒硌砑, 蒽蘢有淸淨氣. 庵於巖之下, 意必多高僧名衲如乾竺鷲嶺之間, 而吾未之見焉, 則謂尼卽其人可乎! 佛之言曰, 沙門有三, 坐禪爲上, 誦經爲中, 助衆爲下. 尼微也, 向上事無論已, 中下則幾矣, 是固應銘法, 銘曰, 薏苡大兮含桃色, 徠自般若之法海兮, 龍珠之均瓅兮, 火不焦兮水不泐, 天神執杵而呵護兮, 赤幡而白牛, 我銘斯印兮, 一月三舟.(「喚醒庵舍利塔銘 幷序」)

45) 筆端已現舍利含桃大. 炯庵.
46) 叙以法勝, 銘以奇勝, 高潔之極. 愚山.

서(敍)는 이처럼 엄정한 객관성을 견지하면서 작성되었기에 법(法)으로 뛰어나다고 호평한 것이다. 반면 명(銘)은 '기(奇)'하다고 하였으니 그 내용이 통상적 지식의 경험에서 이탈했다는 것이다. 서유구의 명은 불가적 어휘와 발상으로 구성되어 있다. 특히「환성암사리탑명병서」의 명은 비구니의 사리를 예찬하는데 맞춰져 있다. 1구의 '율무'는 원래 염주를 만드는 재료인데, 여기에서는 '사리'를 비유하는 말로 사용되었다. 비구니의 사리가 율무 만하다는 의미한다. 이것은 이생에서 선업을 쌓고 수행을 잘한 결과를 의미한다. 2구의 '반야(般若)'는 '지혜'를 의미하는 불가어로 비구니가 일생 지혜로웠다는 의미이다. 3구의 '용주(龍珠)'는 여의주(如意珠)로 역시 '사리'를 비유하는 말이다. 여의주는 원하는 것을 이루어 주는 물건으로 비구니의 원융무애(圓融無礙)한 수행을 찬미한 것이다. 4구에서는 그와 같은 비구니의 사리는 그 무엇으로도 파괴할 수 없는 영원함과 고귀함을 지닌 것임을 강조하였다. 5구에서는 천신이 번뇌를 부수는 금강저를 잡고 비구니를 가호할 것이라고 축원하였다. 6구에서 '백우(白牛)'는 '일불승(一佛乘)'을 가리킨다. '일불승'이란 중생을 교도(敎導)하는 성불(成佛)의 교법(敎法)을 의미하는데, 비구니가 죽어서 일불승을 이루었다고 칭송한 것이다. 명(銘)의 마지막 구에서 '일월삼주(一月三舟)'라고 한 말이 가장 의미심장하다. '일월삼주'란 하나의 밝은 달을 세 척의 배 위에 있는 사람들은 각각 다르게 본다는 의미이다. 비구니는 특기할 만큼 커다란 선업(善業)을 쌓지는 못했지만, 나름대로 최선을 다해 선행을 하였다. 비구니의 근기와 선업이 중등과 하등의 사이이지만 그것은 '일월삼주'와 같은 견해의 차이일 수도 있다. 수행과 선업 없이는 얻기 힘든 사리를 비구니가 얻었다는 것은 그녀의 수행과 선업이 일정한 수준에 도달했다는 반증이라고 칭송한 것이다. 「환성암 사리탑명 병서」는 이와 같이 상반된 작법인 법(法)과 기(奇)가 충돌하지 않고 조화를 이루어 '고결(高潔)'이라는 풍격을 만들어 낸 것이다.

4. 문체론 관련 비평

'문체'는 문학의 체재(體裁)·체제(體制)·양식을 지칭한다. 작가가 창작 활동을 할 때에는 소기(所期)한 효과에 도달하기 위하여 내용에 적당한 언어 형식과 편폭·구성 등을 선정하는데, 이에 따라서 다양한 특징의 문학 체제가 형성된다. 문체론 관련 비평은 주로 이덕무에 의하여 이루어졌으며 성대중과 이의준의 비평도 각각 한 편이 있다. 문체별로는 서(序)·서(書)·기(記)·묘지명(墓誌銘)을 대상으로 하고 있다. 서(書)를 제외하면 나머지 문체는 서사체 산문에 포괄될 수 있다. 이로 본다면 다소 단순한 결론이지만 문체론 관련 비평의 초점은 주로 서사체 산문을 대상으로 하였다고 볼 수 있다.

「이운각시서(梨雲閣詩序)」에 대하여 이덕무는 "종성(鍾惺)이 '시는 맑은 물건이다.'라고 하였다. 이운각시(梨雲閣詩)의 서(敍)는 해석을 잘 한 듯하다."라고 비평하였다.47) 왕응린(王應麟)이 『사학지남(辭學指南)』에서 "서(序)는 전적(典籍)의 창작 내력을 서술한 것이다."48)라고 정의하였듯이 서(序)는 저작이 완성된 뒤에 그것의 창작 유래와 내용, 체례(體例)와 목차를 서술하는 문체다. 그리고 서사증(徐師曾)의

---

47) 鍾退谷曰: "詩淸物也." 梨雲閣詩敍, 蓋善爲詮解. 炯庵.
48) 序者, 序典籍之所以作.

『문체명변(文體明辯)』에 의하면 서(序)에는 의논(議論)과 서사(敍事)의 두 가지 체(體)가 있다고 하지만 일반적으로 그들이 엄격하게 분리되지는 않는다. 「이운각시서」도 의논과 서사가 적절히 배합된 작품인데 이덕무가 주목한 것은 의논부다. 이덕무는 「이운각시서」의 주된 의논이 "詩淸物也."라는 명제를 잘 해석하였다는 점을 높이 평하고 있다.49) 이는 결국 서(序)의 문체적 특성을 만족시켰다는 평가이다. '해석(解釋)'이란 비평의 중요한 기능 중 하나이다. 시서(詩序)는 한문학에서 비평의 대표적 문체 가운데 하나이다. 그러므로 '해석(解釋)이 잘되었다'는 평가는 비평문으로 성공하였다는 말과 같다.

다음은 「이운각시서」의 전문이다.

> ① 천지의 **맑은** 기운이 성하게 싸고 품어 구름과 남기(嵐氣)와 꽃이 된다. 그것이 그릇에 있어서는 종(鐘)·정(鼎)·준(尊)·이(彝)가 되고 사람에게 있어서는 서화(書畫)와 문장이 되는데, 문장 중에는 시(詩)가 더욱 귀하다.
> ② 대저 **맑은** 시의 **맑음**은 서화를 사용하고 이정(彝鼎)을 사용하고 꽃을 사용하고 운람(雲嵐)을 사용한다. 그렇지 않으면 시는 **맑지** 않다. 훌륭한 목수가 집을 지을 때는 반드시 먼저 재목을 선별한다. 시도 재료가 있으니 선택을 정밀하게 하지 않으면 비록 떠들썩하게 섞여 나오더라도 그 말이 **맑지** 않다. **맑지** 않으면 전해지지 않는다.
> ③ 위희(魏禧)가 시를 논하여 "옛사람의 시는 모두 **맑은** 기가 있기에 운물(雲物)과 서로 접한다. 그런 까닭에 항상 세상에 떠서 사라지지

---

49) "詩淸物也"란 종성(鍾惺)이 「簡遠堂近詩序」에서 한 말인데, 서유구는 위희(魏禧)의 이론을 중간에 인용하고 자신의 견해를 개진하였다. 즉 이덕무는 서유구가 인용한 위희의 이론을 종성의 이론과 동일시한 것이다.

않는다."라고 하였으니 믿을만한 말이다. 탁(濁)하면 형질(形質)이 땅에 떨어진다.

④ 우리 종조숙부 홀원자(笏園子)는 야윈 모습에 서 있는 옥과 같이 명랑(明朗)하고 말쑥하여 그를 바라보면 마치 신선(神仙) 도류(道流)와 같으니 대개 '**맑은** 사람'이다. 서법이 뛰어나고 그림을 좋아하며 골동품 품평하기를 더욱 좋아한다. 흥이 이르면 문득 책상자를 가지고 서호(西湖) 별장으로 놀러가 구름과 안개와 꽃과 새 등의 좋은 구경거리를 취하기에 시가 날로 더욱 풍부하여진다. 재능과 감정이 초일하게 발현되고 풍류(風流)가 동탕(動蕩)하니 **맑은** 기운에서 얻는 것이 많다.

⑤ 내가 일찍이 그의 시를 평하기를 "진한 향기는 가을 하늘의 선명함 같고 향기롭고 아름다움은 봄 정원의 진한 향기 같다. 창고(蒼古)함은 은나라의 가(斝)와 주나라의 작(爵)처럼 싸늘하다. 담박하고 전아함은 전범이 되는 글씨와 이름난 그림의 선명함과 영화로움을 법칙으로 삼았다. 천지 사이의 **맑은** 기를 모아서 마음에 맺고 시편에 펼쳐 써서 밝게 빛나는 것이 글자 사이에서 은은하게 비치고 넘치니 어찌 그리도 성대한가? 이로부터 궁리하고 변화시켜 풍부하고 날로 새롭다면 세상에 떠서 인몰되지 않을 것은 의심의 여지가 없다. 훗날 시를 채록하는 자는 반드시 나의 말을 지나치다 여기지 않을 것이다.

⑥ 내가 평소 문장을 좋아하지만 시에는 능하지 못하다. 이(彝)·정(鼎)·서(書)·화(畫)의 경우라면 그것을 애호하면서도 그 묘미를 알지 못한다. 그러므로 문장도 거칠어 **맑지** 못한데 지금 홀원자(笏園子)는 나의 말로 시집의 서문으로 삼으려 한다. 아! 경수(涇水)가 위수(渭水)를 가까이하게 되었으니 나는 몹시도 부끄럽다. 비록 그렇지만 구름과 남기(嵐氣)와 화훼(花卉)는 스스로 드러날 수 없고 이따금 금석문에 나타나고 도서(圖書)에 형용되어서 이름이 더욱 빛난다. 금

석(金石)과 도서(圖書)도 때로 마멸되지만 유독 문장은 영원히 전해진다. 그런 까닭에 저 몇 가지는 모두 문장에 의탁한 뒤라야 그 **맑음**이 영원한 시간 속에 크게 나타난다. 내가 장차 이 책으로 질정을 하려는데 우선 이 글을 써서 훗날의 신표로 삼고자 하니 가하겠는가?50)

「이운각시서(梨雲閣詩序)」에 '淸'자가 총 12회 사용된 것에서도 알 수 있듯이 주지는 '淸'에 맞추어져 있다. ①단락은 도론(導論)에 해당한다. 천지(天地)의 '청숙지기(淸淑之氣)'가 아름다운 자연물과 가치 있는 예술 작품을 만들어 낸다. 그리고 인간이 만들어 내는 예술 작품 중에서도 가장 완성도가 높은 것은 시(詩)라고 하였다. 완성도가 높고 가치가 있다는 것은 맑은 기운의 결정체임을 의미한다. ②단락은 "맑은 기운의 결정체인 '시'에서 맑다는 것은 어떤 것인가?"에 대

---

50) 天地淸淑之氣, 氤氳苞孕, 爲雲嵐花卉, 其在器則爲鐘鼎尊彝, 在人則爲書畫爲文章, 而文章之中, 詩尤貴. 夫淸詩之淸, 以書畫以彝鼎以花卉雲嵐, 不爾, 詩無淸也. 良工搆室, 必先擇材, 詩亦有材焉. 擇之不精, 則囂然雜出, 其言不淸, 不淸則不傳. 魏氷叔之論詩曰: "古人之詩, 莫不有淸淑氣, 與雲物相接, 故嘗浮于世, 而不沒." 信矣夫. 濁則質而墜於地矣. 余從祖叔父笏圓子, 癯貌玉立, 明朗脩潔, 望之若羽人道流, 蓋淸者也. 工書嗜畫, 尤好品論古董, 興至輒擔籃, 遊西湖別業, 以攬雲煙花鳥之勝, 而詩日益富, 才情逸發, 風流動盪, 其得於淸氣者, 居多. 余嘗評定其詩, 以爲芬郁如秋空之英英, 香艷如春園之馥馥, 蒼古則殷罍周爵之冷汰也. 澹雅則法書名畫之鮮榮也, 湊會天地間, 淸淑之氣, 結轄于方寸, 抒寫于篇什, 而炯炯者, 隱暎盎溢於行墨之間, 何其盛也? 自是而擬議成變, 富有日新, 則其浮於世, 而不沒也無疑, 後有采詩者, 必不以余言爲過也. 余素喜文章, 而獨不能詩, 彝鼎書畫則愛之, 而不知其妙, 故文亦蕪而不淸, 今笏圓子, 酒欲以余言, 冠其詩. 噫! 洿近乎渭矣, 余愧甚, 雖然, 雲嵐花卉, 不能自顯, 逞逞見於金石, 形於圖書, 而名益彰, 金石圖書, 亦有時而削刻, 獨文章之傳, 爲無窮, 故彼數者, 莫不托之文章而后其淸洒大著於久遠, 余將以是卷質之, 姑書此, 以爲他日之左契焉可也.(「梨雲閣詩序」)

한 구체적 대답이다. 그것은 시 속에 용해되어 나타난 맑은 기운의 예술품·기물·자연물에 다름 아니다. 훌륭한 목수가 훌륭한 집을 지으려면 우선 좋은 재목을 사용하여야 하듯이 훌륭한 시를 창작하기 위해서는 우선 좋은 소재를 선정해야 한다는 것이다. 그러면 맑은 기운의 결정체인 시가 영원한 생명력을 획득할 수 있는 방법은 어디에 있는가? ③단락에서 위희(魏禧)의 말을 논거로 제시하고 있다. 맑은 기로 만들어진 시는 운물(雲物)과 접할 정도로 세상에 떠다닌다고 하였다. 이는 작품의 뛰어난 가치가 시간적 공간적 한계를 초월함을 의미한다.

④단락에서는 창작의 주체에 대하여 서술하였다. 맑은 시를 창작하기 위해서는 시인이 맑아야 한다는 것이다. 그러나 시인이 맑다고 해서 맑은 시가 저절로 만들어지는 것은 아니다. 맑은 시를 만들기 위한 노력이 수반되어야 한다. 맑은 시의 창작을 위해서는 ②단락에서 말한 바와 같은 소재의 선택이 필수적이다. 시인의 맑은 재능·흥이 맑은 기운으로 만들어진 자연물인 소재와 만날 때 비로소 맑은 시가 만들어진다고 하였다. 이는 창작의 요소와 과정에 대한 서술에 해당한다.

⑤단락에서는 종조숙부 홀원자(笏園子) 서로수(徐潞修: 1766~1791)의 시에 대한 평가가 구체적으로 제시되고 있다. 분욱(芬郁)·향염(香艶)·창고(蒼古)·담아(澹雅)가 "맑은 시란 무엇인가?"에 대한 구체적 답변이다. 서유구는 네 가지 미적 특성에 대하여 간결하면서도 형상높은 표현을 구사하였다.

서(序) 본연의 특성을 구현한 단락이 ⑥단락이다. 서유구는 서문의 기능성을 ⑥단락으로 제한하고 있다. 그러나 ⑥단락에 기능적 측면

뿐만 아니라 앞에서부터 진행되어 온 '청(淸)'의 개념을 이어서 발전시키고 있다. 자신이 적격자가 아닌데도 서문을 짓노라는 상투적 겸사를 서술하면서도 '청(淸)'의 범주에서 벗어나지 않고 있다. 즉 문학 중에서 시가 가장 맑은데 자신은 시에 능하지 못하며 맑음의 결정체인 이(彝)·정(鼎)·서(書)·화(畫)와 같은 기명(器皿)과 예술품에 대해서도 그 오묘함을 알지 못한다고 토로하였다. 자신을 물이 맑지 않은 경수(涇水)에 비유하고 서로수(徐潞修)는 물이 맑은 위수(渭水)에 비유하여 서로수의 인격적 맑음과 그 작품의 맑음을 부각시킴으로써 끝까지 긴장이 이완되지 않도록 하였다. 이로 볼 때 「이운각시서」는 서(序)의 기사적(記事的) 요소를 최소화하되 필요한 정보는 누락시키지 않았으며 의논부의 주지를 처음부터 끝까지 관통시키고 있다. 또 시(詩)의 미적 특징을 형상하는 표현이 평면적이지 않으며 아름답다. 이러한 특성에 주목하여 이의준은 "농욱(穠郁)한 향기를 모으고 연기와 구름이 나왔다가 사라지는 기이함이 있다. 이 편은 일품(逸品)이다."51)라고 호평하였다.

이덕무와 이의준의 비평 중에는 문체 간의 넘나듦을 대상으로 한 것이 있어 문체론 관련 비평의 중요한 자료가 된다. 이의준은 「여종부제도가서(與從父弟道可書)」에 대하여 "서체(序體)로 편지를 지어 의논이 고결(高潔)하고 말구(末句)는 돌려 흔들고 뛰어 올라 절묘한 경계에 도달하였다."52)라고 하여 서(書)와 서(序)의 넘나듦에 대하여 비평하였다.

---

51) 攢簇芬郁, 有烟雲出沒之奇, 此逸品也. 愚山.
52) 以序體作書, 議論高潔, 末句轉掉, 尤矯夭入化. 愚山.

다음에서 「여종부제도가서」의 전문을 보도록 한다.

① 작년 가을 가뭄은 7월부터 12월까지 가더니, 금년에도 4월까지 비가 오지 않았다. 내와 도랑이 마르고 습지가 갈라지고 터지자 농부들이 두려워 탄식하며 끝내 비가 오지 않을 것이니 어쩔 수 없다고 하였다. 그러다가 5월부터 7월까지 큰비가 내려 지난 날 말랐던 것이 지금은 비가 불어 넘치고 지난 날 갈라져 터졌던 것이 지금은 개구리가 알을 까니 강촌살이가 의연히 섬 안에 들어있는 듯하다.

② 어제 우연히 이웃 사람 박생(朴生)과 잠을 잤다. 밤에 더욱 성난 기세로 비가 내려서 처마의 낙수는 쾅쾅 귀를 때리고 빠른 바람은 빗방울을 몰아 세차게 창문을 울리고 흔들었다. 베개에 엎드려 뒤척이면서 한동안 잠을 이루지 못하다가 갑자기 편뜩 깨어 벌떡 일어나서 큰소리로 박생에게 말하였다.

"그대는 오늘의 비를 아는가? 이는 옛날 사람의 문장일세!"

박생이 알아듣지 못하자, 그에게 말하였다.

"지난날 비가 오지 않았던 것은 오늘을 위하여 비축해 둔 것이고 오늘 비가 내리는 것은 지난날의 비축해 둔 비가 내리는 것이다. 오로지 오래 비축해 둔 까닭에 끝없이 내린다. 문장도 그러하다. 옛날의 작자는 모두 학문을 쌓고 생각을 깊게 하여 오래 된 자는 수십 년이고 얼마 되지 않은 자라도 십여 년이다. 불뚝 일어나는 것을 꺼뜨리고 넘치는 것을 증발시키며 눌러 펴지 아니한 연후에야 내놓는 것이 문장이 된다. 그러므로 그 말이 드넓고 성대하여 적셔도 고갈되지 않는다. 그렇지 않으면 가난한 살림으로 날마다 쓰는 수요에 대응하기에 부족하면 빌리고 표절하니 어찌 주리지 않겠는가?"

박생이 탄식하며 명언이라고 하였다. 드디어 한번 떠들썩하게 소리를 내고는 그만두었다.

③ 그대가 글을 알면서 나에게 배워『시경』·『서경』·『예기』·『춘추』를 읽으니 학업이 오래되었다. 그런데 근심이 가득하여 말을 하지 못하기에 나는 그것을 괴상하게 여겼다. 그대가 문장을 기다리는 것이 비를 기다리는 농부보다 심하더니 오늘 그대의 문장을 보니 그대는 바로 비가 오는 것이로다. 10년 간 비축해 둔 것을 하루 만에 새게 하니 이로부터 그대의 새는 것이 다하겠는가? 나의 독서는 매우 빈궁하고 살림살이는 번잡하기에 뱃속에 간직된 독서가 텅 비어 주렸다. 그러니 앞으로 장차 그대에게 빌리고 표절하리다. 비록 그렇지만 문장의 독서와 창작은 유자(儒者)의 지행(知行)과 같다. 한갓 독서만 하고 창작하지 않으면 선가(禪家)의 염불과 같고 한갓 창작만 하고 독서하지 않으면 육상산(陸象山)의 양능(良能)과 같다. 나의 문장은 육상산(陸象山)에 병이 들었고 그대의 문장은 선가(禪家)에 병이 들었다. 그대로써 나를 치료하고 나로써 그대를 치료하면 될 일이다.

④ 금년에 비가 오고 해가 나는 것이 절도가 없으니 극단적으로 갖추어지고 극단적으로 없다. 야외의 소식을 근간에 들으니 흉년이라고 한다. 몹시 마음에 걸린다. 이만 줄인다.[53]

---

53) 去年秋不雨自七月至于十二月, 今年又不雨至于四月, 川瀆洿涸, 沮洳龜坼, 農家子嘵嘵咨嘆, 以爲是將終不雨, 未如之何. 五月大雨, 至于七月, 昔之洿涸者, 今焉瀰漲, 昔之龜坼者, 今焉蛙産, 江邨生涯, 依然如水國中. 昨日偶與鄰人朴生同宿, 夜漏下雨勢益怒, 檐霤瀧瀧撞耳, 疾風驅雨鈴撼牕, 殷殷欿欿, 伏枕輾轉, 幾不成寐. 忽飜然悟蹶然起, 大聲謂生曰: "子知今日之雨乎? 此古人之文章也." 生未達, 吾告之曰: "前日之不雨, 爲今日畜也, 今日之雨, 爲前日洩也. 唯其畜也久, 故洩也不匱, 文章亦然, 古之作者類皆積學沉思, 遠者數十年, 近者亦十餘年, 汩浮蒸溢, 抑而不伸, 然後迺出之爲文章, 故其言渾渾泡泡, 挹之不竭, 不然而以貧窶之産, 應日用之需, 不足則假貸剽竊, 幾何其不餒也?" 生歎

4. 문체론 관련 비평

서신(書信)의 양대 특징은 실용적 기능성과 내용의 광범위함이다. 편지는 원래 교류의 주요 도구이기에 실용적 가치를 지니며 사회생활과 개인생활이 모두 그 광범위한 내용으로 포괄된다. 서신이 광범위한 내용을 포괄하기 위해서는 그 형식 또한 다양해질 수밖에 없다. 서신은 그 주요 내용에 따라 서사(敍事), 서정(抒情), 의논(議論)으로 구분할 수 있지만 세 가지가 모두 포괄된 것도 적지 않다. 그런데 이의준은 「여종부제도가서」의 문체에 대해서 "서체로 편지를 지어 의논이 고결하다"고 평하였다. 환언한다면 이의준은 「여종부제도가서」를 의논성이 강한 서체(序體)의 편지로 파악한 것이다.

「여종부제도가서」는 일반적 편지의 투식인 일기(日氣)에 대한 이야기가 상당 부분을 차지한다. 그러나 일기에 대한 내용은 일반적 편지의 투식과는 기능이 판이하다. ①단락의 일기에 대한 이야기는 ②단락의 문장론을 전개하기 위한 예비 서술에 해당한다. 비 오는 날의 에피소드를 상대에게 말하는 형식이지만, 이덕무가 "김성탄(金聖嘆)은 비로 시를 비유하여 극도로 영오(靈悟)하더니 지금은 비로 문장을 비유하니 어느 시대인들 훌륭한 이가 없을까?"[54]라고 지적하였듯이 서유구는 비로 문장을 비유한 것에 불과하다. 어쩌면 박생은

息以爲名言. 遂一哄而罷. 君自識書學于吾, 讀詩書禮春秋, 業之久矣, 而充充然不能言說, 吾竊怪之, 待君之文甚於農家之待雨, 今見君之文, 君於是雨矣. 十年之畜一日洩之, 自玆以遲, 君之洩容有匱乎? 吾讀書甚貧, 而日用頻繁, 腹笥之藏, 已桔然餒矣, 行將假貸剽竊於君矣. 雖然文章之讀作, 猶儒者之知行, 徒讀不作, 禪家之談經也, 徒作不讀, 陸氏之良能也, 吾之文病陸, 君之文病禪, 以君醫吾, 以吾醫君, 斯可爾. 今年雨暘不節, 極備極無, 近聞野外消息, 稼事失稔云, 甚關念也. 不一.(「與從父弟道可書」)

54) 金人瑞, 以雨喩詩, 極其靈悟, 今以雨喩文, 何代無賢. 炯菴.

허구의 인물일지도 모른다. 박생은 다만 문학론을 문답의 형식으로 전개하는데 필요한 인물일 뿐이기 때문이다.

「여종부제도가서」는 작품을 내놓지 못하는 종부제 서유경(徐有槃: 1771~1835)에게 보내는 격려의 편지로 그 내용은 ③단락에서 구체적으로 볼 수 있다. 서유구는 서유경이 작품을 내놓지 못하는 것을 비를 뿌리기 위하여 한동안 가문 것에 비유하였다. 반면 자신은 다작만 할 뿐 온축이 부족하다고 토로하였다. 서유구는 독서와 창작을 유자(儒者)의 지행(知行)에 비유하였다. 독서를 통하여 습득된 지식은 창작을 통하여 실천되어야 한다는 것이다. 지적 온축 없이 다작하는 자신은 양능(良能)을 표방하는 육상산(陸象山)에, 창작하지 않고 독서만 하는 서유경은 염불만 하는 중에 비유하였다.

④단락은 형식적으로는 의심의 여지가 없는 편지의 투식이다. 그러나 앞의 내용과 연관 지어 보면 역시 비유의 체계를 지닌다. 최근의 날씨는 극단적으로 비가 오거나 해만 쨍쨍하거나 둘 중 하나여서 흉년이라고 하였다. 실제로 날씨 이야기를 하는 것 같기도 하다. 이는 ①단락과 마찬가지이다. ①단락도 가뭄과 장마에 대한 서술이지만 ②단락의 문학론 전개를 위한 도론(導論)이었던 것과 마찬가지로 ④단락도 상투적인 날씨 이야기 같지만 실은 자신과 서유경의 독서와 창작의 양상을 비유한 것이다. ③단락에 서술한 바와 같이 자신은 온축 없는 창작만을 일삼기에 장마와 같고 서유경은 창작 없이 독서만 하기에 비를 뿌리지 못하는 가뭄이라고 비유한 것이다. 결과적으로는 모두 흉년이라고 하였다. 이의준은 상투적이고 심상하게 보이는 이 표현을 지나치지 않고 "말구(末句)는 돌려 흔들고 뛰어 올라 절묘한 경계에 도달하였다."고 극찬한 것이다.

이상에서 「여종부제도가서」가 기능은 편지이지만 그 형식과 내용은 문학이론을 서술한 작품집의 서문과 같다고 비평한 근거를 분석해 보았다.

다음으로 문체상 화상찬(畵像讚)과 묘지명(墓誌銘)을 넘나들었다고 평가되는 기문(記文)을 보도록 한다.

이덕무는 「기하실기(幾何室記)」에 대하여 "유금(柳琴)의 굳고 전일(專一)한 지킴을 말하였으니 다만 유금(柳琴)의 당실기(堂室記)가 될 뿐만이 아니다. 이 글로 화상찬과 묘지명을 만들더라도 누가 안 된다고 말하겠는가?"55)라고 하였다. 그 비평의 근거를 「기하실기」의 전문 분석을 통하여 보도록 한다.

> 트이고 통달한 사람은 그 학문이 크고 정밀하고, 꼼꼼한 사람은 그 학문이 작다. 대개 성품의 가까운 것으로 말미암아 성인(聖人)이 교육하는 것은 또 그 성품을 따르는 것일 따름이니 정밀하고 꼼꼼함을 억누르고 강제로 크게 만들 수 있는 사람은 없다. 이러한 까닭에 그 학문을 보고서 그 성품을 알 수 있고 그 성품을 보고서 그 사람을 알 수 있다. 지금의 학자들은 그렇지 않아서 오로지 그 학문이 크지 않을까 두려워할 뿐이지 그 성품의 가까움을 따르지 못한다. 이런 까닭에 정밀하고 꼼꼼한 자는 그 성품을 거슬러가면서 크게 하려고 힘쓴다. 이에 마음을 어기는 행동이 있고 뜻을 거스르는 말이 있으며 안으로 부끄러운 이름이 있다. 그 학문을 보고도 그 성질을 알 수 없고 그 성질을 보고도 그 사람을 알 수 없으니 어찌 의혹되지 않으랴?

---

55) 道得彈素固守專執, 不徒爲彈素堂室記, 把作畵像贊墓誌銘, 夫誰曰不可. 炯庵.

나는 일찍이 공자의 학문은 대단히 위대하지만 남을 교육하는 것은 일정하지 않다고 생각하였다. 그러므로 안연(顏淵)과 민자건(閔子騫)의 덕행을 잘 말함, 재아(宰我)와 자공(子貢)의 말을 잘함, 염구(冉求)와 계로(季路)의 정사(政事), 자유(子游)와 자하(子夏)의 문학은 배워서 얻은 것으로 큰 것이 있고 작은 것이 있고 온전한 것이 있고 치우친 것이 있다. 대저 그 제자들이 성인을 얻어 스승으로 삼기를 그렇게 오로지 하며 그 문하에서 노닐기를 그렇게 오래하였어도 오히려 혹 그 큰 것을 다하지 못하였다. 어찌 성품의 가까운 것을 따라서 그 학문을 보면 그 성품을 알 수 있고 그 성품을 보면 그 사람을 알 수 있는 것이 아니겠는가?

내가 어릴 때부터 탄소(彈素) 유금(柳琴)과 친하게 지냈는데 사람됨이 전일하고 상세하고 조용하고 정밀하다. 배우다가 모르거든 그대로 두지 않으며 생각하다가 깨닫지 못하거든 그대로 두지 않아서 정밀하고 꼼꼼한 사람에 가까웠다.

내가 일찍이 종남산(終南山) 기슭으로 그를 찾아갔다가 그 집의 편액을 보니 '기하실(幾何室)'이라고 되어 있었다.

들어가서 그에게 힐문하였다.

"그대는 들어보지 못하였습니까? 기예(技藝)는 도(道)의 말단이고 수(數)는 기예(技藝) 중에서도 말단인데 이같이 작습니까? 그대의 학문이. 그런데 안색을 살펴보면 불만이 없고 좌우에는 모두 천문(天文)과 역수(曆數)의 서적이 있습니다. 유쾌하게 자득한 듯한 것은 대개 그 성품이 본래 그러함입니다."

내가 이어서 인사하며 말하였다.

"그대는 명성 때문에 성품을 바꾸지 않는 사람입니다. 또 온 세상이 큰 것을 향해 내달릴 때에도 그대는 유독 작은 것을 부족하게 여기지 않으니 '특립(特立)'이라고 할 만합니다."

탄소(彈素)가 나를 지기(知己)로 여기고 드디어 기문(記文)을 청하기에 내가 말하였다.

"그렇습니다! 대저 그대가 성품을 따르고 명예를 추구하지 않으니 비록 그대의 얼굴을 보지 못하더라도 그 학문을 듣는다면 모두 그대를 알 수 있을 것입니다. 하물며 나는 오래 전부터 그대를 좋아했으니, 어찌 묵묵히 있겠습니까?"

드디어 써서 그에게 주어 뒷날 이 사람을 알고자 하는 자가 여기에서 취하게 한다.56)

위의 작품은 유금(柳琴: 1741~1788)의 기하실(幾何室)에 붙인 기문(記文)이므로 문체의 분류상 대각기(臺閣記)에 해당한다. 대각기는 누정(樓亭)이나 대각(臺閣) 등을 포함한 건조물의 건조(建造)와 수축(修築)

---

56) 疏者(當作而)達者, 其學大, 精而審者, 其學小. 蓋由性之近, 而聖人之敎之者, 亦惟因其性爾, 未有能抑其精審, 而强其爲大者也. 是以觀其學, 可以知其性, 觀其性, 可以知其人. 今之學者, 不然, 惟恐其學之不大, 而不能因其性之近也. 是故精審者, 逆其性, 而力爲之大. 於是乎, 有違心之行, 有拂志之言, 有內愧之名, 觀其學, 不可以知其性, 觀其性, 不可以知其人, 豈不惑歟? 余嘗以爲孔氏之學, 其爲大也, 至矣, 然其敎人也, 不一, 故顏淵·閔子騫, 善言德行, 宰我·子貢, 善爲說辭, 冉求·季路之政事, 子游·子夏之文學, 其學焉而得之者, 有大有小有全有偏. 夫二三子之得聖而師之, 如彼其專也, 遊乎其門, 如彼其久也, 而尙或不能盡其大者, 豈非因其性之近, 而觀其學, 可以知其性, 觀其性, 可以知其人也乎? 余夙與柳琴彈素相好, 其爲人也, 專詳靜密, 學之而弗知, 弗措也, 思之而弗得, 弗措也, 幾乎其精審者矣? 余嘗過其家於終南之麓, 視其扁, 則曰'幾何室', 入而詰之曰: "子不聞之乎? 藝道之末也, 而數於藝又末也. 若是其小哉? 子之學也! 然察其色, 則亡欷焉, 而左右者, 皆天文曆數之書, 快然若自得者, 蓋其性之固然也. 余從而謝焉曰: 子其不以名, 易其性者也. 且當擧世騖大之時, 子獨不以小爲欷, 亦可謂特立也已. 彈素以余爲知己, 遂以記請, 余曰: 然! 夫以子之因性而不趨名, 雖不子之面, 而聞其學, 皆可以知子, 矧余之相好, 久矣. 顧安得黙也? 遂書以贈之, 使後之欲知斯人者, 於焉取之.(「幾何室記」)

과정·연혁·주변 경관·작자의 감회 등을 기록하는 문체이다. 작법상 정격(定格)이 있지는 않으며 서사·의논·서정·경물 중 하나가 주가 될 수도 있고 혼효되기도 한다. 그러나 건조물의 기록이라는 본연의 목적에서 벗어나서는 안 된다. 단 건조물을 감정의 유로(流露)나 사유의 표출을 위한 매개체로 이용할 수는 있다.

그렇다면 「기하실기(幾何室記)」는 대각기의 요건에 충실한 작품인가? 「기하실기」는 결론부터 말하자면, 아무리 기(記)의 범주를 광범위하게 설정하더라도, 세 문장을 제외한다면 대각기라고 하기 힘들다. "내가 일찍이 종남산 기슭으로 그를 찾아갔다가 그 집의 편액을 보니 '기하실(幾何室)'이라고 되어 있었다."라고 한 문장은 기문의 대상인 기하실에 대한 기술이다. 그리고 "탄소가 나를 지기(知己)로 여기고 드디어 기문(記文)을 청하기에 내가 말하였다."는 기문을 쓰게 된 경위의 기술이다. 또 "드디어 써서 그에게 주어 뒷날 이 사람을 알고자 하는 자가 여기에서 취하게 한다."는 기문 창작의 목적에 대한 기술이다.

대각기 중에는 건조물에 대한 묘사가 극히 제한되어 있는 것을 볼 수 있다. 건조물과 그 주변의 경관에 대한 묘사를 의도적으로 제한한 경우도 있으나 쓸거리가 없는 경우도 적지 않다. 쓸거리가 없다는 것은 건조물이나 주변 경관이 글로 남길 만큼 시원치 않은 경우가 있고 작가가 직접 보지 못하여 쓸 수 없는 경우도 있다. 대각기에서 묘사가 적거나 없는 경우는 편액(扁額), 즉 건조물의 명칭에 대한 의미 부연이 주를 이룬다. 이와 같은 대각기는 기록성이 약하고 의논성이 강한 작품이 된다. 건물의 이름을 명명한 건물주인의 생각과는 달리 작가의 세계관을 피력하는 매개체로 대각을 이용하기도 한다.

의논성이 주를 이루는 대각기는 파격성이 강하다. 따라서 「기하실기」는 기문의 최소 요건만을 지닌 파격적 기문이라고 할 수 있다.

이덕무가 「기하실기」를 화상찬이나 묘지명으로 만들더라도 무리가 없다고 비평한 의미는 무엇인가? 화상찬이나 묘지명은 인물의 모습에 대한 기술이 요구되는 문체다. 따라서 「기하실기」는 기하실에 대한 사실의 기록보다는 기하실의 주인인 유금의 모습을 잘 그려냈다는 평가가 된다. 또 화상찬이나 묘지명은 인물의 미덕을 찬미하는 문체적 특성을 지니고 있는데 「기하실기」 역시 유금의 미덕을 찬미하는데 중점을 두고 있다. 유금은 천문학과 기하학에 관심을 지니고 있었던 인물이다. 서유구는 거대담론에만 관심을 갖고 기하학을 말단적 기예 정도로 취급하던 세태에도 불구하고 기하학에 몰두하던 유금의 참된 모습을 잘 그려냈다. 서유구는 유금의 성품·학문·인물의 관계를 통일성 있게 설명하기 위하여 3가지의 연관성을 논증하였다.

서유구는 건조물의 내력을 기록하고자 했던 것이 아니라 유금의 모습을 기록하고자 한 것이다. 작품 말미의 "비록 그대의 얼굴을 보지 못하더라도 그 학문을 듣는다면 모두 그대를 알 수 있을 것입니다."라는 문장이 서유구의 그러한 의도를 분명히 보여준다. 이덕무는 「기하실기」가 인물의 모습이나 행적을 기록하는 문체의 특징을 공유하면서도 기문으로서의 문체를 유지하고 있다고 비평한 것이다.

이외에도 문체에 대한 비평으로 묘지명을 대상으로 한 것이 있다. 「태학생조군묘지명(太學生趙君墓誌銘)」과 「유군묘명(柳君墓銘)」이 그것이다.

「태학생조군묘지명」에 대하여 이덕무가 "무덤에 아부하는 것에 대한 비판은 채옹(蔡邕)으로부터 이미 면할 수 없었다. 만약 조백문(趙伯文)을 '침묵장중(沈黙莊重)'이라고 형상한다면 그를 모르는 사람은 구태여 의심하려들지는 않겠지만 아는 사람이라면 의당 속으로 비방할 것이다. 내가 평생 조백문(趙伯文)이 어떻게 생겼는지 모르지만 역력히 눈 속에 있는 것 같다. 그 진미(盡美)하지 않은 곳에서 지극한 성품의 사람을 보나니 '마음을 아는 친구'요 '득의의 문장'이라고 할만하다."57)라고 하였다. 「태학생조군묘지명」의 망자인 조안규(趙安逵)는 사람들이 욕하는 괴팍한 성격의 소유자이다.

묘지명은 망자의 인적 사항과 후세에 전할 만한 가치가 있는 행적을 기록하는 문체이다. 그런데 일반적으로 망자의 행적을 과도하게 미화 찬양함으로써 진실성을 상실한 대표적 문체로 전락하였다. 이덕무는 묘지명의 폐해로 망자에 대한 미화를 거론하였는데 이는 이미 후한의 채옹(蔡邕)과 같은 현인도 면할 수 없었다고 한다.58) 그런데 서유구의 「태학생조군묘지명」은 망자의 생전 행적을 숨김없이 기록하여 묘지명 본연의 문체적 특성에 충실하였다고 평가하였다. 즉 일반적인 묘지명이라면 조안규처럼 괴팍하고 경박한 인물을 정반대로 '침묵장중(沈黙莊重)'이라고 기록하리라는 것이다. 그러나 서유구가 망자를 전혀 모르는 사람이라도 그 모습을 떠올릴 수 있을 정도로 객관적이고 생동감 있게 묘사함으로써 묘지명 본연의 문체를 고수

---

57) 諛墓之誚, 自蔡伯喈, 已不免, 若狀趙伯文曰: "沈黙莊重", 不知者, 固不必疑, 而知者, 當腹誹, 余平生不識伯文何狀, 而歷歷如在目中, 其所不盡美處, 乃見至性人, 可謂知心之友, 得意之文. 烱庵.
58) 아마도 교현(校玄)의 공적을 찬양한 「황월명(黃鉞銘)」을 지적한 말인 듯하다. 이 작품은 『문심조룡(文心雕龍)』〈명잠(銘箴)〉에서 "독관고금(獨冠古今)"이라는 평가를 받았다.

하였다고 호평한 것이다. 또 일반인들은 부정적으로 평가하는 망자의 행적 속에서 오히려 진정한 모습을 발견할 정도로 참된 벗이라고 평가하였다. 묘지명은 작가와 망자가 모르는 관계로 청탁에 의하여 만들어지는 경우가 많다. 이러한 창작 과정에 왜곡과 허구가 개입될 여지가 많다. 그러나 「태학생조군묘지명」은 망자와 작자가 '마음으로 아는 친구'이기에 '득의의 문장'이 만들어질 수 있었다는 것이 이덕무의 견해이다. 「유군묘명(柳君墓銘)」에 대해서 이덕무가 "키 작은 유군이 비틀거리면서 종이 위로부터 나오는 듯하니 묘지 중에서도 천고(千古)의 절조(絕調)다."59)라고 비평한 것도 같은 맥락이라고 하겠다.

  이상에서 살펴본 바와 같이 문체론과 관련된 비평은 문체의 본원적 기능과 예술적 파격, 타 문체와의 교섭성을 중심으로 이루어졌다고 할 수 있다. 서(書)와 기(記) 등의 파격에 대해서는 문체의 다양한 변형 현상으로 높이 평가한 반면, 묘지명은 진실을 왜곡하는 문학의 부정적 현상을 비판하고 그 본원적 기능에 충실할 것을 요구하였다.

5. 기교론 관련 비평

1) 자법(字法)·구법(句法)·장법(章法)에 대한 비평

  한문학 창작에서 가장 기본적인 문학적 기교는 '주구련자(鑄句鍊字)'로 개념화된 것이다.

---

59) 短柳蹣跚, 如從紙上出, 墓誌中千古絕調. 炯庵.

'주구련자(鑄句鍊字)'란 쇠를 주조하고 단련하듯이 문학 창작에서 구(句)와 자(字)의 선정을 신중히 하고 가다듬는 작업을 의미한다. 한 구(句)에서 사용하는 글자의 선택과, 단락이나 문장을 구성하는 구의 단어 조합에 신중을 기하여 문장의 완성미를 추구하는 것은 문학 창작의 가장 기초적이면서 최종적인 작업이다.

자(字)를 조직하여 구(句)를 만들고 구를 조직하여 장(章)·편(篇)을 만들기 때문에 창작법상 자법(字法), 구법(句法), 장법(章法)·편법(篇法)이 존재하지만 상이한 문체에서 사용될 경우 그것들은 상이한 형태를 보인다. 뿐만 아니라 아니라 동일한 문체에서 사용되는 자법·구법·장법의 경우에도 작가가 다른 경우에는 또 다른 양상을 보인다. 그러므로 그것들을 일률적으로 정식화 할 수는 없다. 그러나 기본적인 사항은 작가들에게 정법(定法)으로 인지되고 준수되었다.

'연자(鍊字)'란 한 두 글자를 중심으로 구(句)의 형상이나 분위기·음률 등을 체현하기 위한 창작 과정상의 작업을 이른다.

'연구(鍊句)'는 절정(切情)·절경(切境)·절제(切題)를 전제로, 어구에 대하여 퇴고(推敲)·추련(錘鍊)·수개(修改)를 반복 진행하여 일정한 수사의 목적에 도달하는 과정이다. 피일휴(皮日休)가 "백련위자, 천련성구(百鍊爲字, 千鍊成句)"라고 하였듯이 창작 과정에서 연구(鍊句)는 연자(鍊字)보다 더 중시되었다.[60]

이와 같이 문론(文論)에서 중시되어 온 자구의 단련은, 문학가가 추구하는 창조적 작업의 일단이었고 동시에 비평가가 주목하는 사항이기도 하다.

---

60) 강민구(2010), 『조선후기 문학비평의 실제』, 보고사, 33쪽.

『풍석고협집』에서 자법(字法)에 대한 비평이 가해진 대표적 작품으로 「태학생조군묘지명(太學生趙君墓誌銘)」을 들 수 있다. 이 작품에 대하여 이의준은 '지(知)'자에 주목하여 "다만 한 개의 '지(知)'자로부터 일으키고 끝맺었는데 생의(生意)가 주체할 수 없이 넘치고 명(銘)도 고아하고 준수하며 정밀하고 넓으니 절창(絶唱)이라고 할만하다."[61]라고 평하였다.

「태학생조군묘지명」의 전문을 보기로 한다.

> 조군(趙君)의 휘는 안규(安逵)이고 자는 백문(伯文)이다. 양주 사람으로 홍주(洪州)에 적을 두었다. 아버지 조영건(趙榮健)이 서울에서 유학할 때 명성이 있었고 우리 집에서 유숙하였더니 조군까지 좋은 관계가 대를 이었다. 그래서 조군을 익히 ①**알았다.**
> 군이 재기가 영리하고 말하고 웃는 것이 재치 있고 비위를 잘 맞추었다. 인물 품평하기를 좋아하여 옳지 못한 사람을 만나면 많은 사람이 모인 곳에서 야유하고 헐뜯고 욕하여 반드시 꺾어 누르고서야 그만두었다. 그 때문에 그를 미워하는 사람들이 많았다. 그렇지만 그가 더불어 교유하는 사람 중에 선생과 인격이 훌륭한 이들이 많았고 널리 듣고 힘써 기억하였으며 옛 의미를 잘 꾸며냈다. 눈썹을 치켜올려 눈을 부릅뜨고 손바닥을 치면서 옛 일을 늘어놓고 현세를 풍자하니 그 말을 듣고 있으면 조리가 있었다. 기개가 높고 성격이 밝으며 고고하고 오만하였으며 옳은 이치의 풀이를 스스로 기쁘게 생각하였다. 자긍심 가득한 시선으로 한 세상을 보아 그 누구도 자기를 거스를 이 없다고 생각하였다.
> 술이 취하면 등불에 불똥이 앉도록 늦은 밤에도 봉두난발에 맨발로

---

61) 祇從一知字起結, 而生意勃窣, 銘又古儁奧衍, 可謂絶唱. 愚山.

호들갑을 떨면서 이야기를 높게 하고 말을 위태롭게 하였다. 작문은 물 흐르듯 하기에 용렬하고 비루하고 속되고 못난 무리들은 그를 멀리서 바라보고는 스스로 멀리하였다.

대개 내가 군을 ②<u>아는</u> 것이 이와 같으니 그가 사람들에게 미움을 받은 것도 역시 이로 말미암아서이다. 얼마 뒤에 깃을 접고 날개를 거두어들인 뒤 법도의 가운데로 점점 나아가더니 중년에 죽었다.

슬프다! 군은 나이 서른넷에 진사가 되고 이 년만인 을사년[1785]에 병들어 죽었다. 죽으려할 때 눈을 부릅뜨고 두 동생에게 말하였다.

"내가 죽으면 누가 의당 집을 다스릴꼬! 조씨가 장차 크게 되지 못하겠구나!"

말을 마치더니 눈을 감았다.

두 번 모두 윤씨에게 장가들었다. 모두 자식도 없이 일찍 죽었다. 군의 동생이 시골의 아무 언덕에 군을 장사지내고 두 윤씨를 합장하였다. 군이 나에게 가장 오랫동안 객살이를 하였다. 나의 빈객과 하인치고 군을 ③<u>알지</u> 못하는 사람이 없다. 그러나 군을 ④<u>아는</u> 사람은 필경 나 한 사람뿐이다. 오래 상대할수록 더욱 좋다. 군을 미워하는 여러 사람들이 시끄럽게 떠들어대며 욕을 할수록 나는 더욱 후하게 그를 대우하니 군도 역시 기뻐하였다. 일찍이 나에게 말하였다.

"나를 ⑤<u>알아주는</u> 사람은 오직 그대뿐일세. 훗날 그대는 반드시 나의 명(銘)을 지어주어야 옳을 것이네."

내가 웃으며 말하였다.

"내가 명(銘)을 짓는 것은 쉽다. 그러나 그대는 얼굴이 희고 눈썹과 눈 사이가 트였다. 관상법에 의하면 장수할 터인데 우리 두 사람 중에 누가 먼저 곡을 하겠는가?"

드디어 서로 보고 맥없이 웃다가 자리를 파하였다.

아! 웃으며 하던 말이 귀에 남아 있건만 그대 무덤의 나무는 한

뼘이 되었구나. 이에 부끄러운 마음으로 붓을 잡고 그대의 유택에 명(銘)을 짓는다. 한유가 "사람들은 장생불사를 원하니 이 세상에 사는 자를 보면 어떠한가?"라고 말하였으니 개탄할 만하다. 나는 다시는 세상 선비의 관상을 보지 않겠다.

명(銘)에 말한다.

사람들은 그대를 ⑥<u>알지</u> 못하고 험담을 하였고

하늘은 그대를 ⑦<u>알지</u> 못하고 후사에 인색했다

오로지 땅만이 유순하지만 또 어찌 ⑧<u>알겠는가?</u>

내가 그대 돌에 새겨 영원히 훼멸(毁滅)되지 않도록 하리!

천백 년 뒤에도 오히려 그대를 ⑨<u>알겠지만</u>

그대만 유독 ⑩<u>알지</u> 못하리.

그대는 ⑪<u>아는가</u>? ⑫<u>알지</u> 못하는가?

아!62)

---

62) 趙君諱安逵字伯文, 楊州人而籍於洪, 父榮健遊京師有名, 而於我乎館, 逮于君繼世好, 故①<u>知</u>君耆, 君才氣穎銳, 言笑儇娟, 好雌黃人物, 遇不可則稱人衆會, 揶揄訾詈, 必折抑之乃已, 人以是多嫉之者, 然其所與遊, 多先生長者, 博聞強記, 善緣飾古義, 盱衡鼓掌, 陳古諷今, 聽其言纏纏如也. 伉爽兀傲, 自喜解可, 沾沾然視一世, 莫己逆也. 酒闌燈灺, 蓬跂跳跳, 高談危言, 吐屬如流, 庸陋俗劣輩, 望之自遠. 盖余之②<u>知</u>君者如此, 而其嫉於人, 亦由此也. 旣而戢羽斂翼, 駸駸乎矩矱之中, 而乃中道隕矣. 悲夫! 君年三十成進士, 粤二年乙巳病死, 將死張目謂二弟曰: "我死誰當爲家者? 趙氏將不大乎!" 言已而瞑. 再娶皆尹氏, 皆亡子早歿. 君之弟葬君于鄕之某原, 而以二尹祔焉. 君客余最久, 余之賓客厮役無不③<u>知</u>君, 然④<u>知</u>君者, 竟余一人也. 滋久滋益好, 諸嫉君者益囂啾, 余愈益厚遇之, 而君亦益昕如也. 嘗謂余曰: "⑤<u>知</u>我者唯子, 他日子必銘我而可." 余笑曰: "吾銘易耳, 顧君白晳疎眉目, 法宜壽, 吾二人誰先哭者?" 遂相視啞然而罷. 嗚呼! 笑言在耳, 而君之墓木拱矣. 迺赧然操聿銘君之幽. 昌黎有言, "人欲久不死, 而觀居此世者何如也? 可慨夫! 吾不復相天下士矣. 銘曰: "人不而⑥<u>知</u>騰厥口, 天不而⑦<u>知</u>嗇而后, 惟地賾然又奚⑧<u>知</u>, 余銘而石永無毁, 叶 後千百年尙⑨<u>知</u>, 而獨不⑩<u>知</u>, 而⑪<u>知</u>耶?不⑫<u>知</u>耶? 噫!(「太學生趙君墓誌銘」)

「태학생조군묘지명」은 서유구의 집에서 식객으로 있던 조안규(趙安逵)를 추모하여 쓴 글이다. 조안규는 이렇다 할 행적 없이 서른넷의 나이에 요절한 인물이다. 두 명의 아내에 자식도 두지 못하고 죽었다고 하니 다복하다고 하기에는 부족한 삶이다. 게다가 글의 내용으로 보면 그는 사람들이 멀리서 보기만 해도 먼저 피할 정도로 괴팍한 성격과 행동을 하는 인물이다.

이덕무는 이 작품에 대해서 "무덤에 아부하는 것에 대한 비판은 채옹(蔡邕)으로부터 이미 면할 수 없었다. 만약 조백문(趙伯文)을 '침묵장중(沈默莊重)'이라고 형상한다면 그를 모르는 사람은 구태여 의심하려 들지 않겠지만 아는 사람이라면 의당 속으로 비방할 것이다. 내가 평생 조백문이 어떻게 생겼는지 모르지만 역력히 눈 속에 있는 것 같다. 그 진미(盡美)하지 않은 곳에서 지극한 성품의 사람을 보니 '마음을 아는 친구'요 '득의의 문장'이라고 할만하다."고 평가하였다.

일반적으로 망자를 위한 글은 가급적 추숭(追崇)받을 만한 행적만 기술할 뿐만 아니라 과장하고 없는 일을 날조하기까지 한다. 이러한 현상은 멀리 한(漢)나라의 채옹(蔡邕)에게서부터 시작되어 전형으로 굳어졌기에 망자에 대한 상투적 찬양이겠거니 간주할 뿐 그 누구도 기록을 그대로 신뢰하지 않는다는 것이다. 그러나 서유구의 「태학생조군묘지명」에는 사람들이 모두 싫어서 피하는 조안규의 행동이 적나라하게 기술되어 있다. 서유구가 묘지명을 쓸 때 주력한 것은, 작품 말미에 "내가 그대 돌에 새겨 영원히 훼멸되지 않도록 하리."라고 밝힌 바와 같이, 자신의 글로 망자를 영원히 기억하게 하려는 것이다. 그러기 위해서는 대상 인물에 대한 사실만을 기록해야 하며 그 전제로 대상을 정확하게 알아야만 한다. 그런 점에서 서유구는 조안규의 내면세계와 진면목을 제대로 장악하였기에 득의의 문장을 만들어 낼 수 있었다고 이덕무는 평가한 것이다. 이덕무의 '대상을 참으로 잘 알았기에 성공한 작품을 만들 수 있었다'고 하는 평가와 이의준의 '지(知) 자로 시작해서 지(知) 자로 끝맺었다.'는 평가는 기본적으로 동일하다.

이 작품에는 총 12개의 '지(知)'자가 사용되었으며 그 중 7개는 명(銘)에 집중적으로 사용되었다. 일반적으로 묘지명은 지(誌)에서 서술한 내용을 명(銘)에서 개괄하기에 명에 '지(知)'자가 비중 있게 사용되었다는 사실로 이 글자가 가장 중요한 것임을 알 수 있다.

지(誌)의 첫 번째 '지(知)'자를 이의준은 작품을 일으키는 글자로 보았다. 서유구는 자신이 조안규를 잘 안다고 하는 이유를 두 가지 제시하였다. 그의 선대부터 연(緣)이 있었고 그가 자신의 집에서 기식하였다는 것이다. 첫 번째 '지(知)'자에서부터 두 번째 '지(知)'자 사이에 서유구는 타자(他者)의 시선에 비추어지는 조안규의 피상적 모습과 자신이 알고 있는 진면목 두 가지를 서술하고 있다. 세 번째 '지(知)'자는 주변 사람 치고 그를 모르는 이가 없다는 문장에서, 네 번째 '지(知)'자는 그를 진정으로 아는 사람은 자신이 유일하다는 문장에서 사용되었다. 여기까지가 서유구가 조안규를 잘 안다는 자신의 생각을 '지(知)'자로 표현한 것이다. 그렇다면 조안규 본인의 생각도 그러할까? 다섯 번째 '지(知)'자는 조안규의 입을 빌어 그도 동의하고 있음을 보이는 문장에 사용되었다.

여섯 번째 '지(知)'자부터 열두 번째 '지(知)'자는 명(銘)에서 사용되었다. 여섯 번째 '지(知)'자는 사람들은 조안규를 모른다는 문장에서, 일곱 번째 '지(知)'자는 하늘도 그를 모른다는 문장에서, 여덟 번째

'지(知)'자는 땅조차 모를 수 있다는 문장에서 사용하고 있다. 사람도, 하늘도 그를 모르고 있으며 땅도 모를 수 있다는 불안한 심정을 표출하는데 '지(知)'자가 적절하게 쓰이고 있다. 그에 대한 왜곡된 인식과 그로 인한 민멸(泯滅)에 대한 불안감을 불식시킬 수 있는 유일한 방법은 서유구 자신의 글임을 밝히는데 아홉 번째 '지(知)'자가 사용되었다.

열 번째부터 열두 번째 '지(知)'자는 망자에 대한 애도를 표현하는데 사용하고 있다. 생전에 사람들로부터 기피되었고 하늘도 그에게 어떤 복도 주지 않았으며 땅에 묻혀 영원히 잊힐 운명에 처한 조안규가 자신의 글로 영원함을 얻을 수 있어 알려질 것이라고 단정하고는 망자에게 다시 "아는가? 알지 못하는가?"라고 절규하듯 물음으로써 애념(哀念)을 극대화하고 있다. 따라서 아홉 번째부터 열두 번째까지 '지(知)'자의 성격은 이전의 것과 차이가 있지만, 작품 전체를 '지(知)'로 이끌어 가려는 작가의 의도에 손상을 주지는 않는다.

「제왕모이부인문(祭王母李夫人文)」도 자법(字法)에 대한 비평을 볼 수 있는 작품이다. 「태학생조군묘지명」이 '지(知)'라는 단일 글자로 작품을 이끌어 갔다고 비평을 받았다면 「제왕모이부인문」은 몇 개의 핵심 글자를 적절히 포치(布置)하여 작품을 구성하였다는 비평을 받았다.

「제왕모이부인문」에 대해서 이의준은 "체(體)가 있고 법(法)이 있어 거룩하면서도 오열하게 하니 제문(祭文)으로 이런 글이 있다고는 생각하지 못하였다."63)라고 평가하였다. 체격(體格)과 작법(作法)이

---

63) 有體有法, 砢磊而嗚咽, 不謂祭文乃有此也. 愚山.

라는 형식과 기교를 갖추고 있기 때문에 망자에 대한 서술이 바위가 첩첩 쌓여 우뚝 솟은 모습처럼 거룩하며, 그것은 최종적으로 망자에 대한 애도의 감정을 자극하는 수사적 효과로 작용한다는 분석이다. 이 작품은 명(銘)이 전체의 반 이상을 점하는 만큼 그 비중이 높다. 다음은 「제왕모이부인문」의 전문이다.

아! 아름다운 덕은 끝까지 따사롭고 은혜로웠네	猗嗟懿德 終溫惠只
명석하고 순수한 그 자질, 성품은 온순하였네	明粹其質 性婉嫕只
여러 아름다움이 모여 문채 나고도 재주로웠네	衆美于萃 文以藝只
옥병과 맑은 얼음처럼 깨끗하여 찌끼가 없었네	玉壺清氷 皎無滓只
거의 가까웠지, 옛날의 여사(女士)에	庶幾近之 古女士只
아! 할머님은 그로써 하였네	烏虖 王母**以**只
오직 그로써 하여 풍성한 보응 누렸네	惟其**以**之 享報豐只
번쩍번쩍 밝은 빛 하늘에서 내려왔지	光光芾章 自天降叶只
많고 많은 자손들, 어른과 아이들	祁祁[64)]孫曾 冠曁童只
모두 돈후하게 하여 모두 좋게 하신다네	俾以單厚 逝戬穀只
규문부터 명당문(明堂門)까지 경사가 충만하네	自閨徂闈 慶流洽只
아! 할머님께서 즐거워하시네	烏虖 王母**樂**只
즐거움은 끝이 없을 줄 알았는데 슬픔으로 바뀌네	謂**樂**未艾 嬗而哀只
우뚝이 큰 춘나무가 갑자기 시들었네	巋然巨椿 倏焉萎叶只
저 신령한 빛을 거두어 무덤에 비장하였네	歛彼靈光 閟泉臺只
옛날엔 잔치를 벌이더니 지금은 제사를 드리네	昔列鼎釜 今也奠只
아! 저 막내따님을 장차 볼 듯하네	懍彼季女 如將見只
아! 할머님이 그립구나	烏虖 王母**戀**只

---

64) 『풍석고협집』에는 '祈祈'로 오기되어 있음.

그리움이 어떠한가? 내 마음 아프게 하네	**戀**如之何 疢我心只
여울물은 슬피 울고 산은 험준하도다	湍流鳴咽 山崎嶔只
언덕의 풀은 무성하고 삼나무와 회나무 울창하네	隴草萋菲 杉檜棽只
하늘이 길한 묏자리를 비워두어 마침내 묻히셨네	天虛吉兆 終焉臧只
붉은 명정이 길에 오르고 하얀 장막이 펼쳐졌네	丹旐戒路 素幨張只
아! 우리 할머니가 가시네	烏虖 王母**行**只
가시는 기일이 있어 영원히 이별하네	**行**矣有日 訣終天只
한 번 부르짖고 한 번 꿇어앉네, 영전 앞에	一嗥一跽 靈几前只
국그릇과 제기를 진설하니 향기가 진하도다	鉶豆載旅 香芸芬叶只
세유(繐帷)65)는 사라라락 등불은 푸르스름	繐帷縩綷 燈青熒只
짧은 뇌(誄)로 고하니 눈물이 떨어지네	短誄66)言告 涕泗零只
아! 할머니, 듣고 계신가요	烏虖 王母**聽**只

위의 명(銘)에 대해 이덕무는 "명(銘) 중에 무릇 '以'·'樂'·'戀'·'行'·'聽'의 다섯 개 글자와 '只'자로 부인의 덕행과 자손의 효의 슬픔을 포괄하니 얼마나 정돈되고 위의를 갖추었는가?"67)라고 평하였다.

제문(祭文)을 비롯하여 망자를 위한 제양식은 일반적으로 두 가지 목적을 갖는다. 죽은 자의 삶이 갖는 가치와 살아남은 자의 슬픔에 대한 서술이 그것이다. 「제왕모이부인문」도 망자인 조모의 덕행과 그에 비례하는 후손들의 슬픔을 표현하는 데 목적이 있다. 그 목적을 달성하기 위해 사용된 글자로 이덕무는 '以'·'樂'·'戀'·'行'·'聽'과 '只'를 지목하였다. '청(聽)'을 제외한 나머지 글자의 공통적 특징은

---

65) 세유(繐帷) : 영구(靈柩) 앞에 치는 휘장.
66) 『풍석고협집』에는 '誅'로 오기되어 있음.
67) 銘中凡以樂戀行聽五箇, 只包括夫人之德之行, 子姓之孝之悲, 何等魚雅? 炯庵.

다음 구까지 연속하여 두 번 사용된다는 것이다. '지(只)'는 어기사로서 모든 연의 마지막 글자로 반복 사용되고 있다. 단순한 시각으로 보더라도 작가가 이들 글자를 중심으로 작품을 전개하고 있음을 알 수 있다.

'이(以)'자는 조모가 '이(以)'자 앞에 서술한 자질과 성품으로 덕행을 실천하였음을 표현한다. 그리고 이어지는 두 번째 '이(以)'자는 이상의 바람직한 행동이 원인이 되어 이하의 내용과 같은 보응을 누리게 된다는 기능을 수행하고 있다.

'낙(樂)'자는 조모가 자신의 덕행에 대한 보응으로 일생을 즐겁게 살았다는 결과의 총체적 표현이다. 그러나 이어지는 '낙(樂)'자는 인간의 영원하지 못한 삶으로 인하여 즐거움이 슬픔으로 전환된다는 사유의 기점에 놓여 있다. 즉 앞의 '낙(樂)'자까지가 망자의 덕행에 대한 서술이라면 뒤의 '낙(樂)'자는 망자에 대한 후손의 추념으로 전환되는 기점에 해당한다. 그와 같은 추념이 절정에 도달하였음을 구체적으로 표현하는 글자가 '연(戀)'이다. 두 번째 '낙(樂)'자와 첫 번째 '연(戀)'자 사이에는 조모의 죽음을 차마 믿을 수 없는, 그러나 인정할 수밖에 없는 현실이 서술되어 있다. 그리고 두 번째 '연(戀)'자는 참을 수 없는 그리움을 나열하는 시발점 역할을 수행하고 있다.

'행(行)'자부터는 망자에 대한 체념이 서술되고 있다. '행(行)'자 앞에서 이미 망자에 대한 그리움을 한껏 유로(流露)하여 감정의 카타르시스가 이루어진 것이다. 두 번째 '행(行)'자 이하로는 빈소와 그 앞에 엎드려 우는 자신의 모습을 서술하면서 감정을 정리하고 있다. 그리고 '청(聽)'자를 통하여 자신의 애절한 심정을 망자와 소통하고 싶다는 원망(願望)을 표출하면서 끝맺음 하였다.

이 작품에서 가장 눈에 띄는 특징은 아무래도 연의 마지막 자리에 놓인 '지(只)'자이다. '지(只)'자가 한정부사로 사용된 것은 위진시대부터이고 이 작품의 용법과 같이 구말(句末)에서 감탄의 어기사로 사용된 것은 선진시대로『시경』의 〈풍(風)〉에서 보인다.68) 첫 구의 첫 번째로 어휘로 사용된 '의차(猗嗟)'는『시경』·〈제풍(齊風)〉·「의차(猗嗟)」에서 차용하였고, 이어지는 구의 '종온혜지(終溫惠只)'도『시경』·〈패풍(邶風)〉·「연연(燕燕)」의 "종온차혜(終溫且惠)"를 변용한 표현이다. 「연연(燕燕)」은 가장 대표적인 이별시로, 주희(朱熹)는 대규(戴嬀)가 장강(莊姜)을 전송하며 지은 시라고 하였고,69) 왕사진(王士禛)은 "송별시(送別詩)의 비조(鼻祖)"70)라고 밝힌 바 있다. 물론 '장강이 대규를 전송'하는 것과 '망자와의 영결'은 경우가 상이하지만 서유구는 첫 연에서 가장 대표적인 이별시의 구절을 차용하여 독자의 감정을 초장부터 자극하는 동시에 고아한 형식미의 구현을 시도하고 있다.

그리고 명(銘)의 중반부에 "비이단후(俾以單厚), 서전곡지(逝戩穀只)"를 포치함으로써 그 효과의 감쇄를 방지하고 있다. 이 구절은 모두『시경』·〈녹명지십(鹿鳴之什)〉·「천보(天保)」의 "이단단후(爾單單厚: 그대를 모두 후하게 하시니)"와 "비이전곡(俾爾戩穀: 모두 좋게 하시다)"에서 차용한 것이다. 그러나 「제왕모이부인문」 명(銘)의 전체적 형식은 『초

---

68)『古代漢語虛詞詞典』, 商務印書館, 1999.
69) "장강(莊姜)이 아들이 없어서 진(陳)나라에서 시집온 대규(戴嬀)의 아들 완(完)을 자기의 아들로 삼았는데, 장공(莊公)이 죽고 완이 즉위하자, 폐인(嬖人)의 아들인 주우(州吁)가 그를 시해하였다. 그러므로 대규가 진(陳)나라로 영영 돌아감에 장강이 그를 전송하면서 이 시를 지었다.[莊姜無子, 以陳女戴嬀之子完, 爲己子, 莊公卒, 完卽位, 嬖人之子州吁弑之, 故戴嬀大歸于陳, 而莊姜送之, 作此詩也.]"
70) 爲萬古送別之祖.(『分甘餘話』)

사』, 〈대초(大招)〉를 차용하고 있다. '지(只)'자의 규칙적 반복은 『초사』, 〈대초〉의 형식과 일치한다. 서유구는 '지(只)'라는 어기사를 반복 사용함으로써 『초사』의 전형적 정조를 연출하는 데 성공한 것이다.

「제왕모이부인문」 외에도 『풍석고협집』에는 자법·구법·장법을 대상으로 한 비평을 다수 찾을 수 있다. 자구의 절제된 사용에 대한 이덕무의 견해는 「제유군탄소문 대(祭柳君彈素文 代)」에서도 나타난다. 「제유군탄소문」의 전문을 보면 다음과 같다.

> ① 기하자(幾何子) 유탄소(柳彈素=柳琴)가 지금 떠나는 날이라는 소식을 듣고 학산노부(鶴山老夫=徐浩修)가 막걸리와 과일을 갖추어 보내 제주(祭酒)로 쓰게 하고 고한다.
> ② 아! 유군은 모습이 꼿꼿하고 기가 충만하니 하늘에서 받은 것이 풍부하거늘 누가 그 몸을 인색하게 하는가? 재주가 빼어나고 학업이 정밀하여 자기에게 있는 것이 넉넉하거늘 누가 그 수명을 짧게 하는가?
> ③ 아! 넓은 저 따비밭에서 나와 함께 나란히 김매고 밭 일구던 사람이 그대가 아닌가? 멀리 계주(薊州) 들에서 나의 수레바퀴 자국을 밟으면서 천천히 가던 사람이 그대가 아닌가? 내가 지금 늙어서 장차 그대와 지난날의 장한 유람을 말하고 책상자의 옛 책을 챙기려 하는데 그대가 갑자기 떠나가니 어이하여 나를 기다려 멈칫거리지 않는가?
> ④ 나무가 재목으로 쓸 만하면 잘리고 그릇이 사람이 쓰기에 좋으면 깨지는 법이기에 나는 진작부터 그대가 죽을 줄 알았지만 이처럼 황망히 갈 줄 몰랐네. 오호라! 유군이여.[71]

---

71) 幾何子柳彈素聞今行有日矣, 鶴山老夫具醪果遣酹焉而告之曰: 噫嚱乎柳君!

이덕무는 「제유군탄소문」에 대해서 "글자는 헛되게 늘어놓지 않 았고 구(句)는 범범하게 엮지 않았다."72)라고 하여 자법(字法)과 구법 (句法)을 구분하여 평가하였다. 글자가 정확하게 사용되었고 구(句)는 치밀하게 구성되었다는 것이다. 「제유군탄소문」은 서유구가 부친 서호수(徐浩修)73)를 대신하여 지은 글이다.

①에서는 글의 성격과 글을 쓰는 이유를 밝히고 있다. ②에서는 유금(柳琴)74)의 훌륭한 모습과 자질, 그것에 미치지 못하는 수명에

貌之骯氣之充, 受諸天者豐矣, 誰嗇厥躬歟? 才之穎業之精, 有諸己者贏矣, 誰 約其年歟? 嗚呼! 甫彼藝圃, 耦我鈕而畬葘者匪君邪? 夐矣薊野, 履我穀而委遲 者匪君邪? 余今老矣, 將與君譚宿昔之壯遊, 理巾衍之舊書, 君酒翛然往而曾不 我躊躇耶? 烏摩! 木中材則枾, 器適人則扰, 吾固知君之死, 而不知其若是忙也, 噫嚱乎柳君!(「祭柳君彈素文 代」)

72) 字不虛設, 句不泛構. 炯庵.
73) 서호수(徐浩修): 1736~1793. 자는 양직(養直). 호는 학산노부(鶴山老夫). 시호는 정헌(靖憲). 서유구의 부친. 남인으로 우의정의 자리에 있던 채제공(蔡濟恭)과 소론의 명문이었던 그의 집안과의 갈등으로 일시 휴직했다가 1790년(정조 14)에 다시 진하 겸 사은부사로 두 번째 청나라에 사행하였다.
    서호수(徐浩修) 관련 연구로는 송일기의 「『규장총목(奎章總目)』고: 특히 서명응·서호수 부자의 활동을 중심으로」(중앙대학교 석사학위논문, 1983), 문중양의 「과학활동과 담론의 역사적 성격: 서호수와 이가환(李家煥)을 중심으로」(『동방학지』 제121집, 연세대학교 국학연구원, 2003), 임유경의 「서호수의 『연행기』 연구」 (『고전문학연구』 제28집, 한국고전문학회, 2005), 조창록의 「학산 서호수와 『열하기유』 -18세기 서학사의 수준과 지향-」(『동방학지』 제135권, 연세대학교 국학 연구원, 2006), 박권수의 「서명응·서호수 부자의 과학활동과 사상: 천문역산(天文 曆算) 분야를 중심으로」(『한국실학연구』 제11호, 한국실학학회, 2006), 현진환의 「학산(鶴山) 서호수의 『열하기유(熱河紀遊)』연구」(고려대학교 석사학위논문, 2013) 등이 있다.
74) 유금(柳琴): 1741~1788. 원명은 련(璉). 자는 탄소(彈素), 연옥(連玉). 호는 기하 실(幾何室), 착암(窄庵). 시를 잘 지었고 기하학, 천문학 등 여러 학문에 밝았으나 서얼이었기에 평생 불우하였다.

대한 아쉬운 마음을 서술하였다. ②는 망자의 모습과 능력을 밝히는 기능을 하고 있다. ③에서는 서호수와 유금 간의 기억할 만한 일, 장차 둘이 같이 하려고 계획했던 일을 서술하였다.75) ③은 유금의 생애를 집약적으로 밝히는 기능을 하고 있다. ④에서는 비유를 통하여 능력 있는 사람이 오래살 수 없다는 이치를 서술함으로써 서호수의 사생관을 밝히고 있다. 이와 같이 「제유군탄소문」은 매우 짧은 편폭이지만 글을 쓰는 이유, 망자에 대한 정보, 망자와 작자의 관계, 작자의 사생관에 관한 내용을 망라하되, 작자의 슬픈 마음이 자연스럽게 녹아들어 있다. 따라서 불필요한 글자가 사용될 여지가 없으며 구(句)의 구성도 치밀하다.

이의준이 「위희·소장형전(魏禧·邵長蘅傳)」에 붙인 비평도 자구에 대한 단련과 관련된 것이다.

「위희·소장형전」의 전문은 다음과 같다.

①아! 고문(古文)이 명나라에 이르러 거의 망하였다. 가정(嘉靖)·융경(隆慶)으로부터 여러 군자들이 외형만 진·한을 본뜨고 진작부터 대중들의 바람을 싫어하지 않다가 이후에야 다투어 바로잡았지만, 바로잡는다는 것이 잘못돼 더욱 수준이 낮아지고 형편없게 되었다.

유금의 생애에 대해서는 오수경 교수의 「기하(幾何) 유금(柳琴) 연구-연암학파 연구의 일단」(『安東大學校論文集』 제18집, 1996)이 참고할 만하다. 그리고 유금의 시에 대해서는 김윤조 교수의 「기하(幾何) 유금(柳琴)의 시에 대하여-『기하실시고략(幾何室詩藁略)』의 분석」(『語文學』 제85집, 2004)이 참고할 만하다.
75) 서호수와 유금의 관계에 대해서는 박현규의 「조선 유금(柳琴)·서호수(徐浩修)와 청조 이조원(李調元)과의 교유 시문」(『한국한시연구』 제7호, 한국한시학회, 1999)을 참조할 만하다.

국운이 그것을 따라 명나라가 망하고 고문이 더욱 망하니 슬프다. 비록 그렇지만 삼재(三才)의 문(文)이 서로 배합되어 문장을 이루니 사람으로서 문(文)이 없으면 어떻게 삼재에 참여할 수 있겠는가? 어찌 운이 말세에 액을 당하여 천지가 닫혀 막히고 인문(人文)도 따라서 어두워져 그런 것인가? 아니면 고귀한 재능을 지니고도 스스로 감추고 숨겨 사람들이 칭할 수 없는 것을 달게 여기는가?

내가 논하건대, 명나라가 망한 이후로 문장 분야에서 두 사람을 얻으니, 영도(寧都)의 위희(魏禧)와 비릉(毗陵)의 소장형(邵長蘅)이다. 위희는 견식(見識)을 위주로 하고 변화를 잘하여 기세가 대단하고 변화무쌍하고 시시하게 모의(模擬)를 하지 않고 또 정밀하고 탁월하며 사정(事情)에 절실하다. 소장형은 서사(敍事)를 잘하고 씻어 내는데 솜씨가 있다. 간결하면서도 완곡하고 담박하면서도 견고하다. 감정을 이끌어 내고 형상을 상형함에 행간에 기기(奇氣)가 흘러넘친다. 요컨대 모두 걸출하고 탁월하니 일시의 영웅이다.

내가 두 사람의 문장을 산삭하고 편차하여 각각 약간 수를 얻었다. 아! 천하가 큰데도 겨우 두 사람을 얻고 두 사람의 문장으로서 전할 만한 것이 또 겨우 여기에 그칠 따름이니 고문의 어려움이 이와 같도다! 맹자가 "그 책을 읽고 그 사람을 알지 못한다면 되겠는가?"라고 하였으니, 이로써 그의 세대를 논하고 위희와 소장형의 전을 짓는다.

② 위희(魏禧)는 자가 응숙(凝叔)이고 호는 작정(勺庭)이며 공주(贛州) 영도(寧都) 사람이다. 형 위상(魏祥)·동생 위례(魏禮)와 함께 모두 문장으로 세상에 이름이 나니 세상에서 '삼위(三魏)'라고 칭한다. 위희는 또 숙자(叔子)라고 자호(自號)한다고도 한다.

위희는 11살 때 제자원(弟子員) 시험에 붙었는데 번번이 그 무리에서 일등을 하였다. 숭정(崇禎) 갑신년에 유적(流賊)[76]이 연경을 함락시키자 천자가 사직과 함께 죽었다. 위희가 그 소식을 듣고 부르짖으며 애통해하여 날마다 곡하며 현의 뜰에 임하였는데, 평소에도 분하고 한스러워 큰 소리로 꾸짖으니, 살고 싶지 않은 것 같았다. 그는 급사(給事) 증응린(曾應遴)과 병사를 일으켜 복수하자고 모의하였지만 뜻을 이루지 못하자 제자원의 신분을 버리고 은거하여 학생을 가르쳤다.

위희는 몸이 훤칠하고 수염이 듬성듬성하며 눈빛의 광채가 사람을 쏘았다. 일을 논할 때는 종횡으로 웅걸차서 물을 거꾸로 쏟아붓는 것같이 궁하지 않았고 이치와 형세를 잘 판단하고 계획하였다. 매양 미리 계획하고 사전에 결정하였으며 뒤에 반드시 징험하였다. 바야흐로 유구(流寇)[77]가 한창 극성스러울 때 영도 사람들은 "도적이 멀리 떨어져 있어서 갑자기 여기까지 오기는 어렵다."고 말하며 대비하지 않았다. 그러나 위희만은 홀로 그것을 근심하여 집을 취미봉(翠微峯)으로 옮겨 거처하였다. 취미봉은 영도에서 서쪽으로 십 리 거리인데 사면이 백 여길 절벽이고 중간에 길이 마치 도끼로 쪼갠 듯 밑바닥에서부터 정상까지 터져 있다. 터진 곳을 따라 돌계단을 파고 사다리를 놓아 올라가는데 그 위로 나오면 구멍이 단지의 입구만하니 그곳에 문을 달아 외적을 막고 망을 보았다. 몇 년 뒤에 영도가 유적에게 살육과 노략질을 당하였는데 취미봉만 온전하니 위희가 이때 21살이었다.

위희가 이미 취미봉에 집을 지으니 사우(士友)들이 점점 그에게 가서 의지하였는데, 남창(南昌)의 팽사망(彭士望)·임시익(林時益), 영도의 구유병(邱維屛)이 모두 처자를 이끌고 이르렀다. 제자로 문적(文籍)에 나타난 자가 항상 수십 인인데, 고문으로 서로 절차

---

76) 유적(流賊): 이자성(李自成)을 이름.
77) 유구(流寇): 이자성(李自成)을 이름.

탁마하면서 그 거처에 '역당(易堂)'이라고 편액을 내걸었다. 그래서 '역당제자(易堂弟子)'라는 명칭이 천하에 자자하였다.

위희는 성품이 엄하고 굳세서 남의 잘못을 보면 평탄한 얼굴로 보려하지 않았다. 그러나 다른 사람이 혹 자기의 잘못을 공격하면 그들이 사나운 안색으로 극언을 하더라도 조금도 거슬림이 없었다. 글을 지을 때에는 번번이 대중의 의논을 버리고 총을 쏘듯 활을 쏘듯 하고 이미 출판된 것도 수정하였다. 그렇기 때문에 문장도 더욱 공교로웠다.

나이 마흔이 되어서야 세상으로 나와 유람하였다. 강수를 건너고 회수를 건너 오·월을 유람하여 천하의 비범한 사람들을 친구로 더 할 생각을 하고 은거하는 선비가 있다는 소리를 들으면 천릿길을 마다하지 않고 찾아가니 그가 더불어 교유하는 사람들은 모두 명나라의 유민들이었다.

강희 연간에 전국에 조서를 내려 박학굉사(博學宏詞)를 천거하게 하니 위희도 천거되어 부름을 받았지만 병으로 사양하였다. 그러자 군의 태수와 현령이 다시 나가라고 독촉하니 어쩔 수 없이 병을 무릅쓰고 남창에 이르러 의원에게 가서 치료를 받았다. 무군(撫軍) 아무개는 그가 속인다고 의심하여 문짝으로 들것을 만들어 그에게 보냈다. 위희가 솜이불을 머리에 뒤집어쓰고 누워 병이 심하다고 말하고 나서야 돌아가게 하였다.

2년 뒤에 유양(維陽)의 친구에게 가다가 배가 의진(儀眞)에 이르러 갑자기 심장병이 나서 하룻밤에 죽으니 57세였다.

위희는 박학하고 역사서 읽기를 좋아했는데, 『좌전(左傳)』과 소순(蘇洵)의 글을 더욱 좋아하였다. 저서는 문집 22권이 있는데, 시집이 8권이고 『좌전경세(左傳經世)』가 약간권이다. 위상(魏祥)과 위례(魏禮)도 모두 문집이 있어서 간행되었지만 위희에게 못 미치고 오로지 비릉 소장형만이 그와 이름을 나란히 하였다.

③ 소장형(邵長蘅)은 일명 소형(邵衡)이라고도 하니 자는 자상(子湘)이고 호는 청문산인(靑門山人)으로 상주(常州) 비릉(毗陵) 사람이다. 위희와 동시대인인데 여관에서 한 번 만나 손을 잡고 말하고는 서로 늦게 알게 된 것을 한스럽게 생각하였다.

소장형은 어려서 기특하고 지혜로워, 아이 때 날마다 진·한의 문장 수천 언을 외었다. 열 살 때에 제자원시에 붙었는데 두 번이나 고등(高等)을 하였다. 그는 자주 향시에 천거되었지만, 번번이 낙방하였다. 강희 연간에 강남에서 소안(銷案)을 올린 사건에 연루되어 관직을 상실한 자가 만 명이었는데 소장형도 문적(文籍)에서 퇴출되니 당시의 여론이 그것을 애석하게 생각하였다.

소장형이 이미 과거공부를 그만두고 고문사 짓기에 더욱 힘을 쏟았으며 삼사(三史)와 당송대가의 문장 공부에 몰두한 지 6,7년 만에 그의 문장이 크게 발전하였다. 그는 매양 글을 지을 것이 있으면 방안에 단정하게 앉아 깊게 생각하고 멀리 궁리하였기에 두 뺨에는 홍조를 띠고 목구멍 사이에는 캑캑하는 소리를 내는 모습이 마치 커다란 고통이 있는 사람 같았다. 글이 완성되면 크게 기뻐하여 옷을 끌고 책상을 빙빙 돌며 미친 듯이 소리를 질렀고, 득의처를 만나면 더욱 크게 기뻐하고 자랑하여 고인에게도 양보하지 않았다. 초를 잡을 때에도 며칠이 경과하지 않으면 내놓지 않았다. 그렇기 때문에 그의 글은 득실(得失)이 선명하고 지혜로운 생각이 많았다.

그는 오래 뒤에 지은 글을 자루에 넣고 북쪽으로 가서 연경을 유람하였는데 첫날에 그의 이름이 연경을 떠들썩하게 만들었다. 이때 선성(宣城)의 시윤장(施閏章), 신성(新城)의 왕사진(王士禛), 곤산(崑山)의 서건학(徐乾學), 황강(黃岡)의 왕택(王澤)이 모두 선배로 명망이 있는데, 그들이 도리어 모두 허리를 굽히고 그와 교분을

맺었다.
　소장형은 몸이 풍후하고 수염이 있었다. 성격이 관대하고 진솔하며 산수를 좋아하였는데 만년에는 유람을 귀찮아하였다. 그의 발자취가 천하의 반에 미쳤는데 지부산(之罘山)에 가서 신기루를 보고 부서(扶胥)의 끝까지 가서 염창(炎漲)을 바라보았다. 서호에서 배를 타고 고산(孤山)에 올라 임포(林逋)의 고상한 사적을 찾아가 감개무량해하고 울적한 심정을 때때로 시문으로 표현하였다. 그렇기 때문에 『여고(旅藁)』 이후의 작품이 더욱 뛰어나 절묘한 경지로 들어갔다.
　처음에 소장형이 연경에서 객살이를 하면서 태학에 들어서 공첩(公牒)에 따라 이부(吏部)에서 시험을 보았는데 총재(冢宰)가 그의 문장을 보고 놀라 "지금의 진천(震川=歸有光)이다."라고 말하고 일등으로 발탁하니 의례 주동지(州同知)를 제수해야만 하지만 그를 위해 힘을 써주는 사람이 없기에 다시 연경으로 나가 시험을 보았지만 두 차례 낙방하였다. 오순무(吳巡撫) 송뢰(宋犖)를 따라 막부의 객이 되었다가 십여 년 뒤에 집에서 죽으니 68세였다.
　소장형은 진작에 몰락하고 불우하였으며 위희와 비교하면 명성 또한 모자란다. 그러나 그의 문장에 이르러서는 모두 한결같이 그를 칭찬한다. 저서는 『녹고(籙藁)』 16권, 『여고(旅藁)』 6권, 『잉고(賸藁)』 8권, 『고문운략(古文韻略)』 약간 권이 있어서 세상에서 간행되었다.
④ 논하여 말한다.
　위희와 소장형은 재주를 자부하였으나 불우하였다. 늙어서 구학(丘壑)에서 죽으니 궁액하다고 할 수 있으리라. 그러나 당시의 높은 지위에 오르고 현달하게 살던 자들을 어찌 한정할 수 있겠는가마는 갑자기 소멸되어 명예가 송장과 같이 썩건만 지금까지 혁혁히 칭송되는 것은 바로 두 분이니 이상하도다.

비록 그렇지만 위희는 벼슬할 수 있었는데도 마침내 벼슬하지 않았고 소장형은 일찍이 벼슬하려고 하지 않은 것은 아니건만 마침내 벼슬하지 못하니 나는 위희를 위하여 그 뜻을 슬퍼하고 소장형을 위하여 애석해 한다.78)

---

78) 烏虖! 古文至於明幾亡矣. 自嘉隆諸君子, 貌爲秦漢, 已不厭衆望, 後乃爭矯之, 而矯之者變逾下, 委靡疲薾. 國運隨之, 明亡而古文益亡矣, 悲夫! 雖然三才之文, 相需成章, 人而無文, 其於參三何哉? 豈運厄陽九, 天地閉塞, 人文亦從而晦而然歟? 抑懷瑾蘊玉, 甘自韜沉, 人無得以稱焉歟? 余論明亡以後文得二人焉, 曰寧都魏禧, 毗陵邵長蘅, 禧主識議善變化, 凌厲矯夭, 不屑屑橅擬, 亦精卓切事情. 長蘅長叙事工洮汰, 簡而婉, 澹而遒, 導情像形, 奇氣勃窣行間, 要皆魁奇卓爾, 一時之雄者也. 余刪次兩家文, 各得如干首. 烏虖! 天下之大而堇得二人, 二人之文而可傳者, 又僅止於是, 古文之難如是哉! 孟子曰: "讀其書不知其人可乎?" 是以論其世也. 作魏禧邵長蘅傳.
　魏禧字凝叔號勺庭, 贛之寧都人, 與其兄祥弟禮, 皆以文章名於世, 世稱三魏, 而禧亦自號叔子云. 禧年十一, 補弟子員試, 輒冠其曹. 崇禎甲申, 流賊陷京師, 天子死社稷. 禧聞號慟, 日哭臨縣庭, 居常憤惋叱咤, 如不欲生. 謀與給事曾應遴起兵復讎, 不果已, 乃棄諸生服, 隱居敎授. 禧脩幹微髭, 目光奕奕射人. 論事縱橫雄傑, 倒注不窮, 善劈畫理勢, 每懸策前決, 後必驗. 方流寇之熾也, 寧都人謂寇遠猝難及, 不爲備. 禧獨憂之, 移家翠微峯居焉. 翠微峯距寧都西十里, 四面削起百餘丈, 中徑坼自底至頂, 若斧劈然. 緣坼鑿磴道梯而登, 出其上, 穴如甕口, 因實閒爲守望. 後數年, 寧都中寇被屠掠, 而翠微獨完, 禧時年二十一. 禧旣家翠微, 士友稍稍往依之, 南昌彭士望·林時益, 寧都邱維屏, 皆挈妻子至. 弟子著籍者, 常數十人, 以古文相勵切, 顔其居曰易堂, 於是易堂諸子之稱, 籍籍海內. 禧性嚴毅, 見人過不肯平面視, 然人或攻己過, 即厲色極言, 無幾微怍. 爲文輒委羣議彈射, 旣登木者或行剟易, 故文亦益工. 年四十乃出遊, 涉江逾淮游吳越, 思益交天下非常之人, 聞有隱逸士, 不憚千里造訪, 其所與交皆遺民也. 康煕中, 詔中外擧博學宏詞, 禧亦在擧中, 被徵以疾辭, 郡太守縣令更督趣就道, 不得已昇疾至南昌就毉藥. 撫軍某疑其詐, 以板扉昇之至門, 禧絮被蒙頭, 臥稱病篤, 乃放歸. 後二年赴維陽故人. 約舟至儀眞, 暴心氣病一夕卒, 年五十七. 禧博學喜讀史, 尤好左氏傳及蘇洵文, 著有文集二十二卷, 詩集八卷, 左傳經世若干卷. 祥·禮幷有集行世, 皆不及禧, 唯毗陵邵長蘅與之齊名.
　邵長蘅一名衡, 字子湘, 號青門山人, 常之毗陵人. 與魏禧同時, 一遇之逆旅,

위에서 본 「위희·소장형전」에 대하여 이의준은 "확 씻어내고 단련하였으며 전재법(剪裁法)에 정통하였다. 하나의 찬(贊)에 함축된 것이 무슨 한정이 있겠는가?[79]라고 하여 자구의 단련 기법으로 '전재법(剪裁法)'을 제시하고 있다. '전재법'이란 문학 창작에서 자구나 제재를 취사하고 배치하는 기법을 일컫는다. 「위희·소장형전」의 제재는 위희와 소장형이다. 그리고 도론에서 밝히고 있듯이 이 글의 작성 목적은 위희와 소장형의 고문(古文)을 선집한 뒤 그들의 삶을 드러내려는 데 있다. 따라서 한 편의 글에 두 사람의 행적과 그들에 대한 논평을 유기적으로 배치하는 것이 글의 관건이다. ①에서는 위희와 소장형전을 짓는 이유와 취지를 밝히고 있다. 여기에서 위희와 소장형을 상호 비교하면서 그들의 특장(特長)을 부각시키는 기법을 사용

握手語, 恨相知晚. 長蘅幼奇慧, 兒時日誦秦漢文數千言, 十歲補弟子員試再高等. 累擧於鄕, 輒報罷會, 康熙中, 江南奏銷案起紽誤者萬人, 而長蘅亦黜籍, 時論惜之. 長蘅旣謝擧子業, 益肆力爲古文辭, 沉酣三史唐宋大家凡六七年, 而其文乃大昌. 每有所纂, 兀然一室中, 冥思遐搜, 兩頰發赤, 喉間咯咯作聲, 類有大苦者. 旣成則大喜牽衣 遶牀狂呼, 遇得意處則益大喜, 託不讓古人. 屬藁不積日不出也, 故其文鮮得失多慧思. 久之橐所著, 北遊燕, 一日而名動京師. 時宣城施閏章·新城王士禛·崑山徐乾學·黃岡王澤, 皆先達有盛名, 顧皆折節定交. 長蘅豐而髯, 曠率喜山水, 晩而倦遊, 足跡半天下, 之之罘觀海市, 窮扶胥望炎漲, 浮西湖登孤山訪林逋高踪, 而其感槩佗傺無聊不平之鳴, 時時於詩文發之, 故其旅藁以後作益瓌瑋入化. 初長蘅客京師入太學, 隨牒試吏部, 冢宰得其文驚曰: "今之震川也." 拔第一, 例當授州同知, 然無爲之地者, 再就京兆試再報罷, 從吳巡撫宋犖客慕府, 後十餘年卒于家, 年六十八. 長蘅旣歷落無所遇, 視禧名且遙, 然至其文章, 亦皆翕然稱之. 著有篋藁十六卷·旅藁六卷·膡藁八卷·古文韻略若干卷行于世. 論曰, 魏禧, 邵長蘅負才苞鬱, 老死溝壑, 可謂阨矣. 然當時之躋高位都通顯者何限, 忽焉澌減, 身名與鬐骼同朽, 而至于今赫奕黯稱者乃兩諸生, 異哉! 雖然禧可以仕矣而竟不仕, 長蘅未嘗不欲仕而竟不得仕, 吾爲禧悲其志而爲長蘅惜之.(「魏禧·邵長蘅傳」)

---

79) 洮汰鍛鍊, 深明剪裁法, 一贊含畜何限? 愚山.

하고 있다.

②에서는 위희의 행적을 기술하고 있다. 위희의 인정기술에서 시작하여 11살, 21살, 40살 등 구체적인 나이를 제시해가면서 특기할 만한 행적을 기술하였다.

③에서는 소장형의 행적을 기술하고 있다. ②와 마찬가지로 ③도 소장형의 인정기술에서 시작하여 특기할만한 행적을 기술하였다. 다만 위희의 경우와 달리 구체적인 나이의 제시가 많지 않으며, 주로 문학적 측면에 기술이 집중되어 있다. ④는 논찬부로 위희와 소장형에 대한 작자의 평가로 이루어져 있다.

위희와 소장형은 동시대의 사람으로 서로 친분이 있었기에 한 편 안에 두 사람의 행적을 구성하였다. 따라서 두 사람의 행적을 각각 기술하면서도 그들의 관계를 중간중간에 확인시키는 것이 필요하다. ①에서는 위희와 소장형의 문학적 특징을 간명하게 비교하였고 위희의 행적 기술부인 ②의 말미에 위희와 필적할 만한 사람은 소장형뿐이라고 끝을 맺음으로써 소장형의 행적 기술부인 ③과 자연스럽게 연결시키고 있다. ③에서는 소장형의 인정 기술부에서 소장형과 위희의 친분관계를 밝힘으로써 ②와의 연결에 유기성을 부여하고 있다. 논찬부인 ④에서도 위희와 소장형을 상호 비교하는 형식을 사용하였다. 위의 분석에서 살펴본 바와 같이 「위희·소장형전」은 위희와 소장형이라는 제재를 적절하게 배치하고 상호 유기적인 관계를 유지하도록 내용과 문장을 배열하기 위해 노력한 작품으로 평가된 것이다.

장법(章法)과 관련된 비평은 「열부유씨묘지명(烈婦劉氏墓誌銘)」에 부기된 것에서 볼 수 있다.

「열부유씨묘지명」의 전문은 다음과 같다.

    의원(醫員) 홍리복(洪履福)은 나에게 글을 배웠는데, 하루는 글 폐백을 받들고 문밖에 서있었다. 내가 그를 맞아들여 물어보니, "우리 마을에 열녀 유씨(劉氏)라는 사람이 있는데 이미 그 문에 정표(旌表)를 하였으니, 선생님의 명망을 빌어 그 유택에 지(志)를 썼으면 합니다."
    내가 말하였다.
    "무슨 열(烈)인가?
    "열부는 태어날 때부터 곧고 정숙하며 말과 웃음이 적었고 행동은 여성이 지켜야할 규범에 맞았습니다. 어려서는 옛 도서(圖書)와 사적(史籍)의 정절(貞節)과 열(烈)에 관한 일을 들으면 한숨을 쉬며 부러워하고 흠모하는 뜻이 있으니 사람들이 기이하게 생각하였습니다. 장성해서는 최씨에게 시집을 가서 시부모를 효성스럽게 섬기고 남편을 완순(婉順)하면서도 공경스럽게 대하니 사람들이 그를 더욱 훌륭하게 여겼습니다. 시집간 지 십 년 만에 남편이 병들어 죽으니 열부는 곡을 하다가 그치고 '내가 죽으면 누가 남편을 장사지낼까? 우리 시부모가 연로하니 나는 또 그것이 슬프다.'라고 하였습니다. 쑥대머리에 때가 낀 얼굴로 훌쩍이며 손수 상구(喪具)를 마련하여 부장(附葬)할 물품을 반드시 정성스럽고 신실하게 하였습니다.
    일찍이 강보에 싸인 아이를 토닥이니 피눈물이 젖에 섞였는데, '하늘의 신령함으로 네 아버지의 제사를 끊지 않는다면 나는 죽어도 여한이 없겠다. 그러나 그렇지 않다면 나는 죽을 것이다.'라고 말하였습니다. 일 년이 되지 않아 그 자식도 죽자, 집사람들이 걱정하여 바짝 신경 써서 지켰습니다. 그러다가 대상(大祥)을 치르고 나서 열부가 목욕을 한 뒤 새 옷을 입고 남편의 사당에 들어가 슬피 곡하고 물러나와 하녀들에게 손짓하여 나가게 하며 '너희들은 우선 나가거라. 내가 조금 조용히 있고 싶구나.'라고 말하더니 드디어 문을 닫고 간수를 마시고 죽었습니다. 동네사람들이 모여들어 보고는 손가락을 깨물면서 그 열(烈)을 칭송하였습니다."

내가 말하였다.

"열(烈)에 부끄럽지 않구나! 누구의 친족인가?"

"우리 집의 사위 유종대(劉宗大)의 딸로 최홍원(崔弘遠)의 처이니 유성희(劉聖禧)라는 사람이 그의 할아버지이고 최두환(崔斗煥)이라는 사람이 그 남편의 아버지입니다."

"미미하네. 글짓기가 어렵겠는걸. 나이는 몇이지?"

"병자년에 태어나서 임인년에 죽었습니다. 14살에 시집가고 22살에 미망인이라고 불렸고 3년 뒤에 정표(旌表)가 되었습니다."

"나이가 어려서 더 어려운걸. 어디에 장사지냈지?"

"양주의 아무 언덕이 장지입니다만 명석(銘石)이 아직까지 없으니 선생님께서 마침내 지어주신다면 다행이겠습니다."

내가 말하였다.

"아! 난새가 집을 빛내니, 비록 내가 사양하고 글을 짓지 않더라도 어떻게 그 아름다움을 가릴 수 있겠는가? 또 나이가 어리고 미미하더라도 '열(烈)'에 부끄럽지 않다면 법이 모두 명(銘)에 의당할 것이다."

드디어 그를 위하여 명을 한다.

착해도 녹을 받지 못하더니 죽어선 빛이 나도다.

박명하였지만 아름다운 이름만은 넉넉하도다.

열녀문이 높이 솟았으니 사상씨(司常氏)80)의 정표(旌表)로다.

구슬의 글은 가로결 무늬이니 서선생의 명(銘)이로다.

---

80) 사상씨(司常氏): 『주례(周禮)』의 춘관(春官)에 소속된 관리로 정기(旌旗)를 관장한다.

아! 열(烈)이여. 유명(幽明)에 부끄럽지 않도다.[81]

이의준은 「열부유씨묘지명」에 대해 "장법(章法)이 신기하고 절등하여 왕양명에 비해보더라도 높으니 지문(誌文)의 변체(變體)이다."[82]라고 평가하였다. 서유구가 일반적이지 않은 장법을 구사하였고 그 결과 변체(變體)가 되었다는 것이다. 이 비평에서 보듯 장법은 작품 전체의 특성을 규정하는 기법이다. 「열부유씨묘지명」은 작자가 평소 알지 못하는 사람을 위해 지은 묘지명이다. 상당수의 묘지명은 의뢰인이 제공한 자료를 토대로 작성된다. 「열부유씨묘지명」 역시 그러하다. 그러나 작자는 자신이 직접 보지 못한 사람을 대상으로 작성한 묘지명이 객관성을 담보할 수 없다는 사실을 알기에 그러한 단점을

---

81) 醫者洪履福習于徐子, 一日捧書幣立于門外, 徐子延之入而問焉. 曰: "吾里有烈婦劉氏者, 旣旋其閭矣. 願假寵于夫子, 以志其幽." 徐子曰: "何烈?" 曰: "烈婦生貞靜寡言笑, 動合女則. 幼聞古圖史節烈事, 喟然有艶慕志, 人異之. 長歸于崔, 事舅姑孝, 待夫子婉而莊, 人益賢之. 歸十年, 其夫病死, 烈婦旣哭而息曰: '我死誰葬夫者, 吾舅姑老矣, 吾又戚之.' 蓬垢啜泣, 手治喪具, 附身附棺, 必誠信焉. 嘗撫子于襁褓, 血淚和乳曰: '以天之靈, 無殄爾父之祀, 吾死且不憾, 不者吾卽函死之.' 未期而其子亦死, 家人虞之, 防衛甚嚴. 旣大祥, 烈婦盥沐衣新衣, 入夫祠哭之哀, 退而揮婢媵使出曰: '若等且去, 吾欲少靜.' 遂闔戶飮藥死. 鄰里聚觀, 咋指稱其烈." 徐子曰: "不媿烈矣! 誰族也?" 曰: "吾之自出, 劉宗大之女, 而崔弘遠之妻也. 名聖禧者其祖也, 名斗煥者其夫之父也." 曰: "微也難矣! 年幾何?" 曰: "生丙子死壬寅, 十四而饋, 二十五而稱未亡人, 後三年而旋." 曰: "年之弱也, 滋益難矣. 曷葬之?" 曰: "楊之某原其藏也, 銘石猶缺, 幸夫子卒賜之惠." 徐子曰: "嗚呼! 鷰曜攸廬也, 雖余辭之不文, 烏能掩其芬乎? 且其弱而微而不媿于烈, 法皆宜銘." 遂爲之銘曰. 穀不祿兮死也光, 躬之嗇兮豐也芳, 烏頭之嶙峋兮, 司常氏之旋. 壁書之庚庚兮, 徐夫子之銘. 吁嗟烈兮! 弗怍幽明. (「烈婦劉氏墓誌銘」)
82) 章法奇絶, 肩視陽明而上之, 誌文之變體也. 愚山.

탈피하기 위하여 형식적 파격을 택하였다.

「열부유씨묘지명」은 명(銘)을 제외하면, 4개의 질문과 답변으로 이루어져 있다.

첫 번째, 작자는 "무슨 열(烈)인가?"라고 청탁자에게 질문한다. 그리고 작자는 청탁자의 답변을 들은 후 "열(烈)에 부끄럽지 않구나!"라고 열부의 열을 인정한다. 이 문답에서 열부의 행적이 충분히 기술된다. 이것이 망자의 행적을 기술하는 가장 중요한 부분이다.

두 번째 질문은 "누구의 친족인가?"이다. 이 질문에 대한 답변에서 망자의 가계가 기술된다. 이에 작자는 "미미하네. 글짓기가 어렵겠는걸."이라고 반응한다. 가계로서 내세울만한 것이 없다는 사실을 그대로 드러내는 한편 부정적 견해를 보임으로써 청탁자와 독자를 긴장시키고 있다.

세 번째 질문은 "나이는 몇이지?"이다. 망자의 일생에 대한 기술을 위해 필요한 질문이다. 답변의 형식을 통하여 생년과 시집간 나이, 미망인이 된 나이, 졸년이 제시된다. 그러나 작자는 두 번째 답변에 대한 회의적 반응과 마찬가지로 "나이가 어려서 더 어려운걸."이라고 반응함으로써 앞의 긴장을 더욱 고조시키고 있다. 그리고 "어디에 장사지냈지?"라는 마지막 질문을 던짐으로써 묘지명의 필수 요소인 장지(葬地)에 대한 정보를 기술하고 있다. 일반적 묘지명의 평면적 기술과 달리 청탁자가 자신에게 청탁을 하러 왔을 때 나눈 이야기의 기록 형식을 취하여 묘지명의 필수 기술 요소들을 모두 충족시키고 있다. 이의준은 이와 같은 특징에 주목하여 장법이 신기하고 묘지명의 변체라고 평가한 것이다.

「열부유씨묘지명」 외에도 이의준은 작품 전체에 사용되는 기법을 주목하는 경향이 있으니 「송모김공인묘지명(宋母金恭人墓誌銘)」과 「중부명고선생시유집목록후서(仲父明皋先生始有集目錄後序)」가 그것이다. 「송모김공인묘지명」의 전문을 보면 다음과 같다.

　　공인(恭人) 김씨는 대대로 강릉 사람으로 진사인 휘 김시경(金始炅)이 할아버지이고 현감 휘 김상효(金尙孝)가 아버지인데, 예조판서 휘 송창명(宋昌明)에게 둘째 며느리가 되었으니 제생(諸生)인 송익영(宋翼永)의 배필이다. 자식은 아들이 하나이니 이름은 송면재(宋冕載)이고 딸은 시집간 사람이 세 사람이니 홍억(洪檍)·서유구(徐有榘)·박종기(朴宗琦)가 그 사위다.
　　공인이 금상(今上) 기해년[1779] 7월 아무 일에 돌아가시니 태어난 해인 병진년[1736]으로부터 44년을 사셨다. 임단(臨湍) 동쪽 언덕에 장사지냈다. 장사지낸 지 10년 만에 면재가 손수 행장을 써서 나에게 명(銘)을 써달라고 하기에 내가 그것을 읽어 본 뒤에 말하였다.
　　"아! 명(銘)을 쓸 만하도다. 공인이 명법(銘法)에 해당하는 요건이 두 가지 있으니 뜻이 정숙(靜淑)하고 행실이 온순한 것이다.
　　공인이 시부모를 받들 때에 시부모의 생각을 먼저 잘 헤아려 그 뜻을 받들었다. 시어머니 정씨의 친정은 삼세(三世)의 장지(葬地)가 길하지 못하였다. 그래서 정씨가 걱정거리로 삼으니 공인이 돈을 출연하여 묘 3기를 길지로 이장하고 관곽의 부장물은 반드시 성실하고 신실하게 하였다. 남편을 섬길 때는 감히 명을 어기는 일이 없었다. 시집올 때 혼수를 매우 많이 해왔는데 남편의 말을 모두 들어 남에게 나누어 주었다. 여러 번이나 그렇게 하였건만 싫은 내색을 하지 않았고 자신이 소유한 것을 기울여 주고도 후회하지 않았으니 '온순하다'고 하지 않을 수 있는가?
　　공인(恭人)은 말과 웃음이 적고 여간해서는 기뻐하거나 노여워하지 않았으며 종일 바느질을 하였기에 규방 안은 사람이 없는 듯 고요하였다. 남편이 여러 번 과거에 낙방하자 하인과 계집종들이 몰래 원망하고 욕하는 일도 있었지만 공인은 온화한 모습으로 듣지 않는 것 같았다. 집안이 중간에 쇠락하여 조악한 옷을 입고 거친 음식을 먹으니, 사람들은 그 근심을 견디지 못하건만, 공인은 변함없이 온화하고 단아하였다. 죽을 때까지 괴로움을 토로하는 말을 한 적이 없으니 '정숙(靜淑)하다'고 하지 않을 수 있겠는가?

정숙과 온순은 부덕(婦德) 중에서도 훌륭한 것이니 명(銘)을 하지 않을 수 있겠는가?

처음에 내가 공인이 병을 앓는다는 말을 듣고 아내를 보내 문안드리게 하니 공인이 물었다.

"남편이 어떻게 지내고 있니?"

"닭이 우는 새벽까지 글을 읽습니다."

공인이 기쁜 안색으로 "시집을 잘 갔구나."라고 하시고 식사를 더 하셨다.

지금 공인에게 명(銘)을 쓰는 것은 나의 글이 가장 마땅하니 이는 공인의 뜻이기 때문이다."

명에 말한다.

정숙하면서도 온순하니 덕이 대지에 부합되고

어질면서도 녹을 받지 못하니 하늘이 베풀기를 아꼈네

부합된 까닭에 대지에 유택을 정하였고

아낀 까닭에 남은 것을 모아 자손에게 남겨주었다

아름다운 저 임단의 언덕이여, 베개를 편히 베고 기다리네[83]

---

83) 恭人金氏, 世爲江陵人, 進士諱始炅, 其王父也, 縣監諱尙孝, 其父也, 而於禮曹判書諱昌明爲介婦, 諸生名翼永爲配. 子男一人冕載, 女嫁者三人, 洪臆, 徐有桀, 朴宗琦其婿也. 恭人卒以今上己亥七月某日, 距其生丙辰壽四十四. 窆于

「송모김공인묘지명」에 대하여 이의준은 "법도(法度)가 엄정하여 모든 표현이 우아하고 깨끗하다. 명(銘) 역시 고아하고 심오하여 외울만하다. 한 구마다 걸러 운(韻)을 쓴 것이 더욱 기이하다."[84]라고 하였다. 표현 기법이 엄정하고 치밀한 결과 작품 전체의 표현이 전아하고 깨끗하게 되었다는 평가이다. 이덕무는 "짧은 작품 안에 만 리의 기세를 갖추어 자구를 단련하였으니 어찌 일찍이 하나라도 뜬소리가 있겠는가?"[85]라고 비평하였다. 비록 편폭이 짧은 글이라고 하더라도 적절한 자구를 사용하고 불필요한 자구의 사용을 억제하는 등 절제된 표현으로 강력한 문세(文勢)를 담아 낼 수 있다는 평가이다.

「송모김공인묘지명」는 서유구가 자신의 장모 김 씨를 위하여 지은 묘지명이다. 서유구는 장모 김 씨가 묘지명의 대상이 될 수 있다는 사실을 부각하는데 역점을 두었으며, 그 과정에서 자연스럽게 김 씨의 부덕(婦德)이 표출되도록 하였다. 서유구는 묘지명의 청탁자인 처남이 가지고 온 김 씨의 행장을 검토해 본 결과 김 씨가 명법(銘法)

臨湍東坡之原, 空且十年, 冕載手其狀, 徵銘于有榘. 有榘讀之旣曰: 噫! 可銘也已. 恭人之應銘法者有二, 志靜而行順也. 恭人奉尊章, 先意承志. 姑鄭氏家三世葬匪吉, 鄭以爲憂, 恭人爲捐金, 遷三匶歸之吉土, 附於槨者必誠信焉. 事夫子無敢有違命. 嫁時資奩甚豐, 悉聽夫子取施與. 數而無倦, 傾其有而不悔焉, 可不謂順乎? 恭人寡言笑簡喜怒, 終日執鍼察線, 壺闈之內窈若無人也. 夫子數踏省門不見收, 僮媵輩或竊怨詈, 恭人穆然如不聞也. 家中落, 裙布糲食, 人不堪憂, 而恭人雍閒自如. 沒身無剌剌契濶語也, 可不謂靜乎? 靜順者婦德之選也, 可不以銘乎? 始余聞恭人之病, 遣吾婦歸寧, 恭人問然曰: "生何事?" 曰: "雞呼晨猶吾伊." 恭人色喜曰: "歸得所哉!" 爲之加餐. 今也銘恭人, 莫宜吾文, 此恭人之志也. 銘曰, 靜而順, 德協坤也. 賢不祿, 施嗇天也. 協故奠幽宅而厚載, 嗇故蓄其贏而貽昆. 卷彼湍阿, 安枕俟娠.(「宋母金恭人墓誌銘」)

84) 矩度森然, 筆筆雅潔. 銘亦古奧可諷, 隔句用韻尤奇. 愚山.
85) 短幅中, 具萬里之勢, 鑄句鍛字, 何嘗有一浮響. 炯庵.

의 요건 두 가지를 충족시키고 있으니 '뜻이 정숙(靜淑)함'과 '행실이 온순함'이 그것이라고 단정하였다. 그리고 이하의 글에서 '뜻이 정숙(靜淑)함'과 '행실이 온순함'에 해당하는 행적을 각각 정연하게 기술하고 '그것이 명법에 부합되지 않느냐?'고 독자에게 동의를 구하고 있다. 「송모김공인묘지명」은 이와 같이 망자의 행적이 명법에 부합되는지 작자가 증명하는 형식으로 되어 있기 때문에 구성과 표현이 작법(作法)을 준수하고 있다. 또 청탁자인 처남이 제공한 자료와 자신이 직접 겪은 일을 차분하게 구성함으로써 과장된 내용과 그에 따라 부화한 표현을 찾아 볼 수 없도록 하였다.

이와 유사한 비평을 「중부명고선생시유집목록후서(仲父明皋先生始有集目錄後序)」에 대한 것에서도 볼 수 있다.

「중부명고선생시유집목록후서」의 전문은 다음과 같다.

> 『주역』에서 "강하고 부드러움이 교착하니 천문(天文)이고 문명(文明)에 그치니 인문(人文)이다."[86]라고 하였다. 또 "천지의 문을 완성한다."[87]라고 하였는데 이것을 '삼재(三才)의 문(文)'이라고 하니 문의 지극한 것이다. 대개 문을 만드는 도가 셋이니 '기(氣)'는 하늘에 의뢰하고 '법(法)'은 땅에 계고하고 '교(巧)'는 사람에게서 생긴다. 하나의 재예이지만 그 지극함을 요하면 삼극(三極)의 도가 모인다.
>
> 혼연히 성하고 깊고 넓어서 근원까지 통하고 흐름을 터 급류의 물을 쏟아 부어 발해(渤澥)에까지 이르는 자는 기(氣)로 승한 것이다. 이것이 없으면 무기력하다. 전범을 삼가 법도로 삼고 준거를 지켜

---

86) 「賁」.
87) 「繫辭上傳」 제10장.

장석(匠石)과 영인(郢人)의 도끼를 잡고 표준을 시행하는 자는 법(法)으로 뛰어난 것이다. 이것이 없으면 산만하다. 더러운 것을 씻어 버리고 단련하며 가위질하고 엮고 아로새기며 정을 인도하는 것이 완곡하면서도 은미하고 형상을 그리는 것이 간결하면서도 핍진하여 정밀하게 연마하고 심오한 이치를 탐색하여 신통하게 밝히는 자는 교(巧)로 뛰어난 것이다. 이것이 없으면 손상된다. 그 모두에 완벽하면 '대종(大宗)'이라고 하고 그 중 하나만 잘하면 '소종(小宗)'이라고 한다. 기를 활짝 펴는 사람은 제멋대로 하는 문제점이 있고 법도대로 하는 사람은 융통성이 없는 문제점이 있고 솜씨를 발휘하는 사람은 꾸미는 문제점이 있다. 그런데 텅텅 비어 세 가지 중에 하나도 없는 사람은 '문(文)이 없다'고 한다. 이 뜻을 일찍이 우리 중부 명고(明皐) 선생에게 배웠지만 그 의미를 징험하지 못하였다. 선생께서 마흔이 되자 글 상자를 정리해 평소 지은 시문을 모두 꺼내어 손수 10분의 3을 제거하고 나에게 명하여 편집하여 한 권의 책으로 만들게 하셨다. 일을 모두 마친 뒤에 우러러 탄식하고 말하였다.

"가열하게 힘이 넘치는 것은 기(氣)이리라. 정갈하게 법도가 있는 것은 법(法)이리라. 화사하게 문재(文才)를 펼치는 것은 교(巧)이리라. 기를 활짝 펴면서도 제멋대로 하지 않고 법도대로 하면서도 융통성이 없지 않고 솜씨를 발휘하면서도 꾸미지 않으니 선생의 글을 읽고 선생의 말을 징험하였다."

얼마 뒤에 책을 가지고 선생께 이름을 청하자, 선생께서 말씀하셨다.

"이 책 이름을 '시유(始有)'라고 하자. 옛날에 공자 형(荊)이 집에 거처하기를 잘하였다. 처음 살림살이를 소유하였을 때에는 '그런대로 이만하면 모여졌다.'고 하였다. 다소 갖추어졌을 때에는 '그런대로 이만하면 갖추어졌다.'고 하였다. 많이 갖게 되었을 때에는 '이만하면 훌륭하다.'고 하였다.88) 지금 이 책을 이름 지음에 '처음'에 뜻을 둔 것이다. 이 뒤에 나오는 문집은 '소유(少有)'라 하고 '부유(富有)'라고 하리니 장차 문집으로 만들 것이 세 권이리라."

내가 환하게 이해하고 기쁘게 터득하여 자리에서 일어나 무릎 꿇고 말하였다.

"『주역』에서 '건원(乾元)이여! (만물이) 의뢰하여 시작한다.'[89]라고 하였고, '건은 간략함으로 능하니'[90]라고 하였습니다. 또 '풍부하게 소유한 것을 대업(大業)이라고 한다'[91]라고 하였습니다."

정미년[1787] 동지에 종자(從子) 서유구는 삼가 서한다.[92]

「중부명고선생시유집목록후서」는 서유구가 자신의 중부(仲父) 서형수(徐瀅修)의 문집인 『시유집(始有集)』을 편집하고 쓴 목록후서다.

---

88) 『論語』, 「子路」.
89) 「乾」.
90) 「乾」.
91) 「繫辭上傳」 제5장.
92) 易曰: "剛柔交錯, 天文也, 文明以止, 人文也." 又曰: "成天地之文", 斯之謂三才之文, 文之至者也. 蓋爲文之道三, 氣資乎天, 法稽乎地, 巧生乎人, 一藝也而要其至, 三極之道聚焉, 渾泡汪濊, 濬源疏流, 注灝瀧之水, 而放之渤澥者, 以氣勝者也, 無是餒. 矜則典式, 方軌準矱, 操匠郢之斤而施之繩尺者, 以法勝者也, 無是散. 淘汰鍛鍊剪綴雕刻, 導情婉而微, 像形簡而逼, 研精鉤深, 神以明之者, 以巧勝者也, 無是刓. 全於此謂之大宗, 偏於此謂之小宗. 若夫舒氣者病肆, 按法者病柅, 逞巧者病冶, 而枵然無一於三者, 謂之無文. 斯義也蓋嘗受之吾仲父明皐先生, 然未之有徵也. 及先生年至强仕, 搜擸巾篋, 盡出平日所爲詩文, 手削什之三, 命有榘編之爲一集. 旣卒業, 仰而歎曰熊熊爾勃窣者其氣乎, 井井爾規度者其法乎, 膴膴爾擷藻者其巧乎, 舒而不肆, 按而不柅, 逞而不冶, 讀先生之文而徵先生之言. 旣而手卷而請名于先生, 先生曰: "其始有乎, 昔公子荊善居室, 始有曰苟合矣, 少有曰苟完矣, 富有曰苟美矣, 今斯之名, 志始也, 繼此而集者, 爲少有爲富有, 蓋將爲集者三云爾." 有榘融然會怡然得, 離席跽而曰: "始取于天乎, 少取于地乎, 富取于人乎, 易曰: '乾元資始', 又曰: '坤以簡能', 又曰: '富有之謂大業.'" 丁未日南至, 從子有榘敬序. (「仲父明皐先生始有集目錄後序」)

성대중은 「중부명고선생시유집목록후서」에 대해서 "예부터 문장을 논한 것 중에서 이같이 구비된 것은 없었다."[93]라고 극찬을 하였다. 또 이덕무는 "『주역』으로 시작해서 『주역』으로 끝내고 삼극(三極)의 뜻을 갖추니 『시유집(始有集)』만 그런 것이 아니다. 이 서문의 체단(體段)에서 '기(氣)'를 말하고 '법(法)'을 말하고 '교(巧)'를 말하니 어찌 일찍이 하나라도 갖추지 않겠는가?"[94]라고 평하였으며, 이의준은 "법도(法度)가 엄격하고 필력(筆力)이 분명하게 뻗어 일어났다. 결어(結語)가 산만한 듯하지만 산만하지 않으니 문장 중에서 절등하게 아름다운 것이다."[95]라고 평하였다. 성대중과 이덕무가 내용의 측면에서 비평을 하였다면 이의준은 작법에 관심을 보이고 있다. 「중부명고선생시유집목록후서」는 『시유집』의 편찬 과정과 특징, 책 제목의 의미 등을 충분히 현시한 글이다.

「중부명고선생시유집목록후서」에서 주목되는 것은 서두와 결미의 구조이다. 이덕무의 평과 같이 『주역』의 논리로 시작하여 『주역』의 논리로 끝을 맺은 작품이다. 이처럼 수미가 상응하는 구조는 안정감을 준다. 그러나 수미상응(首尾相應)을 지나치게 의식한 결과 결미가 자칫 산만하게 될 수도 있다는 이의준의 지적은 매우 적절하다. 「중부명고선생시유집목록후서」는 본격적 문학 창작 이론이 개진된 글이면서 동시에 문학 창작 기법이 구현된 작품이다.

「소음재기(篠飮齋記)」도 기교론과 관계있는 비평이 붙어 있다.

---

[93] 古來論文, 未有若斯之備. 青城.
[94] 始以易終以易, 具三極之義, 不惟始有集爲然, 此序體段, 曰氣曰法曰巧, 何嘗不一備乎? 炯庵.
[95] 法度嚴峭, 而筆力蒼挺, 結語似散非散, 文之絶佳者. 愚山.

「소음재기」의 전문을 보면 다음과 같다.

　　옛사람들은 대나무를 일러 '군자'라고 하고 술을 일러 '광약(狂藥)'이라고 하였으니 광(狂)은 군자와 거리가 멀다. 그러나 나는 진작부터 대나무를 사랑하는 사람이 반드시 술을 잘 마시는 것에 대하여 이상하게 생각하였다.
　　혜강(嵇康)과 완적(阮籍)의 무리는 죽림(竹林)에 살면서 '죽림칠현(竹林七賢)'으로 불렸다. 그들이 그처럼 대나무를 사랑하였는데 그들 일곱 사람은 모두 주도(酒徒)였다. 신중선(辛仲宣)96)은 대나무를 잘라 단지를 만들어 술을 담고 말하기를 "나는 대나무를 사랑하고 술을 좋아하니 그것들을 합해서 항상 같이 있게 하고자 한다."라고 하였다.97)
　　대개 이 두 가지가 서로 따르고 서로 떨어지지 않는 것은 이유가 무엇인가? 대나무는 사람으로 하여금 맑게 하고 술은 사람으로 하여금 방사(放肆)하게 한다. 맑은 것과 방사한 것은 취향이 동일하고 지취(志趣)가 같다. 그러니 대나무를 사랑하는 자가 술을 잘 마시는 것은 진실로 의당하다. 내가 이로 말미암아 왕자유(王子猷=王獻之)가 반드시 술을 좋아할 줄 알았고 유령(劉伶)이 반드시 대나무를 사랑하는 줄 알았는데 옛 문헌에서 그 설을 증거로 삼을 만한 것이 없다.
　　나의 재종숙부 비연(斐然=徐淇修)98)이 평소 대나무를 사랑하면서

---

96) 신중선(辛仲宣): 송나라 사람으로 아쟁 연주를 잘하였다.
97) 辛仲宣, 截竹爲罌以酌酒曰: "吾性愛竹及酒, 欲令二物相並耳. 襄陽耆舊傳. (『廣博物志』)
98) 서기수(徐淇修): 1771~1834. 자는 비연(斐然). 호는 소재(篠齋). 예조판서 문유(文裕)의 증손으로, 할아버지는 황주목사 종벽(宗璧)이고, 아버지는 의빈부도사 명민(命敏)이며, 어머니는 온양정씨(溫陽鄭氏)로 이조판서 창유(昌兪)의 딸이다. 1792년 사마시에 합격하고, 1801년에 증광문과에 갑과(甲科) 3등으로 급제하여

도 유독 술을 한잔도 마시지 못하였다. 그렇지만 남에게 술을 마시게 할 때는 문득 크게 기뻐하여 즐거움으로 삼았다. 금년 여름에 그가 거처하는 재실에 '소음(篠飮)'이라고 편액하고 용주(蓉洲)로 나를 방문하여 기를 부탁하니, 내가 말하였다.

"옛날에 진(晉)나라의 육기(陸機)는 재실 동쪽에 대나무를 심고 날마다 그 안에서 술을 마시니 숙부의 편액은 대개 여기에서 취한 것입니까? 대저 그늘 속에 앉아서 대나무에 부는 바람소리를 들으며 막걸리를 마시니 이것은 진나라 사람의 청(淸)과 방사(放肆)이고 한유가 이른바 '(술에) 의탁하여 도피하는 것'99)입니다. 숙부는 나이가 젊고 재주가 넉넉하여 진실로 장차 입신(立身)하고 수양하여 나아가 세상의 쓰임이 되겠거늘 오히려 어찌 술에 의탁하여 숲으로 도피하겠습니까? 저는 이치에 맞지 않는다고 생각합니다.

중니께서는 대나무 피리의 소리를 듣고 고기 맛을 잃으셨고100) 오로지 술은 정량이 없다고 하셨는데,101) 진실로 피리 소리를 탐하고 술 마시기를 좋아한 것이 아니라 다만 물(物)을 빌려 우의(寓義)한

한림원기거주로 임명되었으나, 얼마 안 되어 정치적 모함으로 함경도 갑산(甲山)에 유배되었다. 5년 간의 유배생활 동안 독서에 전념하였으며, 자신이 거처하는 방을 '목석거(木石居)'라 부르고 세상사에 관심을 보이지 않았다. 유배에서 풀려나자 친지들과 함께 백두산을 유람한 뒤 「유백두산기(遊白頭山記)」를 썼다. 청빈한 생활에 자족하며 시작에 정열을 쏟았다. 특히 사령운·맹호연·두보를 흠모하였으며, 대체로 자연을 대상으로 한 산수시를 많이 지었다.

관련 연구로는 이현일의 「소재(篠齋) 서기수(徐淇修)의 〈유백두산기(遊白頭山記)〉 연구」(『고전문학연구』 제42권, 2012)가 있다.

99) 「送王秀才序」.
100) 공자가 제나라에서 소악(韶樂)을 배웠는데, 소악이 하도 좋아서 3개월 동안 고기 맛을 몰랐다[子在齊, 聞韶, 三月不知肉味]고 한다.(『論語』, 「述而」)
101) 술은 일정한 양이 없으셨는데, 어지러운 지경에 이르지 않게 하셨다.[唯酒無量, 不及亂.](『論語』, 「鄕黨」)

것이니, 숙부의 편액도 또한 가탁하였을 따름입니다.

맹자께서 '백이(伯夷)는 성인(聖人)의 청(淸)한 자이고 유하혜(柳下惠)는 성인의 화(和)한 자이다.'[102]라고 하셨습니다. 대나무의 바람에는 백이의 청(淸)이 있고 술의 맛에는 유하혜의 화(和)가 있습니다. 화(和)가 지나치면 방사(放肆)로 흐르는데 방사는 술의 죄는 아닙니다. 저는 그렇기 때문에 주광(酒狂)은 진짜 광(狂)이 아니라 바로 광견(狂狷)의 광(狂)이라고 합니다. 그러니 술을 일러 군자라고 하더라도 또한 옳을 것입니다.[103]

「소음재기」에 대하여 이덕무는 "위는 위의 것대로 아래는 아래 것대로 대나무와 술을 뒤섞어 엮고 장고(掌故)를 함께 겸하였는데 중간에 갑자기 술과 대나무를 함께 겸하지 않은 왕자유와 백륜(伯倫=劉伶)을 끼워 넣으니 이것이 '천 길 낭떠러지[斷岸千尺]'다. 그래서 또 한 걸음도 다시 나갈 수 없거늘 가볍고 가볍게 비연(斐然)을 맞아 왔다.

---

102) 孟子曰, 伯夷, 聖之淸者也, 伊尹, 聖之任者也, 柳下惠, 聖之和者也, 孔子, 聖之時者也.(『孟子』, 「萬章」)
103) 昔人謂竹君子, 謂酒狂藥, 狂之於君子遠矣. 然余嘗怪愛竹者必善飮, 嵆康·阮籍之徒, 居竹林號竹林七賢, 其愛竹也如此, 而是七人者皆酒徒也. 辛仲宣截竹爲甖以盛酒曰: "我惟愛竹好酒, 欲合之使常並." 蓋此二者若相因而不相離者, 其故何哉? 竹使人淸, 酒使人放. 淸與放, 一致而同趣. 然則愛竹者善飮固宜. 余由是知王子猷必善飮, 劉伶必愛竹, 惜傳記無其說可徵也. 余再從叔父斐然素愛竹, 獨不能盡一酌, 然飮人以酒, 輒大喜以爲樂. 今年夏, 扁其所居之齋曰篠飮, 訪余于蓉洲, 屬以記. 余曰: "昔晉之陸機種竹齋東, 日飮其中, 子之扁蓋取諸斯乎? 夫坐鬐蔭聽風竿, 擧白而飮, 此晉人之淸放, 而韓愈所謂有託而逃焉者也. 子富於年優於才, 固將立身砥行, 出而爲世用, 尙何麴蘖之托而林麓之逃邪? 吾以爲不倫也. 仲尼之聞竹忘味, 惟酒無量, 誠非貪聲嗜飮, 特假物而寓義, 子之扁亦假焉已爾. 孟子曰: '伯夷聖之淸者也, 柳下惠聖之和者也.' 竹之風有伯夷之淸, 酒之味有柳下惠之和. 過和則流於放, 放非酒之罪也. 余故曰: '酒狂匪眞狂, 酒狂狷之狂, 然則謂酒君子亦可.(「篠飮齋記」)

그러나 비연은 유독 대나무만 사랑하고 술을 사랑하지 않으니 '소음(篠飮)' 두 글자를 돌아보면 마치 새에 한 쪽 날개만 있고 수레에 한 쪽 바퀴만 있는 양상과 같으니 이를 장차 어떻게 할 것인가? 문득 또 물(物)에 비유하고 유(類)를 연하여 한 번 해석하고 한번 경계하여 미봉(彌縫)을 잘하니 우리 작정(勺庭) 우인(友人) 숙자(叔子) 빙숙씨(冰叔氏=위희)가 아니면 이런 작품이 없을 것이다. 준평씨(準平氏=서유구)는 어떠한 사람이기에 이러한 작품이 있을 수 있는가? 그러나 비연은 술 마시기를 좋아하니, 공자가 광간비연(狂簡斐然)이라고 하였는데 광자(狂者)가 어찌 술의 덕이 아니리오! 오로지 비연(斐然)이라야 술을 좋아할 수 있을 것이다."104)라고 장문의 비평을 붙였다.

「소음재기(篠飮齋記)」는 서유구가 자신의 재종숙 서기수(徐淇修)의 부탁으로 소음재(篠飮齋)에 써준 기문이다. 이덕무는 '대나무'와 '술을 마신다'는 '소음(篠飮)'의 의미를 잘 풀어내고 흥미롭게 구성한 기법에 찬사를 보내고 있다. 서유구는 '군자(君子)'로 불리는 대나무와 '광약(狂藥)'이라고 불리는 술이 병립할 수 없건만 대나무를 사랑하는 사람이 술을 잘 마시는 것에 대하여 평소 의문을 품었다는 문제를 제기한다. 이어서 그 증거로 술과 대나무를 동시에 애호하였던 죽림칠현과 신중선(辛仲宣)을 예시하였다. 그리고 술은 사람을 맑게 만들고 대나무는 사람을 방사(放肆)하게 만드는데 그 둘의 지취가 동일하

---

104) 上上下下, 雜綴竹酒, 具兼掌故, 而中間忽挿入竹酒不具兼之子猷·伯倫, 已是斷岸千尺, 無更進一步, 輕輕邀來斐然, 而斐然獨愛竹而不愛酒, 回顧篠飮二字, 如鳥隻翼而車子輪, 此將奈何? 忽又比物連類, 一解一警, 善爲彌縫, 非吾勺庭友人叔子冰叔氏, 無此作焉, 準平氏何人也, 能有此作也乎? 然斐然嗜飮, 孔子曰狂簡斐然, 狂者, 詎非酒德, 惟斐然, 乃能嗜飮. 炯庵.

기 때문에 대나무를 아끼는 사람은 술도 잘 마신다는 논리를 도출한다. 그것에서 진일보하여 대나무를 좋아하였지만 술을 좋아하였다는 기록이 없는 왕헌지와 반대로 술을 좋아하였지만 대나무를 좋아하였다는 기록이 없는 유령의 경우도 문헌에 나타나지 않았을 뿐이지 그들도 그 둘을 겸하여 좋아하였을 것이라고 일반화한다. 이덕무는 이와 같은 서유구의 논법이 천길 벼랑에 놓인 것처럼 더 나아갈 수 없는 것이라고 하였다. 그러나 이덕무는 그것을 술을 마시지 못하면서도 재실을 '소음(篠飮)'이라고 명명한 서기수(徐淇修)의 지취(志趣)를 밝히기 위한 논리의 전 단계에 해당한다고 보았다. 이덕무 역시 술을 마시지 못하는 서기수가 자신의 재실을 '소음'이라고 명명한 것은 '새에 한 쪽 날개만 있고 수레에 한 쪽 바퀴만 있는 것'처럼 균형이 맞지 않는다고 생각하였다. 서유구는 그와 같은 불균형을 해결하기 위하여 최종적으로 공자와 관련된 두 가지 기록을 인용하였다. 공자가 피리 소리를 좋아하였다는 언급과 공자는 술에 정량이 없었다는 기록이 그것인데, 서유구는 특이하게도 그것을 사실이라고 하기 보다는 사물에 가탁한 우의로 보아야 한다는 독특한 견해를 제시하였다. 따라서 서기수의 '소음'도 사실관계를 따지기 보다는 가탁으로 보아야 한다고 주장하였다. 또 도입부에서 의문을 품었던 '주광(酒狂)'의 광(狂)은 미치광이라는 의미가 아니라 '광견(狂狷)'의 '광(狂)'이라고 하면서 난점을 스스로 해결하고 있다. 우리는 이덕무의 비평 중에서 '미봉(彌縫)'이라는 말에 주목할 필요가 있다. '미봉(彌縫)'이란 병립하기 힘든 개념이나 가치를 조화롭게 봉합하였다는 의미이다.

　대나무와 술의 공통적 속성을 찾기 위하여, 맑은 것과 방사한 것의 지취가 같다고 논리를 비약시킨 말이나, 문헌 기록에서 찾을 수 없을 뿐이지 이치상 대나무를 즐긴 사람은 반드시 술을 좋아하고 술을 좋아한 사람은 반드시 대나무를 좋아한다고 개별적 사례를 일반화한 말이나, 공자가 피리 소리를 좋아하였다는 기록을 대나무를 좋아한 것으로 확대 해석한 말이나, 공자가 피리소리를 좋아하고 술에 정량이 없었다는 기록은 사실로 보지 말고 가물우의(假物寓義)로 보아야 한다는 말이나, 대나무를 '광약(狂藥)'이라고 하는데 그것의 '광(狂)'은 '광견(狂狷)'의 '광(狂)'이라고 자의적으로 의미를 변형한 것이 모두 미봉의 기법에 해당한다. 서유구는 기존 자료의 과감한 변형을 통하여 새로운 논리를 창출하였고 이덕무는 그와 같은 기법을 높이 평가한 것이다.

2) 묘사에 대한 비평

묘사는 구체적인 대상을 언어로 그려 보이는 기술(記述)의 양식이다. 묘사는 사물의 부분이나 세부를 열거하는 것이 아니라 전체와 부분, 부분과 부분의 조화와 관련을 유지함으로써 종합적 효과를 창출한다. 이것을 '지배적 인상'이라고 하며 체재(體裁)와 조성(組成)의 문제가 해결됨으로써 달성할 수 있다.[105] 묘사의 대상은 크게 인물과 사물, 경치, 사건으로 나눌 수 있다.

인물 묘사를 한 대표적인 작품으로 「유군묘명(柳君墓銘)」을 들 수 있다.

「유군묘명」의 전문을 보기로 한다.

---

105) 金奉郡, 『文章技術論』, 삼영사, 1980, 158쪽.

유준양(柳遵陽) 군은 자가 사수(士守)이다. 부용강(芙蓉江) 가에서 나무를 심어 생계를 꾸리다가 마흔 둘의 나이에 죽었다. 그 사람은 나면서부터 순박하고 성실하며 달리 능한 것은 없었으며 죽을 때까지 시정(市井)의 일을 몰랐다. 죽은 날에는 그를 위해 우는 이웃 사람이 많았다.

정미년[1787] 봄에 내가 이웃 사람을 따라 꽃놀이를 하러 도원(桃園)에 이르러 친구와 만나 한참 시간이 지났을 때였다. **울타리 사이에서 바스락 소리가 나더니 키 작은 사내 하나가 아이 둘을 데리고 구부정히 지팡이를 짚고 나와서는 매우 공손히 주객(主客)의 예를 하였다.** 나는 물어보고서 군(君)인줄 알게 되었다.

군은 얼굴이 검누르고 맥이 없어 옷도 이기지 못하고 띠 위로 올려다보지 못하였다. 불러서 그에게 말을 하자 눈을 올려서 보았다. 그에게 물으니 벌써 석 달 째 병을 앓고 있다고 하였다. 나는 내심 그가 불쌍했다.

돌아와서 일 년이 못되어 군이 죽었는데 장사도 지내지 못하여 도원 산자락에 가매장하였다고 들었다. 나는 그것이 더욱 슬펐다. 몇 달 뒤 그의 동생 건양(健陽)이 와서 장사지낼 기일을 정하였다고 고하면서, 양주의 아무 언덕에 장사지낼 것이라고 말하였다. 내가 가난하여 부조할 수 없어서 이에 명(銘)을 지어 주고 말하였다.

"우선 이것을 유택에 집어넣게나. 그대는 모시·솜·칠기를 늘어놓는 것이 그대의 형을 영원하게 만들 것이라고 생각하는가!"

그 명사(銘詞)에 말한다.

그 천분(天分)을 온전히 하고
땅으로 돌아가니
내가 명(銘)으로 기록한다

아! 거의 천지에 부끄러움이 없겠도다106)

위의 작품을 보면 서유구는 유준양(柳遵陽)에 대하여 많은 정보를 가지고 있지 못하다. 다만 그의 자(字), -이것도 그가 평소에 알고 있었던 것인지 명확하지 않다- 나무를 심는 그의 직업, 순박하고 세상 물정 모르는 성격 정도다. 도원(桃園)에서의 조우(遭遇), 이것이 두 사람의 처음이자 마지막 만남이었을 것이다.

이덕무는 이 작품에 대해서 "키 작은 유 군이 비틀거리면서 종이 위로부터 나오는 듯하니 묘지(墓誌) 중에서도 천고(千古)의 절조(絕調)다."107)라고 높이 평가하였다. 이덕무의 평은 유준양에 대한 묘사가 생동감 있다는 것이다.

그렇다면 유준양의 묘사에 해당하는 문장은 어느 것인가? 그것은 "울타리 사이에서 바스락 소리가 나더니 키 작은 사내 하나가 아이 둘을 데리고 구부정히 지팡이를 짚고 나와서는 매우 공손히 주객(主客)의 예를 하였다."와 "얼굴이 검누르고 맥이 없어 옷도 이기지 못하고 띠 위로 올려다보지 못하였다."라는 두 문장에 불과하다. 두 문장을 통해서 알 수 있는 것은 우선 유준양의 외모이다. 그는 키가 작고

---

106) 柳君遵陽字士守, 居芙蓉江上, 種樹自給, 年四十二以死, 其人生醇慤無他能, 至死不識闤闠. 死之日鄰里多爲之涕者. 丁未春, 余從鄰人訪花至桃園, 班荊坐移時, 籬落間颯拉有聲, 一短丈夫從兩稚傴僂扶杖出, 爲主客禮甚恭, 詢之知爲君也. 面黧黃, 尪然不任衣, 視不上帶, 呼語之則揚其目, 問之病已三月矣. 余內憐之, 歸未期, 聞君死未克葬, 殯于桃園之麓, 余益悲之, 後數月其弟健陽來告窆期曰: "將葬於楊之某原." 余貧無以侑助, 酒爲銘而歸之曰: "姑以此納諸幽, 子謂紵絮陳漆, 可不朽子兄耶?" 其詞曰: "全其天倪, 歸復于地, 而我銘以志之. 嗚呼! 其庶幾頮昂無媿."(「柳君墓銘」)
107) 短柳蹣跚, 如從紙上出, 墓誌中千古絕調. 炯庵.

얼굴빛이 검누르고 허리가 구부정하고 지팡이를 짚었으며 입은 옷도 이기지 못할 정도로 병약한 외모를 지녔다. 그리고 서유구의 허리띠 위로도 올려다보지 못할 정도로 소심한 성격을 가지고 있다는 정도다. 서유구가 말을 시킴으로써 비로소 그의 눈을 보았으며 그가 석 달째 병을 앓고 있다는 대답을 들을 수 있었다.

이 병들고 왜소한 사내에게 서유구는 연민의 정을 품게 되었노라고 말하고 있다. 그러한 연민의 정이 유준양의 묘사에 투사(投射)되었다. 그래서 이덕무는 그가 종이 위로 비틀비틀 걸어 나오는 듯한 느낌을 받는다고 극찬했는데, 이덕무의 비평 역시 묘사기법을 구사했다는 점이 재미있다.

「유군묘명」에 대한 비평이 인물에 대한 묘사를 대상으로 한 것이었다면 사물을 대상으로 한 비평으로는 「지북제시도기(池北題詩圖記)」가 있다.

다음은 「지북제시도기」의 전문이다.

> 홀원(笏園) 남쪽에 모난 못이 출렁출렁한데 반쪽 모서리는 드러나고 반쪽 모서리는 가려져 있다. 연잎은 동전만하고 연꽃 봉우리가 벌써 피었으되 예닐곱 대궁은 채 피지 않았다. 약간 북쪽으로 험준하고 뾰족하게 생긴 괴석(怪石) 두 개가 마주보고 섰는데 삐죽삐죽하다. 동쪽으로 바라보면 붉은 난간이 굽이굽이 은은하게 비춘다. 괴석 왼쪽에는 큰 돌 상이 하나 있는데, 병 하나·화로 하나·차 사발 하나·책 상자 하나가 섞여 늘여있다. 차 사발은 노자 새 무늬이고 화로는 밤 껍질 같고 병에는 비취 새 깃 두 줄기가 꽂혀 있다. 책은 의당 당나라 사람의 시집이겠으나 혹 원나라나 명나라 명가(名家)의 것인지도 모르겠다. 괴석 오른쪽에는 파초 한 줄기가 있는데 큰 잎이 세

개이고 작은 잎이 두 개다. 줄기를 안고 막 피려는 것과 바람에 자빠져 반쯤 꺾인 것이 각기 하나인데 저녁 그늘이 교차한다.

이끼는 땅을 덮어 푸릇푸릇하고 서늘서늘하여 하늘의 비취빛이 흐르는 듯하다. 그 가운데에 한 잘생긴 사나이가 폭건(幅巾)에 큰 띠를 매고 단정히 부들자리 위에 앉아 있으니 정원의 주인인 세심자(洗心子=徐潞修)다. 무릎 앞에는 단계(端溪) 풍자연(風字研)과 백자 필통이 있다. 한 손에는 책을 빗겨 펴들고 한 손으로는 붓을 잡고 입으로는 웅얼웅얼 시를 지어 장차 쓰려고 하는 듯한 모양새다. 짓는 시는 고체(古體)인지 근체(近體)인지 알 수 없다.

어떤 이는 "눈을 똥그랗게 뜨고 못 속의 연을 뚫어지게 보고 있으니 이는 연을 두고 짓는 것이다."라고 말하고 어떤 이는 "파초 가까이에 앉아 있으니 이는 파초를 두고 짓는 것이다."라고 말한다.

용주자(蓉洲子)가 말하였다.

"모두 아니다. 저 사내는 연을 두고 짓는 것도 아니고 파초를 두고 짓는 것도 아니고 돌상을 두고 짓는 것도 아니고 붉은 난간을 두고 짓는 것도 아니고 괴석을 두고 짓는 것도 아니다. 장주(莊周)가 호수(濠水)의 다리 위에서 노닐면서 피라미가 나와 노는 것을 보고 '이 물고기가 즐거워한다.'라고 하였다. 그러나 물고기의 즐거움이 아니고 장주의 즐거움이니 다만 사물을 빌어 생각을 붙였을 뿐이다. 저 사내의 정원 역시 우의일 따름이다."

주인에게 물으니 주인은 멍하게 대답하지 않고 더욱 눈을 동그랗게 뜨고 못 속의 연을 바라보았다.

용주자는 말한다.

"저 사내가 대답 않는 것이 답이다."

정미년 입하에 쓴다.108)

---

108) 芴園之南, 方池演漾, 半矩見半矩隱, 荷葉如錢, 菡萏已開, 未開者六七. 稍北

「지북제시도기」에 대하여 성대중은 "초탈하고 깨우쳤다."109)라고 평하였고 이덕무는 "위치(位置)가 소한(蕭閒)하여 미남궁(米南宮) 해악암(海嶽菴)110)에 들어갈 듯하다."111)라고 평하였다. 한편 이의준은 이 작품을 크게 둘로 나누어서 "상단(上段)은 묘사가 핍진하고 하단(下段)은 초탈하고 깨우쳐서 세속을 벗어났으니 화기(畵記) 가운데에서 절등한 작품이다."112)라고 평가하였다. 이로 볼 때 성대중의 비평은 아마도 이의준이 말하는 하단을 대상으로 한 것으로 보인다. 글의 내용상 그림에 대한 묘사가 상단이고 그림 속의 정자 주인이 짓고 있는 시의 주제가 무엇인지에 대한 문답, 즉 "或曰, 其目瞪盱……"부터가 하단이다.

묘사의 대상이 그림이기 때문에 '고정된 관점[fixed point of view]'이 사용되고 있다. 그러나 그림의 내용을 문자로 변환하는 것이 아니라

怪石二嵌崟伴峙嶄嶄然, 東望朱欄, 曲曲隱映, 怪石左, 大石牀一錯陳壺一爐一茶椀一書函一, 茶椀鷃斑, 爐栗殼, 壺揷翠羽二莖, 書當唐人詩, 或元明名家不可知, 怪石右, 芭蕉一本, 大葉三小葉二, 抱莖方吐者, 風披半折者各一, 晚蔭交, 苔蘚覆地, 蒼蒼凉凉, 空翠欲流, 中有一美丈夫幅巾大帶, 端坐蒲團上者, 園之主人洗心子也. 膝前置端溪風字硏白磁筆筒, 一手展橫卷, 一手操不筆, 口唫唫若賦詩將題狀, 所賦詩古近體不可知. 或曰: "其目瞪盱, 眈眈視池中荷, 是賦荷者." 或曰: "坐昵于蕉, 是賦蕉者." 蓉洲子曰: "皆匪也. 夫夫也, 匪賦荷匪賦蕉, 匪石牀匪朱欄匪怪石者也. 莊周遊於濠梁, 見鯈魚出遊曰: 是魚樂也, 然魚之樂, 匪周之樂, 特藉物以寓意, 夫夫之園, 亦寓焉已爾." 問諸主人, 主人嗒然不答, 益瞪視池中荷, 蓉洲子曰: "夫夫之不答, 是答也." 丁未立夏日記.(「池北題詩圖記」)

109) 超悟. 靑城.
110) 미남궁(米南宮) 해악암(海嶽菴) : 송나라의 서화가 미불(米芾)을 이름.
111) 位置蕭閒, 如入米南宮海嶽菴. 炯庵.
112) 上段描寫逼盡, 下段超悟出塵, 畵記中絶品. 愚山.

그림으로 그려지기 이전의 사물을 보고 있는 것과 같은 느낌을 받게 하는 글이다.

묘사는 홀원(笏園) 남쪽의 못에서 시작되고 있다. 그리고 못 속의 연잎과 연꽃으로 초점을 축소하여 연잎의 크기와 연꽃의 대궁 수, 그 개화(開花) 여부까지 묘사하였다. 이어서 북쪽에 있는 괴석(怪石)을 묘사한 후 동쪽의 난간으로 시선을 이동시켰다가 다시 괴석 방향으로 회귀하여 그 왼쪽의 커다란 돌상에 초점을 고정시켰다. 그리고는 커다란 돌상 위에 있는 사물들을 상세히 묘사하고 있다. 사물의 수는 물론이고 형태까지 묘사하였다. 예를 들면 차 사발은 노자새 무늬이고 화로는 밤 껍질 같다는 등이다. 작은 찻사발에 무늬까지 그려 넣었다는 것이 경이로운데, 이는 사실적 묘사로 볼 수밖에 없겠다. 한편 그 위의 책은 당나라 사람의 책이겠지만 원나라 것일 수도 있고 명나라 것일 수도 있다고 상상력에 의존하기도 하였다. 화가가 책에까지 제목을 그려 넣지 않았을 터이기에 서유구는 그림의 분위기 상 당나라 시인의 시집이겠지만 그 밖의 것일 수도 있다고 사실대로 묘사한 것이다.

괴석 왼쪽의 묘사에 이어서 오른쪽의 파초 잎의 수·크기·상태·조도(照度) 등을 자세히 묘사하였다. 그리고 하늘의 비취빛이 흐르듯 푸르고 서늘한 이끼 위에 부들자리를 깔고 앉아 있는 미남자에 대하여 묘사하였다. 한 손에는 책을 들고 한 손으로는 붓을 들었으며 입은 웅얼웅얼 시를 지어서 쓰려고 하는 순간을 묘사하였다.

기실 「지북제시도기」의 상단은 정원의 주인인 세심자(洗心子=徐瀅修)[113]를 주된 묘사의 대상으로 설정하고 시선을 이동시켜왔다고 할 수 있다. 세심자의 묘사에 이르러서는 우리가 익숙히 보아왔던 동양

화가 아닌 극사실주의적 기법으로 그려진 그림을 보는 듯한 느낌을 갖게 된다. 그러한 느낌을 극대화시키는 요소가 하단의 내용이다.

하단에는 혹자(或者) 두 사람, 자신인 용주자(蓉洲子), 그리고 그림의 주인공, 이렇게 모두 네 사람이 등장한다. 혹자 두 사람은 각각 그림 속의 미남자가 입으로 웅얼거리고 있는 내용에 대해 의견을 제시하며, 용주자는 그들의 의견을 모두 부인하고 장자(莊子)의 우의(寓意)와 같다는 견해를 제시한다. 그리고 이어서 당사자에게 사실 여부를 물어보지만 대답을 들을 수 없었다. 그러나 용주자는 "대답을 하지 않는 것이 답"이라는 난삽하고도 애매모호한 결론으로 작품을 끝맺는다. 결국 독자들의 뇌리에는 웅얼거리는 세심자의 입이 깊게 각인될 수밖에 없다. 이덕무는 「지북제시도기」가 사물과 인물을 적절하게 포치(布置) 묘사한 점을 높이 평가하여 송나라의 저명한 화가인 미불(米芾)의 그림과도 같다고 극찬하였다.

그림의 묘사와 관련된 비평은 「제세검정아집도(題洗劍亭雅集圖)」에 대한 것에도 볼 수 있다.

「제세검정아집도」의 전문은 다음과 같다.

> 옛 책 상자를 헤집어 가로 두루마리 그림 하나를 찾으니, 가로 폭은 5척이고 세로 폭은 가로의 3분의 1이 못된다.
> 큰 시내가 오른쪽 가에서부터 소용돌이 쳐 흘러 왼쪽을 따라 가는데 어지러운 돌이 삐죽삐죽 솟아 물의 흐름을 막으니 부딪치면 흰

---

113) 서로수(徐潞修): 1766~1822. 자는 경박(景博). 호는 홀원(笏園). 부친은 서명민(徐命敏). 서로수의 생애는 이만수(李晩秀)가 지은 「徐景博墓碣銘」(『履園遺稿』)을 참조할 만하다.

거품이 치솟고 물이 괴면 시커먼 빛이 잠긴다. 물이 흐르는 소리가 굴러가는 수레바퀴 같고 규룡(虬龍)의 꿈틀거리는 형세를 만든다. 복날에 펼쳐보니 서늘한 기운이 얼굴에 끼쳐지는 것을 느끼겠다.

북쪽으로 바라보니 소나무와 삼나무가 우거지고 조금 남쪽으로는 절벽이 오똑하니 몇 길 치솟아 있는데 가파르고 첩첩이 싸인 모양이 겹겹의 죽순 같다. 그 아래로 작은 정자가 하나 있는데 절벽을 등지고 강물을 앞에 두고 있다.

정자 밖에는 여섯 명의 사람이 있다. 동자 두 사람은 샘물을 길어다 차를 끓이고 한 사람은 무릎을 세우고 머리는 숙이고서 졸고 있으며 한 사람은 오른 팔로 말고삐를 잡고서 팔베개를 하고 누워 있으며 두 사람은 너럭바위에 앉아 물을 움켜 얼굴을 씻고 있다.

정자 안에는 다섯 사람이 있다. 한 사람은 종이를 펼쳐 놓고 붓을 잡고 앉아 있고 한 사람은 남쪽 기둥을 안고 유유자적 서 있고 세 사람은 동쪽 들보 아래 둘러앉아서 기쁘게 웃으며 시를 이야기 한다. 이때에 물소리가 더욱 세차서 지척 간에도 말을 서로 들을 수 없다. 다만 왼쪽에 사운시(四韻詩) 다섯 편이 적혀 있으니 작자는 금릉자(金陵子=徐有本)와 홀원자(笏園子=徐瀟修)와 우초자(雨蕉子=朴聖用), 그리고 한생(韓生)과 이생(李生)으로 정자 안 다섯 사람에 해당한다. 그림을 그린 사람은 단원(檀園)이고 글을 쓴 사람은 대연(岱淵=李勉伯)[114]인데 정자 안 다섯 사람의 수에는 들어가지 않는다.

두루마리를 마주한 지 한참 만에 그때처럼 정자 안에 앉아서 콸콸 솟아나는 샘물 소리를 귓가로 듣는다.

---

114) 이면백(李勉伯): 1767~1830. 본관은 전주(全州), 자는 백분(伯奮), 호는 대연(岱淵). 아버지는 충익(忠翊). 1801년에 생원·진사 양시에 합격하였으나, 벼슬길에 나아가지 않고 오로지 학문연구에만 힘써 학자로서 이름이 높았다. 저서인 『감서(憨書)』에서 당시의 사회상을 여실히 묘사하였다. 그 밖에 『대연유고』·『해동돈사(海東惇史)』 등의 저서가 있다.

신축년[1781] 대서(大暑) 날에 쓴다.115)

「제세검정아집도」의 내용으로 보아 「세검정아집도(題洗劍亭雅集圖)」는 서유본(徐有本)과 서로수(徐潞修)와 박성용(朴聖用), 그리고 이름을 알 수 없는 한생(韓生), 이생(李生)이라는 사람이 세검정(洗劍亭)에서 가진 시회(詩會)를 단원(檀園) 김홍도(金弘道)116)가 그림으로 남긴 것이다. 그 그림을 산문으로 옮긴 「제세검정아집도」는 시각적인 묘사뿐 아니라 물이 흘러가는 소리 등의 청각적 묘사까지 하고 있다. 가로로 된 두루마리를 우연히 찾아낸 서유구의 시선의 오른쪽에서부터 이동한다. 그는 그림 오른쪽에 그려진 큰 시내의 세찬 물결을 청각적 이미지와 함께 생동감 넘치게 묘사하였다. 이어서 작자의 시선은 북쪽의 숲으로 옮겨갔다가 남쪽의 절벽으로 이동하고, 다시 그 아래의 정자로 이동한다. 그리고 작자는 정자 밖에 있는 여섯 사람을

---

115) 撥舊篋, 得橫卷圖一, 衡廣五尺, 縱廣不及衡三之一. 大溪從右邊瀿漩循左去, 亂石硊砑距流, 激之沸白, 渟之沉黛, 砰礚轉轂, 作虬龍蜿蜒勢, 伏日展之, 覺淸涼襲面. 北望松杉岑蓊, 稍南削壁兀峙數仞, 峻嶒如疊笋. 下有小亭一, 負壁臨流. 亭外六人, 童子二斛泉烹茗, 一人竪膝低頭睡, 一人右臂挽馬韁曲肱臥, 二人坐盤石掬水頮面. 亭內五人, 一人展牋操毫坐, 一人抱南柱悠然立, 三人環坐東奈下, 讙笑譚詩. 是時水聲盆奮, 咫尺語不相聞. 但左方題四韻詩五篇, 作者曰金陵子, 曰芴園子, 曰雨蕉子, 曰韓李二生, 應亭內五人之數. 圖之者檀園, 題之者岱淵, 不在亭內五人之數然. 對卷良久, 依然坐亭內, 耳邊聽活活泉聲也, 辛丑大暑日題.(「題洗劍亭雅集圖」)
116) 김홍도(金弘道): 1745~1806. 화가. 본관은 김해(金海). 자는 사능(士能). 호는 단원(檀園)·단구(丹邱)·서호(西湖)·고면거사(高眠居士)·첩취옹(輒醉翁). 영·정조부터 순조 연간 초기에 활동했다. 어린 시절 강세황의 지도를 받아 그림을 그렸고, 그의 추천으로 도화서 화원이 되어 정조의 신임 속에 당대 최고의 화가로 자리 잡았다. 산수·인물·도석·불화·화조·풍속 등 회화의 모든 분야에 능하였으며, 특히 산수화와 풍속화에서 뛰어난 작품을 남겼다.

발견하고 그들의 모습을 묘사한 후 정자 속에 있는 다섯 사람에게로 시선을 옮겨 그들의 모습을 묘사한다. 마지막으로 작자는 자신이 "그때처럼 정자 안에 앉아서 콸콸 솟아나는 샘물 소리를 귓가로 듣는다."고 말하고 있다. 그림의 묘사에 몰두한 나머지 자신이 그림 속으로 들어가 앉게 된 것이다. 이의준은 「제세검정아집도」의 이와 같은 묘사 기법에 대하여 "경치를 묘사한 곳에 그려내기 어려운 공(工)이 있고 숨기는 곳은 덮어 가리는 묘(妙)함이 있다."117)라고 평하였다. 화가가 그림으로 제대로 그려내지 못한 것을 글로 더 잘 묘사하였다는 평가다. 그러나 그림이나 글이나 제재를 모조리 드러내는 것을 능사로 여기지는 않는다. 제재 중에는 선명하게 드러내야 하는 것이 있는가 하면 덮어 가려야 하는 것도 있다. 「세검정아집도」 역시 모두 드러내지 않고 숨겨둔 것도 있는데 「제세검정아집도」는 그와 같은 화가의 의도를 잘 파악하여 글에서도 그것을 드러내려 하지 않고 덮어 가리는 묘미가 있다고 극찬한 것이다.

자연을 묘사한 수작(秀作)으로는 「부용강집승시서(芙蓉江集勝詩序)」를 들 수 있다.

「부용강집승시서」의 전문을 보면 다음과 같다.

> 부용강(芙蓉江) 원근의 승경을 모아보면 여덟 곳을 손꼽을 수 있다. 그 하나는 '천주봉(天柱峰)의 떨기 구름[天柱朵雲]'이고 그 두 번째는 '검단산(黔丹山)의 무늬 노을[黔丹紋霞]'이고 그 세 번째는 '밤섬의 고기잡이 그물[栗嶼魚罾]'이고 그 네 번째는 '만천(蔓川)의 게잡이 등불[蔓川蟹燈]'이고 그 다섯 번째는 '까막여울의 겹겹의 돛대[烏灘疊

---

117) 寫景處, 有難畫之工, 隱伏處, 有掩映之妙. 愚山.

檣]'이고 그 여섯 번째는 '노량(鷺梁)의 아득한 거룻배[鷺梁遙艇]'이고 그 일곱 번째는 '떡갈나무 동산의 고운 비단[槲園錦縠]'이고 그 여덟 번째는 '보리 뜰의 옥가루[麥坪玉屑]'다.

강 동남쪽으로 수백 걸음 거리에 가파르게 솟아 빼어나게 산이 된 것을 관악산(冠岳山)이라고 하는데, 가장 높은 봉을 천주(天柱)라고 한다. 새벽에 일어나 높은 곳에서 바라보면 한 떨기 흰 구름이 뭉실뭉실 산꼭대기에서 일어나고 얼마 뒤에 빽빽하게 모였다가 자욱하게 둘러싸니 산허리 위는 가려져 보이지 않는다. 그러다가 산들산들 날아가 모두 사라지면 산봉우리의 반짝이는 바위만 하늘 위로 솟구친다. 그래서 '천주봉(天柱峰)의 떨기구름'이라고 한다. 관악산에서 서쪽으로 구불구불 달리다가 다시 우뚝 일어나 산이 된 것을 검단산(黔丹山)이라고 하는데 산색이 말쑥하게 목욕한 듯 쪽풀과 같다. 어룽진 노을이 반쯤 덮여 그 위로 소라와 눈썹먹 같은 산 몇 점이 드러난다. 첫 햇살이 엷게 비치면 길게 펼쳐진 비단에 무늬를 이루는 것 같기에 검단산의 무늬 노을이라고 하니, 이 두 경치는 아침에 좋다.

강 중간에 느른하게 누워 섬이 된 것을 밤섬이라고 한다. 섬과 마주하여 굽이져 흐르는 지류는 만천(蔓川)이라고 한다. 물소리가 고요하고 물결이 잔잔하며 이슬기운이 강물을 덮으니 고기그물이 섬 물가에 많고 게 잡이 등불이 내도랑에 많다. 짚 횃불이 드문드문 성근 별 같고 떠나가는 배의 노 젖는 소리와 고기잡이 노래가 서로 화답한다. 그래서 '밤섬의 고기잡이 그물'이라고 하고 '만천의 게잡이 등불'이라고 하니, 이 두 경치는 밤에 좋다. 강의 하류는 까막여울이라 하는데 봄 얼음이 녹은 뒤에 조운선(漕運船)이 모두 모이기에 멀리서 바라보면 수없이 빽빽이 선 돛대가 옅은 안개와 연녹색 물결 사이에서 어렴풋이 보인다. 상류는 노량(鷺梁)이라고 하니 장마물이 때로 이르면 가없이 깊은 강물이 넘실넘실 흘러 조각배가 떠서 흔들려 가는 것

같기도 하고 오는 것 같기도 하다. 강의 북쪽 산기슭은 마포(麻浦)라고 하는데 고개에 떡갈나무 수십 그루가 있다. 가을이 깊어 단풍이 들면 붉은 색과 푸른 색이 섞여 흐드러지는 것이 촉(蜀)나라의 고운 비단을 산에 입힌 것 같다. 동쪽의 물가는 사촌평(沙村坪)이라고 하는데, 마을 사람들이 해마다 밀과 보리를 심어서 보리 까끄라기가 막 나올 때 약간의 싸락눈이 갓 쌓이면 옥구슬이 푸른 이끼 위에 떨어진 듯 빛이 난다. 그래서 '보리뜰의 옥가루'라고 한다. 보리뜰의 옥가루·떡갈나무 동산의 고운 비단·노량의 아득한 거룻배·까막여울의 겹겹의 돛대, 이 네 가지는 봄이나 여름에도 좋고 가을이나 겨울에도 좋다. 천주산(天柱山)·검단산(黔丹山)·까막여울·노량(鷺梁)은 멀리 바라 볼 수 있고, 밤섬·만천(蔓川)·떡갈나무동산·보리뜰은 내 책상 어름의 물건인양 가깝게 볼 수 있다.

  금년 늦봄에 배를 타고 까막여울을 지나다가 강 한 가운데의 바위를 보았는데 거북이가 엎드려 머리를 드러낸 모양이었다. 머리에는 커다란 두 글자가 새겨져 있는데 이끼에 이지러지고 침식되었다. 그 아래로 노를 저어가 손으로 문질러 읽어 보니 그 글은 '集勝(집승)'이었다. 나를 좇아 유람하던 현지인이 명나라 주지번(朱之蕃)의 글씨라고 말해주었다. 마침내 그것을 탁본하여 돌아왔다. 또 여덟 조목을 그 왼쪽에 나열하고 장차 명가(名家)에게 시를 청하려 하는데 주인이 먼저 서(序)를 지어 그 취지를 말한다. 주인의 성은 서(徐)인데 그 이름은 모르겠고 스스로 부용자(芙蓉子)라고 호한다.[118]

---

118) 集芙蓉江遠近之勝, 指計有八, 其一天柱朵雲, 其二黔丹紋霞, 其三栗嶼魚罾, 其四蔓川蟹燈, 其五烏灘疊檣, 其六鷺梁遙艇, 其七槲園錦穀, 其八麥坪玉屑. 直江東南數十百武, 峛崺詭秀而山者曰冠岳, 最高而峯者曰天柱, 晨起凭眺, 一朵白雲, 濛濛起峯頂, 已而芬郁簇擁, 繞市薈蔚, 自山腰以上隱而不見, 已而英英飛盡則獨見峯巒硲砑倚天屹立, 故曰天柱朵雲. 自冠岳西馳蜿蜒, 復陡起而山者曰黔丹, 山色澄沐如藍, 駁霞半被, 上露螺黛數點, 初旭薄射, 演繡

5. 기교론 관련 비평

「부용강집승시서」는 부용강 원근의 승경 여덟 가지, 즉 천주봉(天柱峰)의 떨기 구름·검단산(黔丹山)의 무늬 노을·밤섬의 고기잡이 그물·만천(蔓川)의 게잡이 등불·까막여울의 겹겹의 돛대·노량(鷺梁)의 아득한 거룻배·곡원(槲園)의 황금빛 주름 비단·보리뜰의 옥가루를 묘사하였다. 이 작품에 대해 성대중은 "구름이 피어나고 노을이 아름다워 사람의 눈을 현란하게 물들인다."[119]고 비평하였다. 성대중은 여덟 경치 중에 '천주봉의 떨기 구름'과 '검단산의 무늬 노을'만을 언급하고 있으나 그 나머지는 생략한 것으로 보는 것이 타당하겠다. 성대중은 작자의 경치에 대한 묘사 능력이 독자의 눈을 현란하게 물들일 수 있을 정도라고 평가한 것이다. 그와 같은 효과를 만들어내는 묘사의 구체적 기법은 이덕무의 비평에서 파악할 수 있다. 그는 「부용강집승시서」 "악기(握奇)와 형명(形名)과 같이 기(奇)와 정(正)이 층층이 겹쳐 상상할 수가 없다."[120]라고 비평하였다. '악기(握奇)'란

成紋, 故曰黔丹紋霞, 是二者於朝宜. 中江而癰偃爲島者曰栗嶼, 對嶼而縈紆爲 汜者曰蔓川, 籟寂波澹, 露氣羃流, 魚罾多在嶼渚, 蟹燈多在川港, 藁火點點如 疎星, 行舟欸乃聲與漁謌相互答, 故曰栗嶼魚罾, 曰蔓川蟹燈, 是二者於夜宜. 江之下流曰烏灘, 春氷旣泮, 漕舶畢集, 遙望千檣簇立淡靄浮翠間依依然. 上流 曰鷺梁, 潦水時至, 渢渢渣漫, 片艇浮搖, 若去若來. 江之北麓曰麻浦, 峴有槲 柞數十株, 秋深葉老, 丹碧錯互, 爛漫如蜀錦衣山. 東澨曰沙村坪, 村人歲播秧 麥, 麥芒方吐, 微霞初集, 璀璨如琳琅落蘚, 故曰麥坪玉屑, 曰槲園錦穀, 曰鷺 梁遙艇, 曰烏灘疊檣, 是四者或宜春夏, 或宜秋冬. 蓋天柱黔丹烏灘鷺梁, 得之 遠眺, 栗嶼蔓川槲園栗坪, 猶几案閒物也. 今年杪春, 舟過烏灘, 見中流塊石, 龜伏露頂, 頂鑴二大字, 苔缺蘚蝕, 刺櫓其下, 手捫讀之, 其文曰集勝, 土人從 遊者曰明朱之蕃筆也, 遂拓之歸, 復列八目于左, 將丐詩諸名家, 主人先爲序, 以道其志. 主人姓徐, 逸其名, 自號芙蓉子.(「芙蓉江集勝詩序」)

119) 雲興霞蔚, 絢纈人目. 靑城.
120) 如握奇形名, 奇正層疊不可方物. 炯庵.

군진(軍陣)의 명칭이다. 군진의 수는 9개인데, 이 중에서 정군(正軍) 과 기군(奇軍)이 각기 4개씩이고 나머지 1개의 기군을 대장이 관할하면서 8진에 위급한 상황이 발생하면 구원하러 가니, 이런 군진을 악기라고 한다. 그리고 '형명(形名)'은 깃발과 북소리로 군대의 여러 가지 행동을 통솔하던 신호법을 말한다. 이덕무는 「부용강집승시서」에서 부용강 원근의 승경에 대한 묘사가 정법(正法)과 기법(奇法)이 정교하게 융합되었다고 파악한 것이다. 특히 기법(奇法)은 상투적인 표현이 아니기에 독자는 그 자체로 신선한 느낌을 받을 뿐만 아니라, 정법(正法)과 적절히 어우러질 경우 작품 전체를 신선하게 만들 수 있다.

사건을 묘사한 것과 관련하여 비평을 받은 작품으로는 「나척동기이(羅尺洞記異)」를 들 수 있다.

「나척동기이」의 전문은 다음과 같다.

나척동(羅尺洞)은 금릉(金陵)에서 몇 리 떨어진 거리에 있는데 별장 서쪽 산기슭에 올라 발돋움하여 바라볼 수 있다. 그러나 나척동은 신기할 것이 없다. 내가 일찍이 여기에 가본 적이 있다. 어떤 날 몹시 일이 없어서 우연히 걸어서 나척동에 이르렀다. 나척동에는 큰 무덤이 있었는데 모양이 도끼 같기도 하고 당(堂) 같기도 하였다. 가시나무 덤불이 무성하여 파묻혔는데 깎여 무너진 것이 반이었다. 나는 그것이 옛날 대부의 무덤이라고 생각하고 배회하며 큰 비석과 작은 비갈을 찾아보았지만 찾을 수 없었다. 나척동 앞의 주민을 불러서 물어보니 그가 말하였다.

"이것은 고려의 시랑(侍郎) 벼슬을 한 소공(蘇公)의 묘입니다. 그래서 소시랑산(蘇侍郎山)이라고도 부릅니다. 지난해 마을 사람 강규(姜

奎)가 어머니의 상을 당하여 여기에 묘를 쓰려고 했습니다. 이미 공사를 시작하였을 때의 일입니다. 밤 꿈에 어떤 귀인이 관복을 입고 가마를 타고 그 집으로 들어오는데 따르는 기병이 매우 많았습니다. 그 귀인이 강규를 불러서 뜰에 무릎을 꿇리고서 '규, 이 시골의 소인배야! 감히 귀인의 무덤을 제멋대로 훼손하였으니, 그 죄는 죽음에 해당한다.'라고 꾸짖고 강규를 매질하라 명하였습니다.

강규가 이미 잠에서 깨어났지만 매 맞은 상처가 심하여 병이 났습니다. 집사람들이 크게 놀라서 말렸지만 강규는 풍수설에 미혹되어 듣지 않고, '무덤 속의 마른 뼈가 어떻게 할 수 있겠는가?'라고 말하고는 마침내 그곳에 어머니를 장사 지냈는데, 열흘 만에 죽었습니다. 사람들은 모두 '소공의 영혼이 노하여 그렇게 한 것이다.'라고 하였습니다. 이로부터 나무꾼이나 목동이 그곳으로 들어가지 않았습니다."

아! 고려는 지금부터 4백년 밖에 안 떨어졌는데 전 왕조의 궁관(宮觀)과 산릉(山陵)이 모두 풀에 덮여 폐허가 되어 탕연히 차가운 연기가 되어 백에 하나도 남지 않았다. 그런데도 공의 영혼만은 유독 꺼지지 않고 존재하는가? 사람이 죽으면 형체가 화(化)하여 혼기(魂氣)는 위로 올라가고 골육(骨肉)은 땅으로 돌아간다. 환사마(桓司馬)의 석곽(石槨)으로 지내는 장사나 양왕손(楊王孫)의 맨 송장 채 지내는 장사나 썩는 것이라면 마찬가지이다.[121]

---

121) 공자가 송나라에 있을 때, 환사마(桓司馬)가 자신의 석곽(石槨)을 호사스럽게 만드느라 3년이 걸려서도 다 이루지 못한 것을 보고 이르기를 "이렇듯 화려하게 하기보다는 죽어서 빨리 썩는 것이 나으니라.[若是其靡也 死不如速朽之愈也]"라고 하였다.
양왕손은 전한 때 사람이다. 황로(黃老)의 학문을 배워 천금이나 되는 가산(家産)을 자신의 몸을 봉양하는 데 투자하였는데, 죽을 때가 되자 자신을 나체로 묻어 지나치게 후장(厚葬)하는 세속의 풍습을 바로잡도록 하라고 아들에게 유언하였다.

대저 이미 흩어져 사라지고 마모되어 없어지니 통달한 자의 관점으로 본다면 인생은 잠시 머물렀다가는 여관이 되지 않을 것이 드문데 공은 오히려 분노하여 이것을 잊지 못하는가? 삶과 죽음에는 명이 있기에 한 사람의 혼령이 주장할 바가 아니니 우연한 환몽(幻夢)을 진실로 믿을 수 없다. 내가 그 말이 허탄(虛誕)에 가까운 것을 의아하게 여기고 공(公)의 이름을 물으니 주민은 알지 못하였다. 돌아와서 그를 위해 기를 써서 괴이함을 기록한다.122)

「나척동기이」에 대하여 이의준은 "글은 겨우 3백여 자인데 전폭(前幅)에서 허망(虛妄)함을 묘사한 것은 진짜 같다. 후폭은 강개돈좌(慷慨頓挫)하여 각각 유종원과 구양수의 아름다운 곳을 극도로 하였다."123)라고 하여 묘사가 잘된 작품으로 평하였다. 한편 이덕무는 내용의 측면에 주목하여 "옛날에 꿈을 점치는 관원이 있었고 또 귀신이 없다는 논(論)도 있기에 어느 하나가 옳고 어느 하나가 그르다고

---

122) 羅尺洞在金陵數里, 登丙舍西麓, 可企而望. 然洞無奇也. 余未嘗至焉, 一日甚無事, 偶步至其洞, 洞有大墳焉若斧若堂, 榛荊蕪翳, 剝頹者半. 余意其古大夫之塚也, 徘徊求豐碑短碣之遺蹟而不可得. 召洞前土人而問之, 土人曰:"此高麗侍郎蘇公之墓也, 故亦名蘇侍郎山. 往年邑人姜奎喪其母, 將葬於是. 旣營始, 夜夢一貴人朝服冠, 肩輿入其室, 從騎甚盛, 呼奎跪之庭, 叱曰:'奎鄕野小人, 敢擅毁貴人塚墓, 罪當死.' 命杖之. 旣寤瘡甚疾作, 家人大懼止之, 奎惑堪輿說, 不聽曰:'塚中枯骨何能爲?' 遂葬之, 十日而死. 人咸曰蘇公之靈, 怒而爲之也, 自是樵牧不入焉." 噫! 高麗距今四百年耳, 前代之宮觀山陵, 擧皆莽爲丘墟, 蕩爲寒烟, 百不存一, 而公之靈獨有不昧者存歟? 人死斯形化矣, 魂氣上升, 骨肉歸復于土. 桓司馬之石椁, 楊王孫之羸葬, 其朽則一也. 夫旣已銷沉剗滅矣, 自達者觀之, 不以爲蘧廬也解矣, 而公則猶有所斷斷不能忘於斯者耶? 抑死生有命, 非一人之靈所可主張, 而適然之幻夢, 固不足信歟! 余訝其言之近誕, 問公之名則土人不知. 歸而爲之記, 志怪也.(「羅尺洞記異」)

123) 文才三百餘字耳, 前幅寫妄如眞, 後幅慷慨頓挫, 各極柳歐佳處. 愚山.

할 수 없다. 지금 이 기문은 『사기』의 의심스러운 사실은 의심스러운 대로, 믿을만한 사실은 믿을 만한대로 전하는 기술법을 얻었다."124) 라고 평하였다. 성대중도 논리의 전개에 초점을 맞추어 "정론(正論)이다. 소공(蘇公)이 지각이 있다면 의당 망연자실할 것이다."125)라고 평하였다. 이의준과 이덕무는 모두 서유구가 허구적 내용을「나척동기이」에 자못 진지하게 기록한 것을 어떻게 평가해야 하는지 고심했던듯하다. 그 결과 이덕무는 진가(眞假)의 판단을 유보하는 것으로 미봉한 반면, 이의준은 묘사의 측면에서 그러한 고민을 해소하였다. 이의준의 비평 중에서 "전폭(前幅)의 허망함을 묘사한 것은 진짜 같다."는 말은 사건의 묘사에 대한 비평이다. '전폭의 허망함을 묘사한 것'이란 서유구가 나척동의 주민에게 들은 소공(蘇公)의 묘에 얽힌 전설이다. 그 이야기는 허황되지만 서유구의 묘사 솜씨가 뛰어나 사실처럼 보인다는 것이다. 이의준은 이야기의 사실 여부는 차치하고 서유구가 허망한 이야기를 사실처럼 여길 수 있도록 묘사한 문학적 기법만을 평가의 대상으로 삼은 것이다.

3) 서정에 대한 비평

작가의 감정을 펴서 드러내는 서정은, 공문(公文)이나 실용성이 강한 문체를 제외한 다양한 문체에서 운용되는데, 특히 문학 작품에서 보편적으로 이용된다. 장르로 문학과 비문학을 구분할 수 없는 한문

---

124) 古有占夢之官, 又有無鬼之論, 不可一可而一否. 今此記得史記傳疑信之法. 炯庵.
125) 正論, 蘇公有知, 便當爽然自失. 靑城.

학에서는 작품이 담고 있는 서정성의 정도를 문학과 비문학을 구분하는 척도로 삼기도 한다. 문학에서 서정은 작가의 내면에서 우러나는 감성이나 감정을 통하여 예술형상을 창조한다. 작가의 내면에서 외면을 지향하는 서정의 방향성은 주로 작가의 개성을 선명히 드러낸다는 측면에서 특수성을 의미하는 동시에 작가별로 그것이 차별화된다는 보편성을 나타낸다. 이러한 서정의 표현방식은 직접서정과 간접서정으로 대별된다. 직접서정은 서정과 관련된 수사 기교의 하나다. 이것은 작가가 여타의 수단이나 도움을 빌리지 않고 자신의 사상과 감정을 직접 설명하거나 드러내는 표현 방법으로, 작가가 자신의 강렬한 감정을 나타낼 때 사용하기에 적합하다. 그러나 이 방법을 너무 많이 사용하면 작품이 공허해질 수 있다. 그렇기 때문에 일반적으로 감정이 격앙되어 억제하기 어려울 때 사용하여야 좋은 효과를 거둘 수 있다. 간접서정은 작가가 자신의 감정을 형상 속에 융화하여 인사(人事)와 경물(景物)을 구체화하거나 추상적이고 주관적인 감정을 객관화 혹은 형상화하는 것을 의미한다. 이를 통해 감상자들은 작가가 체험한 대상을 다시 체험하여 작품에 함축된 심오한 의미를 감상하거나 무궁한 여운을 느낄 수 있다. 이것은 시문의 창작에서 흔히 보이는 표현 방법이기 때문에 직접서정과 비교할 때, 더욱 큰 효과를 갖는다. 간접서정의 방법은 정(情)·사(事)·경(景)·물(物)·이(理) 등과의 관계 양상에 따라, 사(事)에 정(情)을 융합한 것, 경(景)에 정을 융합한 것, 물(物)에 정을 융합한 것, 이(理)에 정을 융합한 것으로 나눌 수 있다. 다만 산문은 시가와 같이 정·사·경·물·이의 정교한 융합을 기대하기 힘들다. 뿐만 아니라 정·사·경·물·이가 분산 노출되어 있기에 엄밀한 의미에서 간접서정이라고 말하기 어려운 것도 있다. 따라서 본고에서는 정·사·경·물·이의 융합 정도를 측정하고 수준을 분석하기 보다는 그것들의 존재와 구성의 양상과 내적 기능에 대해 살펴보고자 한다.

서정과 관계있는 비평이 붙어 있는 작품으로는 「여노열광전명(女老悅壙塼銘)」·「김박이열부전(金朴二烈婦傳)」·「제왕부보만재선생문(祭王父保晚齋先生文)」을 들 수 있다. 죽은 자신의 딸을 위한 광전명(壙塼銘)이 1편, 열부(烈婦)의 전(傳)이 1편, 조부의 제문이 1편이다. 모두 죽은 이를 위해서 지은 글이다. 특히 「여노열광전명」, 「제왕부보만재선생문」은 자신이 가장 사랑하는 가족을 위해 지은 글이다. 그렇기 때문에 그 어떤 글보다 진솔한 슬픔의 정서가 잘 나타나 있다. 슬픔은 인간의 정서 중에서 가장 격렬하고 숨길 수 없으며 상대의 감정까지 동화시키는 것이다. 따라서 슬픔이라는 정서를 기반으로 하는 문체의 작품에 서정과 관계있는 비평이 붙는 것은 어찌 보면 당연한 일이겠다.

다음에서 서유구가 자신의 죽은 딸을 위해 지은 「여노열광전명(女老悅壙塼銘)」을 보도록 한다.

> 노열(老悅)은 풍석자(楓石子)의 어린 딸이다. 갑신년[1784] 3월에 저곡(苧谷)의 우거지(寓居地)에서 태어나서 50일 만에 풍병으로 죽었다. 딸아이가 태어났을 때 얼굴이 훤하고 머리뼈가 모나고 튀어나와 남자의 상이 있기에 어미는 좋아했지만 아비는 좋아하지 않으면서 말하였다.
> "여자가 여자다워야 하는데 남자의 상은 걸맞지 않다. 자못 장차 죽겠구나!"

얼마 뒤에 과연 죽어서 동쪽 언덕에 묻었다. 몇 년 뒤에 내가 그
곳을 지나가다가 그때의 말이 불행하게도 맞은 것을 슬퍼하여 벽돌을
만들어 글을 써서 무덤 안에 넣으며 말하였다.

이 땅의 생명체로 너보다 일찍 죽는 것은 없다
죽어 참됨이 되는 것으로 너보다 영원한 것은 없다
오호라! 조물주가
자못 너를 사람의 쓰르라미
하늘의 명령(冥靈)126)으로 만들었구나.127)

본 절의 분석 대상인 「여노열광전명」· 「김박이열부전」· 「제왕부
보만재선생문」 중에서 가장 편폭이 짧은 글은 위의 「여노열광전명」
이다. 자신의 딸, 이야기로 듣고 글로 읽어서 알게 된 인근 마을의
열부, 조부 중에서 누구의 죽음이 가장 슬플까? 두말할 나위 없이
딸의 죽음이 가장 슬플 것이다. 그럼에도 불구하고 서유구는 죽은
딸을 위한 글을 가장 짧게 만들었다. 물론 글의 분량이 슬픔의 정도
에 비례하는 것은 아니다. 「여노열광전명」에서 서유구는 딸이 남자
의 상을 갖고 태어났기에 요절할 줄 알았고 그 불길한 예감이 틀리지
않았노라고 담담하게 서술하고 있다. 그리고 이어지는 명(銘)에서도
슬픔을 직접적으로 나타내는 어휘가 사용되지 않았다. 이 글은 딸이

---

126) **명령(冥靈)**: 신화 속의 오래 사는 나무. 500년을 봄으로 삼고 500년을 가을로
삼는다고 한다.
127) 老悅者, 楓石子之幼女也. 甲辰三月, 生于芌谷之寓榭, 五十日而病風死. 女
生而白晳, 顒角稜起, 有男子相, 其母悅之, 而其父不悅也, 曰: "女女也而男子
相, 弗稱矣, 殆將死乎!" 旣而果死, 瘞于東坡之原. 後數年楓石子過其地而悲其
言之不幸中也, 迺治塼書銘納之塚曰, 寄土爲生, 吐 莫汝殤, 歸土爲眞, 吐 莫汝
永年, 烏摩! 造物者, 殆以汝爲人之蟪蛄, 天之冥靈也夫. (「女老悅壙塼銘」)

죽었을 때 지은 것이 아니라 몇 년 뒤에 딸의 무덤을 지나다가 슬픈 감정이 북받쳐서 지었다고 한다. 그래서 슬픔의 격한 감정이 어느 정도 누그러졌을 수도 있다. 그러나 이 글을 읽은 이덕무는 "밖으로 유유한 말을 드러내지만 속에는 비통한 심정이 들어 있다."128)고 평을 하였다. 표면적으로는 슬픔의 표출이 절제되어 있지만 어린 딸의 얼굴을 찬찬히 들여다보며 부부가 생김새를 말하던 과거의 회상은 독자로 하여금 슬픈 감정을 자아내게 한다. 또 너무 일찍 죽었지만 다른 세상에서 영원함을 얻으라는 확고한 믿음을 보여주는 명(銘)은 더욱더 슬픈 여운을 남게 한다.

「여노열광전명」은 딸이 요절할 상을 갖고 태어났다는 일화와 그의 죽음을 슬퍼하는 정서가 결합된 작품으로 작품의 구조는 비교적 단순하다. 그러나 「김박이열부전(金朴二烈婦傳)」과 같이 정서가 사(事), 이(理)와 층위를 이루며 복합적으로 구성된 작품도 있다.

「김박이열부전」의 전문은 다음과 같다.

> 김 열부의 성은 박 씨이니 아버지의 이름은 박중문(朴文中)으로 밀성(密城) 사람이다. 김 열부는 단정하고 장중하며 조용하고 마음이 좋았으며 부모를 효성스럽게 섬겼기에 마을에서 딸을 가진 사람치고 박 씨 집의 딸을 칭찬하지 않는 이가 없어서 서로 가르치고 경계하였다.
> 그녀는 나이 열여섯에 김국보(金國輔)에게 시집갔다. 그런데 김국보가 평소 병을 앓고 있었고 집도 가난하였기에 박 씨가 비녀와 반지 등속의 여러 가지 패물들을 모두 팔아 약값으로 충당하였으며 하인처럼 남편 수발을 들었다.

---

128) 外示悠悠之辭, 中藏惻惻之情. 炯庵.

박 씨는 남편의 병이 악화되자 북두(北斗)에 기도하여 남편 대신 자기가 죽기를 원하였지만 남편은 마침내 죽고 말았다. 박 씨는 남편을 따라서 죽겠노라고 스스로 맹세하고 물 한 모금도 입에 들이지 않으니 친정부모와 시부모가 번갈아 와서 강제로 먹이며 말하였다.

"우리들이 있다는 것은 유독 생각하지 않니?"

박 씨는 어쩔 수 없어서 억지로 그들의 말을 들어 음식을 먹었다. 그러나 한번 죽으려고 한 마음은 맹세코 변하지 않았다. 그 형제가 이야기를 하여 의중을 떠보기라도 하면 문득 눈물을 흘리면서 목이 메어 말하였다.

"내가 김 씨에게 자식 하나도 남겨주지 못하여 삼종지도(三從之道)가 끊겼으니 살아 무엇 하겠습니까? 낮에도 촛불을 끄지 못하고 오랫동안 부모와 시부모에게 근심을 끼치니 이 또한 크게 불효하는 것이 아니겠습니까?"

박 씨는 늘 방 한 칸에서 거처하며 마당에 내려오지도 않았다. 집사람들이 그녀의 생각을 알아채고 몹시 신경 써서 지켰기에 반년동안 틈을 얻을 수 없었다. 하루는 좁쌀처럼 작은 종기가 턱 아래에 나니 그다지 아프지도 않은데 오빠에게 약을 가져다 달라고 하였다. 그래서 지키는 것이 다소 느슨해지자 밤에 일어나 측간에 갔는데 어머니는 기분이 이상하여 따라갔다. 박 씨가 앞서고 어머니가 촛불을 가지고 따라가는데 채 마루를 내려서지도 않아서 박 씨가 갑자기 큰 소리를 지르다가 땅에 쓰러졌다. 다가가보니 박 씨는 간수를 한 되쯤 토하다가 숨을 거두었다.

이때가 영조 무자년[1782] 5월이다. 4년 뒤인 임진년에 영조가 담당 관리에게 명하여 효자와 열녀를 초계(抄啓)하라고 명하니 그 마을에 정려한 자가 69인이었는데 박 씨가 그 안에 들었다.

또 김 열부가 정려된 지 11년 만에 이 씨가 수절하여 죽은 일이 있다. 박 열부의 성은 이 씨니, 아버지의 이름은 이윤배(李允培)로 당성(唐城) 사람이다. 그녀는 나이 열셋에 박경유(朴景兪)에게 시집가니 박경유는 김 열부의 오라비다.

대개 15년 사이에 올케와 시누이 두 사람이 연달아 절개를 위해 죽었다. 그런 까닭에 두 열부의 이름이 일시에 성대하게 일컬어졌다.

처음 이 씨가 박경유에게 시집올 때에 시할머니 주씨(朱氏)는 늙어 병이 들고 시아버지 역시 병으로 몸을 쓰지 못하였다. 이 씨는 잘 때도 옷을 벗지 않고 몸소 20년 동안이나 똥오줌을 받아냈지만 나태한 빛이 없었으니 박경유가 그녀를 매우 소중하게 여겼다. 박경유가 병이 들어 죽게 되자 이 씨를 불러 앞에 놓고 차근차근 말하였다.

"우리 할머니가 연로한데 아버지는 병이 들고 봉양할 형제가 없으니 다행히 당신이 잘 보살펴 드리면 내가 비록 죽더라도 눈을 감을 것이오."

이 씨가 울면서 말하였다.

"예!"

박경유가 죽은 뒤에 이 씨는 두 노인을 더욱 부지런히 봉양하여 울음을 삼키고 일찍이 슬픈 얼굴을 시아버지와 시할머니에게 보이지 않았다. 이 해에 남편을 장사지내고 우제(虞祭)와 졸곡(卒哭)을 마친 뒤에 시아버지와 시할머니의 병세가 호전되자 사람들은 "이 씨의 정성에 감응된 것으로 박경유가 맡길 사람을 잘 알았다."라고 말하였다.

하루는 이 씨가 집사람들에게 작별하는 말을 하니 집사람들은 가만히 서로들 말하기를 "살아서 이 날을 만나 절로 아픔이 배가 되는 것은 과부의 사정이로구나. 슬프구먼."이라고 하였다. 그 다음 날이 바로 이 씨의 생일이었다. 그래서 집사람들이 그리 말한 것이다. 그러나 실제로는 죽기를 맹세하는 뜻이 몰래 기일을 정해 둔 줄을 몰랐다.

밤에 주 씨를 곁에서 모시고 서글픈 감정을 억누르며 차마 자리를 뜨지 못하고 세 번이나 일어나려다 앉기를 반복하다가 밤이 깊어서야 물러갔지만 주 씨 역시 걱정하지는 않았다. 동이 틀 무렵에 벽을 사이에 두고 이 씨의 침실에서 '헉헉'거리는 소리가 나다가 급하게 헐떡이며 숨이 끊어지려 하기에 다급히 가서 보니 등불이 꺼져 어두운데 '쌕쌕'하는 소리만 적막하게 들렸다. 촛불을 켜보니 이 씨가 솜이불을 머리까지 쓰고 누워서 움직이지 않았다. 이불을 떠들쳐보니 벌써 숨을 쉬지 않으므로 크게 놀라서 소리쳐 말하였다.

"이 씨가 죽었다."

집사람들이 모여서 보고 서로 쳐다보며 탄식하지만 치사(致死)의 정황을 알 수 없었다. 이에 앞서 김 열부가 간수를 마시고 죽었다. 그래서 박 씨의 집에서는 간수를 꺼림칙하게 생각해서 보기만 하면 땅에 내버리고 남겨 두지 않았다. 그래서 이 씨가 간수를 구할 수가 없었기에 몰래 소금 자루 아래에 그릇을 받쳐 간수를 받아서 돌아와 마시고 그 그릇은 벽장 안에 감춰두었다. 이 때문에 그 집에서는 막연히 알 수 없었던 것이다. 며칠 뒤에 벽장을 열고 그릇을 찾았는데 간수 방울이 적셔져 있는 것을 보고서야 비로소 간수를 마시고 죽은 줄 알게 되었다. 시신을 들어 염습을 하고 자리를 걷다가 두 통의 편지를 찾았다.

죽기를 맹세하고 날짜를 정한 편지에는 다음과 같은 내용이 있었다.
"당신이 죽은 지 다섯 달이 지났습니다. 제가 어찌 하루 더 사는 목숨을 아껴서 구차하게 지금까지 연명했겠습니까? 우리 시할머니와 우리 시아버지께서 병이 들어 모두 위태로운 지경인데 제가 한번 죽으면 병을 더 이상 치료할 수 없으니 제 마음에 소홀히 할 수 있겠습니까? 죽은 사람에게도 지각이 있다면 죽은 남편이 반드시 물어볼 터이니 장차 무슨 말로 대답하겠습니까? 제가 감히 죽지 못한 이유는 이 때문입니다. 지금이라면 당신 덕으로 다행히 병세가 호전되었으니 제가 이제 틈을 얻었습니다. 5월 18일은 제 생일이니 이날 죽는 것이 마땅합니다."

그리고 시아버지에게 작별하는 편지에는 다음과 같은 내용이 있었다.

"제가 몹시 어리석어 끝까지 봉양하는 의리를 알지 못하고 보잘 것 없는 절개를 지키니 저의 죄는 위로 하늘까지 통합니다. 저의 초상은 반드시 남편의 초상보다 간소하게 치러주십시오. 수의는 제 상자 안에 있는데, 모두 밤에 만들었으니 아버님께 걱정을 끼칠까 두려웠기 때문입니다."

시아버지가 편지를 부여잡고 울며 말하였다.

"며느리가 진작부터 죽을 작정을 하고도 지금까지 참은 것은 나 때문이었네. 착하기도 하지!"

듣고 있던 사람들은 그 때문에 감동하여 눈물을 흘렸다.

이 씨가 죽은 것은 금상(今上) 임인년[1782]이다. 다음 해인 계묘년에 담당 관리가 이 일을 보고하니 정려하도록 명하였다.

용주자(蓉洲子)는 말한다.

우리집이 죽서(竹西)에 있어서 박 씨의 마을과 가깝다. 그러므로 그 일을 귀에 익게 들었다. 올해 봄에 이웃으로부터 두 열부가 절개를 지켜 죽은 사건에 대한 글을 얻어 보았다. 글을 다 읽고 나서 측은하여 하마터면 곡소리를 낼 뻔하였다. "병이(秉彝)의 말이 사람을 깊이 감동시킨다."는 말이 있으니, 믿을 만하다!

내가 듣자하니 박경유는 행실이 돈독한 사람이었다고 한다. 그는 온순하고 점잖으며 효성스럽고 우애로워 『소학』으로 자신을 다스려 규문(閨門) 안이 반듯하게 법도가 있었다고 한다. 대저 이와 같으니 두 열부의 일이 비록 평소 보고 느낀 소치(所致)라고 말하더라도 옳을 것이다. 그러나 박경유의 이름이 일컬어지지 않다가 도리어 열부로 인하여 비로소 드러났다. 나 또한 열부를 입전(立傳)하면서 박경유와 연결하여 쓰니 명절(名節)은 이처럼 사람을 중하게 하도다!

 박 씨는 정절이 한결같아 백절불굴의 절개가 있고 이 씨는 유순하여 차분하게 의(義)로 나가는 풍모가 있다. 요컨대 모두 여성의 열전에 기록되기에 손색이 없어 후세에 전할 만하니 어찌 그리도 대단한가? 지금 세상에서 사대부가 남을 나무라고 비웃을 때 문득 '여항의 비속함'이라고 말하지만 여항의 사람들이 이와 같으니, 아! 감동스러울 따름이다.129)

---

129) 金烈婦姓朴氏, 父名文中, 密城人, 端莊靜好, 事父母孝, 里之有女者, 莫不稱朴家女, 相敎戒也. 年十六, 歸金國輔, 國輔素嬰疾家且貧, 朴氏盡賣釵環雜佩, 供藥餌費, 將護如僕御. 疾革禱北斗願代夫死, 而其夫竟死矣. 朴氏自誓從死, 水漿不入於口, 父母舅姑更來强食之曰: "獨不念我輩在乎?" 朴氏不得已强聽食, 然一死之心, 矢靡渝也. 其兄弟或以言語嘗之, 則輒垂涕洟哽咽曰: "吾於金氏, 旣無一塊之遺, 三從絶矣, 生亦何爲? 晝燭未滅, 久貽父母舅姑之慼, 是亦非大不孝者乎? 嘗別處一室, 足不下庭. 家人察其意防護甚嚴, 半歲不得間. 一日小腫粟發頷下, 不甚痛, 而請其兄藥之, 故其防守稍懈, 夜起如廁. 其母心動隨之, 朴氏先, 其母執燭而後, 未下堂, 朴氏忽大聲仆於地, 就視之, 嘔鹽液升許, 氣絶而死. 時英宗戊子五月也. 後四年壬辰, 英宗命有司抄啓孝烈, 橚楔其里者, 六十九人, 而朴氏與焉, 又十一年而有李氏節死事.

 朴烈婦姓李氏, 父名允培, 唐城人, 年十三歸朴景兪, 景兪者, 金烈婦之兄也. 蓋十五年之間, 嫂妹二人相繼死節, 故二列婦之名, 爲一時艶稱. 初李氏之歸景兪也, 祖姑朱氏老而病, 其舅亦廢于疾. 李氏不解帶, 躬執廁牏, 卄年無惰容, 景兪甚重之, 及病且死, 呼李氏前, 語絮絮曰: "吾王母老矣, 父病鮮兄弟莫養, 幸君善調護, 吾雖死瞑矣." 李氏泣曰: "諾!" 景兪旣死, 李氏養二老益勤, 啜泣呑聲, 未嘗以戚容見舅姑. 是歲葬其夫, 旣虞卒而舅姑疾益瘳, 人謂: "李氏所感, 而景兪知所托矣." 一日對家人有訣別語, 家人竊相謂曰: "生逢是日, 自倍傷痛, 孀婦事也, 悲乎!" 蓋其翌日, 卽李氏生日, 故家人云, 然實未知矢死之志, 潛有期也. 夜侍朱氏側, 悽惋掩抑, 不忍移舍, 欲起復坐者三, 夜深而退, 然朱氏亦不之虞也. 夜向晨, 隔壁聽李氏所寢之室有聲, 哈哈殷殷如急喘將絶, 亟往視之, 燈滅黑, 淬淬聲聞寂. 燭之李氏絮被蒙頭臥不爲動. 撥之已氣窒矣. 洒大駭號曰: "李氏死." 家人聚觀, 環顧咨嗟, 莫得致死狀. 先是金烈婦之死也, 飮鹽液, 故朴氏家諱鹽液, 見卽棄之地不畜也. 李氏求不得, 潛以器置鹽苞下, 受

「김박이열부전」에 대하여 이의준은 "처절하게 슬퍼서 읽으면 눈물이 나려고 한다."130)고 평하였다. 「김박이열부전」은 남편을 따라 죽어서 열녀로 정표된 두 여인을 기리기 위하여 지어진 글이다. 김 열부 박 씨와 박 열부 이 씨는 시누이와 올케 간이기에 한 편의 글 속에 입전하였다.

김 열부 박씨는 16살의 나이에 가난하고 병든 남편에게 시집가서 병수발을 하다가 미망인이 되었다. 김 열부는 남편을 따라 죽을 생각을 하지만 친정부모와 시부모의 만류와 감시로 반년이 되도록 결행하지 못하다가 어느 날 자신을 지키던 오빠를 따돌리고 자살을 한다. 박 열부 이 씨는 올케인 김 열부 박 씨가 죽은 지 15년 만에 시누이와 같은 운명이 되었다. 박 열부는 13살의 어린 나이에 시할머니, 시아

其液, 歸飮之, 藏其器于壁龕中. 是以其家漠然不知也. 後數日開龕得器, 見鹽液滴漬, 始知飮此死. 擧而浴, 席卷而得二書. 其矢死指期之書曰: "夫子之歿已五月矣, 妾何愛一日之生, 苟延至今哉? 吾祖姑吾舅病, 俱瀕于危, 妾一死而疾益不可爲矣, 於吾心其能恝乎? 死者有知, 亡夫必有問, 其將何辭以對? 吾所不敢者此也. 今也則賴夫幸臻和, 妾於是乎得間矣. 迺若五月十八日, 妾旣以是日生, 卽當以是日死." 其謝訣君舅之書曰: "新婦甚愚, 莫知終養之義, 而區區之節是守, 新婦之罪, 上通于天. 治婦喪必減前喪. 殮衣在私篋, 皆乘夜手縫, 恐貽尊舅憂也." 其舅執書泣曰: "是婦也, 決死蚤矣, 隱忍至今者爲我也, 賢哉!" 聞者爲之感涕. 李氏死以今上壬寅. 翌年癸卯, 有司以事聞, 命旌其閭. 蓉洲子曰, 余家竹西, 去朴氏里近, 故宿耳其事. 今年春, 從鄰人得見二烈婦節死狀, 讀之終卷, 惻惻然幾欲哭出聲. 語曰: "秉彝之言, 感人也深." 信哉! 余聞景兪篤行人也. 溫雅孝友, 以小學律身, 閨閫之內, 井井有規度. 夫如是則二烈婦之事, 雖謂之平日觀感所致可矣. 然景兪名無稱焉, 而迺反因烈婦始著. 余亦傳烈婦而牽連書之, 名節之重人也如是夫! 朴氏貞一, 有百折不回之節, 李氏柔婉, 有從容就義之風. 要皆不愧彤史, 可傳於後, 何其盛也? 今世士大夫訾笑人, 輒曰周巷鄙俚. 周巷之人乃如是, 嗚摩可感也已. (「金朴二烈婦傳」)

130) 悽切悲婉, 讀之欲涕. 愚山.

버지가 병든 집으로 시집을 가서 그들의 병구완으로 고생을 하다가 얼마 뒤에 남편까지 병이 들어 미망인이 되었다. 박 씨는 남편의 상을 마치고 시아버지와 시할머니의 병세가 호전되기를 기다렸다가 시누이와 같은 방법으로 자살을 한다.

서유구가 스스로 밝히고 있는 바와 같이「김박이열부전」은 서유구가 인근 마을에 살던 열부들의 이야기를 익히 듣고서 그들에 관한 글을 얻어 보고 감동하여 지은 작품이다. 서유구가 "(열녀에 관한) 글을 다 읽고 나서 측은하여 하마터면 곡소리를 낼 뻔하였다."라고 말한 것을 보면, 그는 진심으로 그녀들의 죽음을 애도하고 있었다.

「김박이열부전」은 순절(殉節)이라는 이름으로 어린 나이에 남편을 따라 죽은 여인들의 충격적인 이야기이다. 따라서 죽은 이들에 대한 작가의 북받치는 슬픔의 감정과 사건이 결합된 글이다. 그러나 순절이라는 사건과 작가의 슬픈 정서가 결합된 것으로만 보는 것은 현상적인 분석이다. 그것의 하부 층위를 이루는 것은 '열(烈)'이라는 윤리적 가치와 그것을 구성하는 요소인 '절(節)', '의(義)' 등의 이(理)다. 조선의 이념적 윤리를 구현한 이상적 인간형인 충신·효자·열녀 중 열녀는 죽음을 통해서만 이룰 수 있다. 즉「김박이열부전」은 열녀의 자살을 소재로 하면서도 그 기저에는 중세적 이념이 기반하고 있다. 따라서「김박이열부전」에는 망자의 죽음 자체를 불쌍히 여기는 본원적 감정과 당대의 이념이 구현된 것에 대한 감동의 정서가 결합되었다고 하겠다.

「제왕부보만재선생문(祭王父保晚齋先生文)」은『풍석고협집』에 실린 제문 중에서 가장 분량이 긴 작품이다. 분량이 긴 만큼 여러 가지 다양한 내용으로 구성되어 있으니 사(事)에 정(情)이 결합된 것, 경

(景)에 정이 결합된 것, 물(物)에 정이 결합된 것이 모두 들어 있다. 다음은 「제왕부보만재선생문」의 전문이다.

무신년[1788] 정월 갑신일에 손자 유구(有榘)는 정성으로 제수를 마련하고 눈물로 글을 써서 할아버지 보만재(保晩齋=徐命膺) 선생의 영전에 곡하며 고합니다.
아! 하늘이여, 애통하도다! 하늘에 무슨 죄를 지었기에 온 힘을 다하여 나를 못살게 구는가? 하늘에 무엇을 저버렸기에 이처럼 나에게만 독하게 구는가? 은혜로운 훈육과 덕스러운 가르침으로 한결같이 보호해 주셨거늘 하늘이 빼앗아 가버렸도다. 태산, 북두성처럼 장수하시라 축수하여 멀리 기원하고 기다렸건만 하늘은 지켜주지 않는구나.
하늘이여, 애통하도다! 어찌 이른바 '창창한 것이 신(信)이 없고 막막한 것이 신(神)이 없다.'[131]고 하는 것이 사람의 슬픔과 기쁨, 부유함과 가난함을 모두 어떻게 하지 않아도 그리 되는 것인가? 소자가 겪는 몹시도 애통한 일은 어느 누구나 다름없이 같건만 유독 나만 당하니 어찌 한갓 절로 그리된 일로 돌리겠나? 살리고 죽이는 일을 주관하는 자는 누구인가? 아! 광명정대하고 단정 정직하며 덕을 근거로 하고 육예(六藝)에 두루 통하니 우리 선생께서 하늘에서 타고난 것이다. 원로로서 잘 인도하고 보익(補益)하여 요직을 두루 거치고 태자의 스승이 되셨다. 그 수양이 이미 충분하고 그 베풂이 매우 성하여 사람과 하늘이 조화를 이루고 처음과 끝이 한결같아서 정성을 다함이 의당하지 않음이 없다.
복록(福祿)을 크게 하고 온 천하의 길한 상서와 착한 일을 모두 모아 빠뜨림이 없으니 보응을 누리는 두터움을 일일이 세보면 누구도 선생보다 후하게 받은 이 없는데 유독 이 보잘것없는 손자들은 꽃이

---

131) 蒼蒼之無信, 莫莫之無神.(柳宗元, 「祭呂衡州溫文」)

피고도 열매를 맺지 못하고 싹이 자라도 알차지 못하였다. 무성한 싹이 바야흐로 터지는데 갑자기 우로(雨露)의 길러줌을 빼앗아 은택 끼쳐주기를 적게 하니 선생에 대해 마음 아프지 않을 수 있겠나? 이에 '엉엉' 어린애처럼 울며 허둥지둥 상여를 따라 바퀴를 당기려 하니 선생의 어둡지 아니한 영혼은 또 어찌 자주 돌아보며 연연해하지 않을 수 있나?

하늘이 선생을 후대(厚待)함이 지극하지 않은 것이 아닌데 그가 사랑한 바를 사랑할 수는 없는가? 어찌 그가 살았을 때만 후하게 해주고 그 후손에게 후함을 밀어 줄 수는 없는가? 선생에게는 손자 수십 인이 있다. 뻐꾸기의 새끼가 똑같은데 어찌 후하거나 박하게 대하겠는가마는 깊이 가르치고 사랑하기는 내가 실로 최고였다.

처음 선생이 용주(蓉洲)에 거처를 정했을 때 우리 할머니가 병들어 누우시니 우리 숙부들이 들어와 간호하지만 나가서 일처리로 매우 바빠서 따를 수가 없기에 마침내 소자로 하여금 따르게 하니 이에 선생이 소자에게 완전한 하늘이 되었다. 새벽과 저녁에 문안을 드리는 것도 소자였고 아침과 저녁에 식사를 모시는 것도 소자였고 섬돌에서 지팡이와 신발을 드리는 것도 소자였고 책상에서 붓과 벼루를 받드는 것도 소자였다.

위안을 주고 자주 돌아보면서 서로 떨어지지 않은 세월이 손꼽아 보면 삼 년이 되었다. 매일 밤이 깊어 천뢰(天籟) 고요하고 밝은 달이 난간에 드리워지면 자상히 개발해 인도해 주시고 차근차근 가르쳐 주셨다. 삼분오전(三墳五典)을 토론할 때도 있고 고금의 일을 평론할 때도 있었는데 초에 밑동이 나오도록 그만두려 하지 않았다. 삼 년을 하루 같이 이와 같이 하여 귀에 익고 마음에 젖어들어 본래 있는 것이라고 스스로 생각하고 그것이 대단한 즐거움인 줄은 몰랐다. 지금 추억해보니 황연히 어제 밤과 같건만 그 모습은 영원히 볼 수 없고 기침소리도 들을 수 없으니 비록 내 몸으로 백 번 대신 죽고자한들 다시 이전의 즐거움을 얻을 수 있겠는가?

아, 슬프도다! 소자가 일이 있어서 혹 도성으로 들어가 기한이 지나도록 돌아오지 않으면 선생께서는 문득 걱정스럽게 생각하여 자주 안색에 드러내셨다. 이 때문에 전후로 삼 년 동안 소자가 도성에 있었던 것을 날이나 달로 셀 수 있다. 대저 부모 형제의 단란한 즐거움으로도 끝내 오래 머물러 지체해 하룻밤도 머물지 못한 이유는 진실로 선생의 곁에 사람이 없기 때문이었는데 지금은 아주 돌아가셨다. 소자가 장차 어떻게 선생을 안장하고 홀로 이 세상에서 살 수 있겠는가?

아! 그만이로다! 선생께서 자제들에게 임할 때에는 매우 위엄이 있어서 가정이 완연히 조정의 법도와 다를 바 없었다. 그러나 엄함 때문에 화(和)를 손상시키지 않으셨다. 그러므로 소자가 선생에게 모든 안락과 괴로움, 심한 고통, 근심과 기쁨, 슬픔과 즐거움을 일찍이 알리지 않은 적이 없었고 자질구레하고 하찮은 일이라도 또한 모두 선생을 기다려서 이루더니 지금에는 펀득 영원히 가시니 남아 있는 소자에게 무슨 말씀을 해주시려나?

비록 날마다 영전 곁에서 울며 슬픔을 하소연하지만 선생께서는 과연 듣고서 지난날 나를 사랑하셨듯이 나를 사랑하실까? 그럴까? 그렇지 않을까? 그렇지 않다면 가슴이 메고 창자에 우레가 쳐서 장차 한바탕 쏟아낼 수도 없으리.

아! 그만이로다. 『시경』에 "은덕을 갚으려 하지만 하늘처럼 다함이 없네."라고 하니 어찌 소자를 이른 것인가? 비록 능히 그 몸을 지키고 능히 그 행동을 명철하게 하여 우리 선생의 기대의 만분의 일도 실추시키지 않더라도 선생께서 또 어떻게 그것을 알겠는가?

하늘이여, 하늘이여! 애통하도다, 애통하도다! 아! 선생께서는 외모가 수려하고 기가 충만하며 정신이 안정되고 몸이 건강하여 하루라도 자리에 누워 있는 일이 없었고 만년에는 청각과 시각이 옛날보다도 나았으며 머리와 수염이 검고 윤기 있었다. 저술에 침잠하여 종일 손에 책을 잡고 고요하게 사색하여 하품하거나 단정하지 못한 용모가 없었으니 세상에 이와 같은데도 백세를 살지 못하는 사람은 없다. 그 복이 다하지 않는 바가 있고 수(壽)가 남은 기한이 있음을 점칠 수 있어서 바야흐로 만수무강하시라고 복을 송축하였더니 어찌하여 한 번 병이 들어 갑자기 쓰러지셨나?

선생께서 돌아가시니 온 일가가 슬피 울고 조정과 재야가 애통히 여겼다. 모두들 선생이 오래 사시는 것을 큰 다행으로 여기지 않다가 갑자기 선생을 여읜 것을 깊은 슬픔으로 삼으니 대개 그 평일 믿고 바라던 것이 진실로 이에 그치지 않는다. 저들이 오히려 이와 같은데 소자는 어떤 심정이겠는가?

갑신년에 『보만재총서(保晚齋叢書)』가 거의 완성되었는데 사류(史類)에 한 가지가 빠졌다. 선생께서 장차 〈위사(緯史)〉를 편찬하여 보충할 때 손수 의례(義例)를 정하고 소자에게 맡기며 말씀하셨다.

"일이 큰데, 나는 늙어서 해낼 만한 힘이 없다. 그만두지 않는다면 네가 나의 일을 끝마쳐줄 수 있겠느냐? 내가 그 단서를 열고 네가 그 끝을 완성하여 한 권의 책에 할아버지와 손자의 정력이 담겨 있다면 뒤에 이 책을 읽는 자가 어찌 우리 가학(家學)의 연원을 훌륭하게 생각하지 않겠는가?"

소자가 무릎 꿇고 앉아서 받고 물러나 감히 게으름 피우지 않았는데, 때마침 일이 생겨서 중간에 그만두니 선생께서 드디어 취하여 직접 일을 하셨다. 책이 완성되자 빨리 사람을 시켜 정서하게 하고 말씀하셨다.

"나의 시력이 아직 어둡지 않고 나의 정신이 아직 피로하지 않을 때에 교정을 한 번 볼 수 있도록 해라. 너는 노인에게 남은 날이 많다고 생각하는가?"

아! 선생이 진실로 앞일을 아셨던 것일까? 책이 모두 6책인데 그중 4책은 지난겨울에 정서를 마쳐서 선생께서 직접 교정을 하셨고 그중 2권은 교정을 미처 하지 못하였다. 상사(喪事)가 나기 며칠 전에 정서 한 책 한 권을 가져다 선생께 올렸다. 이 때 선생께서는 정신이 가물가물하여 잘 알지 못하는듯하였으나 오히려 그것을 손으로 두어 번 들어보셨다. 이미 전에는 수고로움을 대신하지 못하고, 후에서 일을 감독하여 빨리 완성을 하지 못하여 마침내 선생으로 하여금 이렇게 끝마치지 못한 뜻을 안게 하였으니 이것은 소자의 죄다. 제대로 된 사람이 아니로다. 소자여!

선생께서 일찍이 소자가 자식을 낳지 못하는 것을 근심으로 여겨 매양 소자를 돌아보고 말씀하셨다.

"네가 이렇게 장성하였는데도 아직도 자식 하나로 나를 즐겁게 못해주는구나! 네 할아버지와 네 아버지는 모두 너보다 어린 나이에 자식을 안았는데 하늘이 유독 너에게만 아끼는구나!"

아직도 기억하는 일이 있다. 지난봄에 까치가 집 남쪽에 둥지를 틀었는데, 까치는 길조다. 속담에 "까치가 남쪽에 둥지를 틀면, 그 집에는 반드시 기쁜 일이 있다."고 한다. 선생께서 보시고 문득 손가락으로 가리키며 말씀하셨다.

"나는 다른 일이 기쁘지 않고 오로지 네가 자식을 낳는 것이 나의 기쁨이다."

나는 물러나와 가만히 생각해 보았다.

"선생께서 지금부터 적어도 10년 이상은 더 사실 것이고 소자의 나이가 또 젊으니 어찌 끝내 10년 안에 자식 하나 없을까?"

그런데 누가 1년도 넘기지 못하고 갑자기 오늘의 일이 생길 줄 생각이나 했겠는가? 지금 비록 후추열매처럼 자식이 많은들[132] 선생께서

한 번 빙그레 웃으실 수 있을까? 소자는 우매해서 전혀 사람 같지 않은데 유독 자식을 낳아 사당에 아들을 들고 가는 것은 비록 농부나 말의원 같이 천한 사람들도 오히려 모두 할 수 있는 일이거늘 또 젊었을 때 자식을 얻어 우리 선생께서 손주의 재롱을 보는 기쁨을 드리지 못하니 이것은 소자의 죄다. 제대로 된 사람이 아니로다. 소자여!

지난해 9월에 선생께서 용주(蓉洲)로부터 도성에 들어가실 때 소자에게 말씀하셨다.

"너는 우선 따라오지 말거라. 나는 열흘이 안 돼서 돌아올 것이니라."

얼마 지나서 그럭저럭 시간이 지나도록 마침내 돌아오지 아니하시고 다만 소자로 하여금 몇 달 동안 떨어져 있게 하셨다. 미리 이럴 줄 알았다면 어찌 차마 하루라도 처소에 머물고 따라가지 않았겠는가? 12월 초이레에 서울에서부터 오는 사람이 있어서 말을 전하는데, "선생께서 가벼운 병에 걸리셨다."라고 하였다. 마음으로는 비록 크게 근심하고 두려웠지만 이미 '가벼운'이라고 하는 말을 들었고 또 생각하여 보니 평소에 건강하셨기 때문에 의당 며칠 안 가서 나을 것이라고 생각하였다.

밤 꿈에 서울 집에서 선생을 배알하였는데 선생께서 침상에 누우시고 우리 부모는 좌우에서 모시고 있었다. 자리에 나아가니 선생께서 빤히 보시면서 말씀이 없으시고 다만 손을 당겨 한 번 어루만지실 뿐이었다. 깨어나서는 마음이 선뜩하였다. 그러나 여전히 꿈으로만 여기고 근심할 것 없다고 생각하였다. 날이 밝자 또 서울에서 오는 자가 있어서 말을 전하는데 선생의 병이 더욱 위독하다고 하였다. 드디어 빨리 달려 서울로 들어가니 선생은 이미 혀가 굳어서 말하기가 어려웠다. 약을 받든지 10여일이 되도록 일찍이 종용히 말씀하시고자 하는 바를 청하지 못하니 우리 부모의 마음을 상하게 할까 걱정

---

132) 椒聊之實, 蕃衍盈匊.(『詩經』, 「椒聊」)

되기 때문이었고 선생께서도 뒷일에 대해서 한마디도 언급하지 않으셨다. 소자의 악몽이 실현된 것일까? 처음 병이 심하지 않았을 때 들어가 배알하였던들 선생께서 소자에게 말 한마디 남기지 않으셨을까? 지금 또 어떻게 미치겠는가? 이것이 소자의 죄다. 온전한 사람이 아니로다. 소자여!

처음에는 살아계실 때 효도를 다하는 정성이 해이하고 뒤에는 돌아가셔서 효도를 하고 싶어도 할 수 없는 애통함을 품어서 한번 유명(幽明)이 나누어짐에 만사가 모두 틀어져버렸도다.

하늘이여, 하늘이여! 애통하도다, 애통하도다! 아! 지난날 용주에서 나와서 보니 경물은 그대로이건만 집은 고요하기에 정신을 차리지 못하고 취한 듯 미친 듯하였다. 구역으로 나눈 밭이 교착되어 있고 동그란 연못에 물이 질펀하니 옛날 선생께서 만드신 것이다. 지금 선생께서는 어디로 가셨는가? 작약이 활짝 피고 매화와 대나무 짙푸르니 옛날에 선생께서 재배하신 것이다.

지금 선생께서는 어디로 가셨는가? 도서가 서가에 차례대로 정리되어 있고 정종(鼎鐘)이 정연히 진열되어 있으며 흰 돗자리가 세로로 펼쳐져 있고 옻칠한 책상이 앞에 가로로 놓여 있는 것은 옛날 선생께서 지내시던 공간이다. 지금 어찌하여 이것을 버리고 가셨는가? 당에 올라서니 발이 멈칫멈칫하고 문을 여니 마음은 정말인가 의심된다. 눈이 닿는 곳마다 모두 눈물이고 입을 떼자니 목부터 먼저 메이니, 마음을 목석과 같이 하여 미련하게 말 못하는 것이 낫지 않겠는가?

슬프구나, 슬프구나! 돌아와서 책상자를 살펴보니 유묵(遺墨)이 완연하다. 책을 채 반도 펼치기 전에 눈물이 벌써 종이에 아롱진다. 선생이 매양 책을 편찬하실 때 소자가 실마리가 되는 이야기를 참여하여 듣지 않은 적이 없어서 그 규모를 대략 아는데 저술이 이미 풍부하여 일을 시작하였는데 종이를 준비하지 못한 것이 있고 편을 완성하였는데 교정하지 못한 것이 있으니 감히 가다듬어 정밀하고 명백하게 하고 그 이룬 법을 살펴 이어서 완성하여 선생의 뜻을 이루고 지난 날 갚지 못한 은혜를 갚지 않을 수 있겠는가? 소자는 식견이 고루하고 일천하니 대장(大匠)을 대신하여 일을 한다면 과연 선생의 뜻을 감당할 수 있을까?

선생의 유고를 바야흐로 인쇄하여 공급하라는 명이 있어서 나의 여러 숙부들이 편차를 정하고 교정하였는데 소자는 실로 그 일을 도왔지만 유독 권질의 다과(多寡)와 서차(序次)의 선후가 모두 선생의 뜻과 같을지는 모르겠다. 어떻게 하면 손수 책을 들고 한번 질정할 것인가?

슬프구나! 슬프구나! 세월이 가도다! 장사 기일이 있어서 붉은 명정(銘旌)이 길을 인도하고 흰줄이 장차 옮겨가려 하는데 유유한 이 이별은 어찌 끝이 있겠는가? 땅에 엎드려 길게 울부짖으니 소리가 다하고 피가 마른다. 밝은 영혼이 있다면 반드시 장차 불쌍하게 여겨 느낌에 있어서 편득 강림하셔서 소자의 마음을 일깨워주실 것이다. 하늘이여. 애통하다! 하늘이여. 애통하다![133]

---

133) 歲戊申之元月甲申, 孫有榘洗腆爲羞, 寫淚爲文, 哭告于王父保晚齋先生之靈筵曰, 烏摩天乎慟哉! 何辜于天, 而抗我如不克? 胡負于天, 而毒我若是偏邪? 恩育德誨, 庇賴者專, 而天則奪之. 山禱斗祝, 祈待者遠, 而天不憖焉. 天乎慟哉! 豈所謂蒼蒼者無信, 漠漠者無神, 而人之戚忻豐嗇, 皆莫之爲而爲邪, 抑若小子之愴烈而恫摯者, 一似無二於人, 而己獨丁焉, 則又庸詎徒諉之自然邪, 其主張予奪使之然者疇邪? 烏摩! 光大端方, 據德而游藝, 吾先生之稟乎天者也. 胡耇引翼, 遍華憮而躋孤卿, 吾先生之命乎天者也. 其修也旣豐, 其施也孔殷, 天人協順, 始終較一, 罄無不宜, 式大戩穀, 而凡天下之吉祥善事, 咸萃罔有缺, 歷數夫享報之厚, 莫厚於先生, 而獨玆藐諸孫, 秀焉而不及其實矣, 苗焉而不及其栗矣, 猗儺乎萌芽之方拆, 而驟奪其雨露之養, 少借以滋潤焉, 於先生得無未忍乎? 是方呱呱然孺子泣, 而皇皇乎思欲追其駕挽其轂, 先生不昧之靈, 又安得不屢顧而戀戀之乎? 天之厚先生不爲不至, 而獨不可戀其所戀邪? 豈將徒厚其生, 而不能推其厚於後承邪? 先生有孫數十人, 尸鳩之均, 豈或厚

薄? 而敎愛之深, 小子實最焉. 始先生之卜居于蓉洲也, 吾王母病在牀, 吾諸父入而扶護, 出而鞅掌, 不可以從, 遂以小子從焉, 於是乎先生之爲天於小子者全矣. 晨夕問寢小子也, 早晏侍食小子也, 陪杖屨於庭砌者小子也, 奉筆硏於棐几者小子也. 呴濡顧復, 兩不相捨者, 屈指三閱歲. 每夜闌籟寂, 朗月垂軒, 開導娓娓, 訓誨諄諄, 或討論墳典, 或評確今古, 至燭見跋不肯休, 如是者三年如一日, 慣乎耳浹乎心, 自以爲固有, 而不知其甚樂也. 今焉追思, 怳若隔宿, 而儀容永閟, 馨欬莫聆, 雖欲百身贖之, 而一日復得前日之樂, 其可得乎? 噫嚱已矣夫! 小子或有事入城, 期逝不歸, 則先生輒悄然思之, 屢形于色, 以是前後三年之中, 小子之在都中, 可以日月計. 夫以父母昆弟之所團樂, 而終不敢淹留而滯宿者, 誠以無人乎先生之側也, 今則大歸矣. 小子將何以安先生, 而獨處於斯世邪? 噫嚱已矣夫! 先生臨子弟甚莊, 闔門之內, 儼若朝典, 然不以嚴傷和, 故小子之於先生, 凡其便苦苛痛憂愉悲樂, 未嘗不以聞, 而瑣碎細小之事, 亦皆待先生而成焉, 今也翛然長逗, 而將何以處小子哉? 雖日噑於靈几之側而訴其哀, 先生其果聽之, 而以前日之憐我者憐我乎? 其然不其然? 不其然則塡臆而雷膓者, 將無以一洩之乎! 噫嚱已矣夫! 詩云欲報之德, 昊天罔極, 豈小子謂邪? 縱能克保其身, 克哲其行, 不墜我先生期待之萬一, 先生又安得知之? 天乎天乎! 慟哉慟哉! 烏虖先生, 貌秀而氣充, 神諡而體康, 蓋鮮有一日委第之蟄, 而迨乎晚年, 聰視勝昔, 鬢髯鬖如. 沉湛乎著述之苑, 而終日手卷, 穆然無欠嚏跛倚之容, 世無有如是不百歲者也. 可占其福有所未艾, 壽有所餘期, 方頌聲於無疆, 何一疾而遽萎? 先生之歿, 宗黨呷嚶, 朝野惋盡, 皆不久有先生爲厚幸, 而以驟失先生爲深惜, 蓋其所恃望於平日者, 固不止於是也. 彼猶如此, 而小子何以爲情? 粵在甲辰, 保晩齋叢書垂成, 而史類闕一焉. 先生將編緯史補之, 手定其義例, 以授小子曰: "事鉅工大, 吾老矣力不能. 無已則汝卒吾業可乎? 吾開其端, 汝成其終, 一書而祖孫之精力在此, 則後之讀此者安知不賞我家學之源流邪?" 小子跽而受, 退而不敢惰也. 會有事中撤, 先生遂取而親焉. 旣成趣令倩人繕寫曰: "欲迨我視未昏神未疲, 讎勘一過也. 汝曾謂老人餘日多邪?" 噫! 先生固有所前知者邪? 書凡六冊, 其四冊寫畢于前冬, 經先生手校, 而其二未及焉. 皐復前數日, 取其先寫者一冊進于先生, 時先生涔涔若不省, 猶爲之手擧者再. 旣未替勞於前, 又未董役於後, 以速其成, 竟使先生齎此未卒之志, 是小子罪也. 匪人哉, 小子也! 先生嘗以小子之不能擧一子爲憂, 每顧小子曰: "汝若是長矣, 尙無一子以娛我乎! 汝祖曁汝父, 皆未汝年抱子矣, 天於汝豈獨靳焉." 尙記前春鵲巢于舍之南, 鵲吉鳥也, 諺稱鵲巢南, 其家必有喜. 先生見輒指而曰: "吾無他喜, 惟爾生子, 是吾喜也." 退竊自念, 先生之壽, 從今以往, 少不止十歲,

「제왕부보만재선생문」에 대하여 이의준이 "인정과 글이 구비되고 전형이 있는듯하여 읽어보면 눈물이 종이를 적시는 것을 금할 수 없다."134)라고 평하였고 이덕무가 "이 글의 의탁이 더욱 정중하여 한 글자가 한 방울의 눈물을 담고 있으니 세간 애도의 글에 비할 것이

小子年且壯, 豈終無一子於十年之內? 孰謂未踰年而遽有今日之事也? 今雖椒聊盈匊, 先生其克一莞爾邪? 小子顓蒙, 百無猶人, 而獨此生子擧男, 雖以夏畦馬鬣之賤, 猶皆得之者, 亦不能得之早, 少供我先生膝下之歡, 是小子罪也, 匪人哉, 小子也! 去歲之九月, 先生自蓉洲入城, 命小子曰: "汝姑毋從, 吾將不旬返焉." 旣而荏苒, 竟不復返, 而徒使小子作數月之離違, 早知如此, 其何忍一日處其處而不之從也? 十二月初七, 有自都來者, 傳言先生感微疾, 心雖大憂恐, 然旣云微矣, 且念夫平日康寧, 謂當不日其瘳. 夜夢拜先生於京第, 先生臥於牀, 吾父母左右侍焉. 旣卽席, 先生熟視無所言, 但引手一撫而已. 覺而心動, 然猶以爲夢也不足慮. 旣明又有自都來者, 傳言先生疾益篤. 遂疾馳入, 而先生已舌澁艱于言矣. 奉藥餌十餘日, 未嘗從容請所欲言, 以傷吾父母之心, 先生亦終無一言及後事. 竟小子之噩夢是踐邪? 始能洺疾未革而入拜焉, 先生其將不一墜言於小子邪? 今又何及? 是小子罪也, 匪人哉, 小子也! 始焉弛愛日之誠, 終焉抱莫逮之慟, 一隔幽明, 萬事皆負. 天乎天乎! 慟哉慟哉! 烏摩! 襄出蓉洲, 見景物依然, 庭宇閴如, 惚惚怳怳, 若醉若狂, 區田錯互, 規油演池, 昔先生之所經理也. 今先生安往哉? 花藥森蓊, 梅竹蔥蒨, 昔先生之所栽培也. 今先生安往哉? 圖書倫坯, 鼎鍾整陳, 白籗縱展, 絜几前橫, 昔先生之所棲遲也. 今胡爲乎棄此而去邪? 躋堂而足趄趑, 啓戶而心眞疑. 目觸皆淚, 口提先咽, 毋寧木石其心, 頑然無吡之爲愈也? 悲夫悲夫! 歸檢篋簏, 遺墨宛然, 展卷未半, 涕已斑于紙矣. 先生每有編摩, 小子未嘗不與聞緖論, 粗諳其規橅, 而所著旣富, 有始工而未汗靑者, 有完編而未爬櫛者, 敢不淬礪精明, 按其成法而續成之, 以成先生之志而報前日之未報邪? 以小子之謏聞寡識, 代大匠斲, 果能當先生意邪? 先生遺藁, 方有印給之命, 吾諸父編定讎較, 而小子實相其役, 獨不知卷帙之多寡, 序次之先後, 皆如先生意邪. 安得手卷而一質之也? 悲夫悲夫! 日月逝矣! 卽遠有期, 丹旐戒路, 白紼將移, 悠悠此訣, 曷其有涯? 伏地長號, 聲盡血枯, 昭靈如在, 必將惻然有感於斯, 而翩然下臨, 以格夫小子之心矣. 天乎慟哉, 天乎慟哉!(「祭王父保晚齋先生文」)

134) 情文俱備, 典刑如在, 讀之不禁涕漬于紙. 愚山.

아니다."135)라고 평한 바와 같이「제왕부보만재선생문」은 감정의 과잉이라고 해도 과언이 아닐 정도로 슬픔을 직접적으로 표현하는 어휘와 감탄사가 상당수 사용되었다.「제왕부보만재선생문」에는 서유구가 조부 서명응을 친히 모시면서 형성된 돈독한 애정이 잘 드러나 있다. 그리고 애정이 돈독하기에 조부의 죽음이 얼마나 감당하기 힘든 것인지, 또 조부의 생전에 더욱 잘 해드리지 못한 회한이 어떠한지에 대하여 절절히 표현되어 있다.

「제왕부보만재선생문」에서 사(事)에 정(情)이 결합된 것은 보만재총서(保晩齋叢書) 간행과 관련된 일, 자신에게 후사가 없어서 조부에게 걱정을 끼쳐드렸던 일, 조부가 서울에 들어갔다가 병이 들었는데, 그 때 따라가지 못하였던 일을 회억하는 것이다. 서유구가 조부를 생전에 잘 모시지 못한 회한은 주로 이들 사(事)와 관련된 것이다. 그리고 경(景)에 정이 결합된 것은 조부가 가꾸던 밭, 조부가 만든 연못, 조부가 재배하던 화초들을 보고 슬픔이 고조되는 것이다. 물(物)에 정이 결합된 것으로는 조부의 서가에 차례대로 정리되어 있는 도서, 정연히 진열되어 있는 정종(鼎鐘), 세로로 펼쳐져 있는 흰 돗자리, 앞에 가로로 놓여 있는 옻칠한 책상을 보고 너무나도 슬프기에 차라리 목석(木石)이 되는 편이 낫겠다고 절규하는 것에서 볼 수 있다.

이상에서 살펴 본 바와 같이 서정과 관련된 비평을 받은 작품은 모두 추모와 애도를 위해 지은 것이다. 사람의 죽음, 특히 가족의 죽음은 아무리 감정을 절제하여 온유돈후(溫柔敦厚)한 글을 만들고자 해도 오히려 슬픔이 더욱 응축되어 독자에게 깊은 슬픔을 느끼게 한

---

135) 斯文之托, 愈益鄭重, 一字裹一淚, 不比世間哀悼之文. 炯庵.

다. 또 정·사·경·물·리가 시가처럼 정교하게 융합되지는 않지만 그들이 작품 안에서 적절하게 경합하여 서정적 특징을 강화하는 기능을 한다는 사실을 알 수 있었다.

4) 서사에 대한 비평

서사(敍事)는 사건을 서술하는 기법으로, 움직임·시간·의미가 그 요소이다. 묘사는 일정한 대상의 존재형태를 고정된 어느 순간에 포착하여 그린다. 이는 초상화로, 정지한 생명체이다. 이에 반하여 서사는 움직이는 실체를 기술한다. 즉 서사의 주안점은 움직이는 대상에 있지 않고 움직임의 성격 그 자체에 있다. 이것이 '움직임'이다. 움직임의 과정은 시점에서 시점으로 이동하여 진행한다. 이것이 '시간'이다. 서사의 사건은 의미의 연계성을 가진다. 즉 시간의 진행에 맞춘 무의미한 사건들의 혼집이 아니라 의미의 통일체로서의 완결성을 갖춘다. 이것을 '의미'라고 한다.136)

『풍석고협집』에서 서사에 대한 비평은 이의준이 「권응수전(權應銖傳)」을 "서사(敍事)가 상밀(詳密)하고 행문(行文)이 돈좌(頓挫)하여 가장 부풍(扶風)의 필법을 얻었다."137)라고 한 것에서 볼 수 있다.

「권응수전」의 전문을 보면 다음과 같다.

> 권응수(權應銖)의 자는 중평(仲平)이니 그 선조는 안동 인인데 후에 신녕(新寧)으로 이사하였다. 권응수가 젊을 때 큰 뜻을 지니고 병

---
136) 김봉군의 전게서, 173~197쪽.
137) 敍事詳密, 而行文頓挫, 最得扶風筆. 愚山.

법 논하기를 좋아하고 담력과 재략(才略)을 자부하여 일찍이 경전 공부에는 전념하지 않았다.

북쪽 변방에 자주 적경(賊警)이 있다는 소리를 듣고는 탄식하며 "허! 세상에 한 남자로 살면서 추악한 무리들로 하여금 이와 같이 창궐하게 하겠는가?"라고 말하고는 드디어 책을 버리고 무예를 배우더니 한 해 뒤에 급제하였다. 훈련원 부봉사(副奉事)로 발탁되어 의주에서 변경을 지키다가 돌아온 뒤로 추천해 주는 사람이 없더니, 경상좌수사 박홍(朴泓)의 막부에 예속되었는데 이 해가 만력 신묘년이고 선조 25년이다. 이듬해 임진년에 왜놈이 크게 발병하여 쳐들어와 노략질을 하여 먼저 동래를 함락하였다.

권응수가 자주 박홍을 위하여 계책을 말하였지만 쓰지 않으니 그를 떠나서 집에서 거처하였다. 왜적이 울산으로 진공하자 병사 이각(李珏)이 성을 버리고 달아나니 권응수가 그 소식을 듣고 동생 권응평(權應平), 친구 이온수(李蘊秀)와 함께 군사를 모집하여 근 100여인의 용감한 병사를 얻었다.

이 때 조선은 200년 동안이나 평화로워 백성들이 전쟁을 알지 못하고 군읍(郡邑)의 관리들은 죽거나 달아나 한 사람도 활을 당겨 적을 향하는 자가 없었다. 그래서 왜적이 승승장구하여 연달아 수십 읍을 함락시켜 경상좌도가 더욱 적의 소굴이 되어 벌처럼 진치고 나비처럼 모여서 재빨리 진격하여 600리 안에 닭과 개 소리가 나지 않았다.

권응수의 군사가 처음 모였을 때에 견고하고 온전한 무기조차 없었고 다만 의기로 서로 격려할 뿐이었다. 그들은 진군하여 화동(火洞)에서 적을 맞아 싸워 이겨서 소와 말을 노획하여 군대에 더하였고 또 한천(漢川)에서 유병(游兵)을 쫓아 10여인의 머리를 베고 포로를 잡았다. 또 적과 내통하는 영천의 군도를 쳐서 소탕하였다. 이 때 여러 군의 의사(義士) 정대임(鄭大任) 등이 병력을 모아두고도 소속이 없었는데, 권응수가 전쟁에서 자주 이긴다는 소문을 듣고 모두 군사를 거느리고 와서 초유사(招諭使)에게 글을 올려 한 사람에게 통제 받기를 원한다고 하였다. 그래서 초유사 김성일(金誠一)이 권응수에게 격문을 보내 대장으로 삼자 여러 의병들이 모두 그에게 소속되니 군대의 위세가 대단해졌다.

권응수가 장수들을 나누어서 세 개의 후군(後軍)을 편성하여 박연(朴淵) 가에서 적을 맞아 격퇴하고 또 다시 추격하여 소계(召溪)에서 격퇴하였다. 또 직접 보병과 기병 천 명을 거느려 고현(古縣)의 사천(沙川)에 주둔하고 괴멸되어 하양으로 들어가는 적을 끌어내니 적이 그 위엄 있는 이름을 익히 듣고 감히 범하지 않도록 서로 경계하였다.

처음에 이각이 진작 달아나니 조정이 밀양인 박진(朴晉)을 병사(兵使)로 삼았다. 이때 박진이 권응수에게 격문을 보내 진격하여 영천을 수복하게 하니, 권응수가 장병 3,500명을 오부로 나누고 눈물을 흘리면서 군사들에게 맹세하여 말하였다.

"피난 간 조정이 아득히 먼 서쪽 변방에 있으니 진실로 신하된 이가 목숨을 바칠 때다. 너희들은 오히려 마음과 힘을 하나로 하여 적을 섬멸하라. 적이 섬멸되지 않으면 부모를 보지마라!"

군사들이 모두 울면서 대답하였다.

"예!"

또 명령하여 말하였다.

"어지러운 말을 하는 자는 목을 베고 적을 보고 다섯 걸음을 달아나는 자는 목을 벤다. 명령대로 하지 않는 자는 목을 베고 대오를 이탈하는 자는 목을 벤다."

모두 응답하여 말하였다.

"예!"

드디어 적이 주둔한 영천군 추평(楸坪)으로 진격하여 진을 치고 성 밖 수로(水路)에 병사를 나누어 적을 곤궁하게 만들고 얼마 있다가 영천 남쪽으로 진격하니 성과의 거리가 200보였다. 군사들은 진영에서 날마다 무기만 검열하고 싸우지 않다가 적이 조금 해이해지는 틈을 엿보아 검은 옷을 입은 장수를 올려다보고 쏘아 거꾸러뜨리고 그 소란을 틈타 군사를 지휘하여 매우 가까운 거리까지 진격케 하였다.

적이 성문을 열고 모든 병력을 동원해 맞아 싸우니 병사들이 조금 퇴각하였다. 권응수가 노하여 말을 박차 크게 소리 지르고 내달리며 활을 쏘면서 바로 진 가운데로 뛰어 들어가 그중 날랜 장수의 목 하나를 베니 적이 조금 퇴각하였다. 마침 해가 저물어 병사를 거두어들이고 다음날 다시 싸우는데 적이 아직도 강하였기 때문에 선봉이 되는 것을 이롭게 여기는 사람이 없었다. 권응수가 직접 두 사람을 참수하여 조리 돌리니 병사들이 모두 다리를 떨며 다투어 앞으로 나가 성의 망루 아래에서 크게 격돌하여 성가퀴를 지키던 십여 명을 참살하고 문을 부수고 들어갔는데 골목에서 매복한 적과 조우하여 힘을 다해 싸운 지 한참 만에 수백 급을 베었다.

이날 동남풍이 세게 부니 권응수가 군중(軍中)에 명령을 내려 바람 따라 불을 놓게 하였다. 그러자 관가와 민가가 즉시 모두 타니 적이 기세가 꺾여 자기들끼리 밟아서 서로 죽인 사람이 수천, 수만으로 시체가 쌓여 거리와 골목이 모두 가득 찼다. 불구덩이에서 도망친 자들이 다투어 물속으로 뛰어드니 물이 그 때문에 흐르지 않았다. 또 병사를 보내 성을 지키게 하였는데 서북쪽 모퉁이에서 성을 넘어 달아나는 자가 있기에 바로 칼로 찍어 죽이니 한사람도 탈주하는 자가 없었다. 마침내 영천을 수복하였다.

이에 앞서 적이 이미 경주를 함락시키고 줄줄이 이어진 군영이 영천에까지 이르니 영천을 지킬 수 없어서 들어가 웅거하고 정예병 2만 명을 주둔시켰다. 대구·의성·군위도 각각 병사 수 만 명을 주둔시켜 서로 견제해 버티게 하였다. 영천이 격파되자, 세 갈래 길의 적이 또 모두 성채를 뽑아 달아나니 경상좌도가 다시 온전해진 것은 권응수의 힘이다.

 승전 소식이 보고되자, 박진(朴晉)을 가선대부(嘉善大夫)로, 권응수를 병마우후(兵馬虞侯)로 발탁하고 장수들은 공적을 평정하여 차등을 두었다.

 권응수는 장신에 허리가 굵고 모난 얼굴에 수염이 창날 같았는데, 모습이 훤칠하여 사람의 마음을 움직였다. 용맹하여 어릴 때부터 말을 타고 활을 쏘았다. 특히 편전(片箭)을 잘 써서 맞추었다하면 번번이 몇 사람을 꿰니 적이 그를 멀리서 보기만 해도 크게 놀라서 달아났다.

 성품이 엄하고 굳세며 호령이 명백하고 엄숙하여 법을 어기는 자는 오로지 의법 처리할 뿐 조금도 용서하지 않았다. 그러나 위급한 상황에 직면하면 몸을 떨쳐 사졸들의 앞에 섰다. 진을 밟고 크게 호령하여 의기가 더욱 매서웠지만 전쟁에서 이기면 번번이 공을 남에게 미루고 스스로 차지하지 않았기에 군사들의 마음을 얻을 수 있었으니 다투어 그에게 쓰이는 것을 즐거워하였다.

 박진이 경주를 수복하려고 권응수를 선봉으로 삼고 박의장(朴毅長)을 부장으로 삼아 16읍의 병사 만여 명을 거느리고 진군하여 경주에 접근하였다. 장사를 모집하여 성 밖의 인가에 불을 지르게 하고 대군이 연기와 화염, 안개비 속으로부터 벌떼 같이 모여 진군하여 성을 몇 겹 포위하였다. 전투가 한창일 때 적의 복병이 아군의 후미를 습격하자 아군이 놀라 궤멸되어 갑옷을 버리고 창을 던지고 달아났다. 권응평이 힘껏 싸우다가 말에서 떨어져 적에게 사로잡혔다. 권응수의 말도 총에 맞아 죽었는데, 권응수가 도보로 적진으로 달려가 권응평을 빼앗아 돌아오니 적이 서로 돌아보고 놀라서 말하였다.

 "이 사람이 영천을 수복한 장군이다."

 그가 이르는 곳마다 적군이 궤멸되었지만 대군이 이미 퇴각하였기에 마침내 후퇴하여 안강(安康)에 주둔하였다. 뒤에 박진이 비격진천뢰(飛擊震天雷) −대포 이름− 를 써서 성을 치고서야 비로소 경주를 수복하였다. 관찰사 김성일이 '권응수의 지혜와 용기는 한 방면을 전담하게 할 만하니 다른 사람에게 통제되어서는 안 된다.'고 빨리 주달(奏達)하니 왕이 권응수를 좌병마 조방장(左兵馬助防將)으로 임명하였는데, 7군의 병사를 합하여 문경(聞慶)의 당교(唐橋)에서 적을 차단하였다. 권응수를 다시 좌도병마절도사(左道兵馬節度使)로 임명하니, 그는 날랜 기병 300명을 이끌고 하루에 200리를 달려 풍산(豊山)에 주둔한 적을 추격하여 잡고 안동성 아래를 유린하였다. 또 결사대 400명을 선발하여 밀양을 탈취한 적을 밤에 공격하여 그 장수를 죽이니 좌방어사(左防禦使)로서 가선(嘉善)으로 품계가 올라갔다가 본도의 병마좌별장 겸충청도방어사(兵馬左別將兼忠淸道防禦使)로 옮겨졌다.

　천자의 조령을 받들고 병사를 인솔한 부대가 명나라 장군의 군영에 도착하였는데, 언양에 이르러 연해(沿海)의 적이 황룡사로 들어가 군량을 약탈한다는 소식을 듣고 급히 되돌아가 공격하여 패주하게 만들었다. 군대를 경주와 울산 사이에 주둔시키고 기병(奇兵) 100명으로 놀라 달아나는 적의 장수 가등청정을 창암(倉巖)에서 거의 잡을 뻔했다.

　얼마 안 되어 적이 장기와 동래에 병사를 결집하여, 연일(延日)과 흥해(興海)로 방향을 돌려 들어가려고 하였다. 권응수가 그 사실을 정탐하여 알아내서 두 현에 격문을 보내 방략(方略)을 가르쳐 주었다. 그리고 병사를 재촉하여 안강의 경계에 이르러 적을 수색하여 과연 홍천(洪川)에서 조우하였는데, 군중에 명을 내려 한 대의 화살이라도 함부로 쏘지 말라고 하였다. 나팔을 불고 피리를 불어 한가한 모습을 보이니 적이 병사가 적은 것을 멀리서 바라보고 병사를 지휘해 와서 싸웠다. 아군이 깃발과 북을 버리고 거짓으로 패하여 달아나다가 형강(兄江)에 이르니 연일과 흥해의 병사들이 이미 강가에 진을 치고 있다가 좌우에서 협격하였다. 권응수는 병사를 되돌려 그 앞을 공격하여 적을 강에 모조리 차 넣었다.

승전 소식이 보고되자 왕이 권응수에게 자품을 한 등급 올려주려 하니, 의논하는 자들이 화의에 이롭지 못하다는 논리로 저지하였다. 이 때 왜적의 우두머리 소서행장이 겉으로 우리와 강화하니 왕자와 포로를 탈출시키려 하였지만 실제로는 병사를 돌릴 생각이 없었다. 권응수는 저들이 계책으로 우리를 우롱할 따름이지 실정이 아니라고 생각하여 근심하고 분한 나머지 병이 나서 상소하여 병직(兵職)에서 사임할 것을 청하였지만 받아들여지지 않았기에 경주로 군사를 돌렸다. 적이 대구의 팔공산을 함락하니 권응수가 정예병 500명을 이끌고 가서 탈환하였다. 얼마 뒤에 병력을 부총병 해생(解生)에게 소속시키고 따라가 경리(經理) 양호(楊鎬)의 진영에 이르러서 도산(島山)의 적들을 태워 죽였다.

때마침 명나라 황제가 병사 14만 명을 크게 징발해서 보내 주둔하면서 남쪽에서 적을 맞아 싸웠지만 전황이 불리하자 진을 풀고 돌아갔다. 조정이 권응수를 방어사 겸밀양부사로 삼아 밭을 개간하고 병사를 조련하여 훗날을 대비케 하였는데, 일 년 만에 사직하고 신녕의 고향마을로 돌아왔다.

얼마 뒤에 왜적을 토벌한 공을 평가할 때, 효충장의협력선무공신(效忠仗義協力宣武功臣)이라는 호를 내리고 화산공(花山君)으로 봉하고 녹질(祿秩)을 자헌(資憲)으로 올렸다. 얼마 뒤에는 다시 왜와 불화가 있어 본도의 방어사 겸찰리사(防禦使兼察理使)로 배수되었는데 일 년 만에 왜가 화평을 청하였기에 권응수는 사직하고 돌아왔다. 조정에서 여러 차례 그에게 관직을 제수하였지만 모두 부임하지 않으니, 식자(識者)는 그가 공(功)에 잘 처하는 것을 대단하게 여겼다.

권응수는 관직이 총융사공조판서(摠戎使工曹判書)에까지 이르렀으며 집에서 거처한지 2년 만에 병으로 죽었다. 인조 2년에 권응수를 좌찬성으로 추증하고 숙종 19년에 충의라는 시호를 내렸다. 경상도 사람들은 그의 공덕을 추모하여 신녕의 구천(龜川)에 사당을 세우고 때마다 제사를 지낸다.

논하여 말한다.

나는 들으니 권응수는 고려 태사 권행(權幸)의 후손으로, 그가 태어나던 날에 태사의 사당에 보관되어 있던 옥피리가 저절로 울었다고 한다. "높은 산 아래에는 반드시 깊은 연못이 있다."는 말이 있는데, 믿을 만하다. 아! 임진·계사년 즈음에 누린내가 해를 가리고 되놈의 북소리가 땅을 울려 안팎으로 깃발을 잡고 허리에 부절을 찬 신하들이 모두 쥐같이 도망가고 짐승같이 놀라 죽음에서 구원될 겨를도 없었는데, 권응수는 여염의 일개 사나이로 수백 명의 나약한 병졸을 이끌고 천하의 막강한 왜구를 당하여 크고 작은 10여 전투에서 적은 수로 많은 수를 대적하였다. 그의 위세가 떨치는 곳에 견뎌내지 못하고 마침내 비린내 나고 더러운 것을 깨끗이 씻어내어 우리의 편안한 보금자리를 회복하니 비록 옛날의 명장이라고 하더라도 어찌 그보다 낫겠는가?

내가 아이 때에 어른들이 권충의공(權忠毅公)이 적을 토벌하고 국토를 수복한 일을 외워 말할 때면 언제나 감탄하며 기이하다고 칭송하는 이야기를 들어왔다. 그러나 도리어 그 본말은 잘 알지 못했는데 지난번에 뇌연(雷淵) 남공(南公=南有容)이 찬술한 신도비를 보니, 서사가 극도로 상세하였다. 다만 경주의 패전은 신도비에 유독 드러나지 않고 도리어 적이 군영을 허물고 달아났다고 하였는데, 이는 자못 사실과 부합되지 않으니 어찌 일부로 숨겼을까? 내가 이에 그 사실을 수집하여 전(傳)으로 만들고 그 오류를 위와 같이 다시 바로잡았다. 또 신도비를 살펴보니, 명나라의 총병(摠兵) 유정(劉綎)이 팔거(八

莒)에 주둔하였을 때 권응수가 곽재우와 함께 가서 군대의 일을 의논하니 총병이 그를 위로하여 말하기를 "지금 장수들 중에서 용병의 기무(機務)에 밝고 왕실을 위해 힘을 다하는 자로 장군보다 더 나은 사람이 없으니 권면하시오."라고 하였다.

제독(提督) 이여송(李如松)도 그가 기병(奇兵)을 잘 쓴다는 말을 듣고는 그를 기특하게 여겨 사람을 보내 비단과 용벼루를 주며 "이것으로 경하하오."라고 하였다. 두 가지 일은 사람들이 지금도 미담으로 일컫는다고 한다.138)

---

138) 權應銖字仲平, 其先安東人, 後徙新寧. 應銖少有大志, 喜論兵負膽略, 未嘗屈首治詩書. 聞北陲數警, 歎曰: "唉! 世有一男在, 使醜類猖獗乃爾?" 遂去書學弓釖, 踰年成及第. 調訓諫副奉事, 防戍義州還, 無推薦者, 隸慶尙左水使朴泓幕府, 是歲萬曆辛卯, 昭敬王二十五年也. 明年壬辰倭奴大擧入寇, 先陷東萊. 應銖數爲泓言計不用, 去之家居. 賊進攻蔚山, 兵使李珏棄城遁, 應銖聞之, 乃與其弟應平所善李蘊秀行募兵, 所得壯勇兵厪百餘人. 當是時, 國家昇平二百年, 民不知干戈, 郡邑吏或死或走, 無一人穀矢以嚮賊者. 賊乘勝長驅, 連陷數十邑, 而嶺左尤爲賊淵藪, 蜂屯蛾聚, 奔突飄忽, 直六百里鷄犬無聲. 應銖士新合, 器無堅完, 徒以義氣相激. 進與賊遌火洞敗之, 虜牛馬以益軍, 又蹙其游兵於漢川, 斬首虜十餘, 又擊永川羣盜之與賊通者剿平之. 時列郡義士鄭大任等擁兵無所屬, 聞應銖戰數勝, 皆率衆來, 上書招諭使, 願得一人受節制, 招諭使金誠一檄應銖爲大將, 諸義士咸屬, 軍聲大震. 應銖分諸將爲三殿, 邀賊朴淵上敗之, 又追敗之召溪, 又自將步騎千, 屯于古縣之沙川, 掣賊之潰入河陽者, 賊襲其威名, 相戒不敢犯. 初李珏旣遁, 朝廷以密陽人朴晉代爲兵使, 至是晉檄應銖使進復永川, 應銖割所將兵三千五百爲五部, 泣誓衆曰: "行朝邈在西陲, 此誠臣子效死之秋, 爾尙一心力滅賊, 賊不滅, 毋見父母." 衆皆泣曰: "諾!" 又令曰: "亂言者斬, 見賊退五步者斬, 不用命者斬, 失伍者斬." 皆應曰: "諾!" 遂進屯郡之楸坪, 分兵城外水道以困賊, 已乃進兵川南, 距城二百武. 士營日耀兵不戰, 伺賊少怠, 仰射黑衣將踣之, 乘其擾魔師進薄之, 賊開門悉衆迎之, 師少卻. 應銖怒, 奮馬大呼, 馳射直奔入陣中, 斬其驍將一, 賊小退. 會日暮收兵. 明日復戰, 賊尙强, 莫利先登. 應銖手斬二人以殉, 士皆股栗爭前, 大傅之城櫓下, 斬守堞者十餘人, 乃搥門入, 遇覆于巷, 疾戰良久, 斬首數百級, 是日東南風急, 應銖下令軍中順風縱火, 官民屋廬立燒盡, 賊氣索, 自蹂踐相殺死者數千萬, 屍

骸枕藉, 街巷皆滿. 其逃火者爭投入水中, 水爲不流. 又遣兵守城, 西北隅有超城走, 輒劍斫之, 無一人走脫者. 遂復永川. 先是賊旣陷慶州, 連營至永川, 永無守入據之, 屯精銳兵二萬. 大丘·義城·軍威, 亦各屯兵數萬相掎角, 及永破三路賊亦皆拔寨遁去, 而嶺左復全, 應銖力也. 事聞擢晉嘉善大夫, 應銖兵馬虞侯, 諸將論功有差. 應銖長軀偉要, 方面戟髥, 狀貌燁燁動人. 勇悼便騎射, 尤善用片箭, 中輒貫數人, 賊望之卽大驚跳去. 性嚴毅, 號令明肅, 犯法者唯問法如何, 不少貰, 然臨危奮躬, 以先士卒, 躡陣雄呼, 意氣益厲, 戰勝輒推功與人不自居, 故能得士心, 爭樂爲之用. 晉欲遂取慶州, 以應銖爲先鋒, 朴毅長副之, 帥十六邑兵萬餘進薄慶州, 募壯士焚城外人家, 大軍從烟焰霧雨中蓋擁而進, 圍城數匝. 戰方酣, 賊潛兵襲我後, 我師驚潰, 棄甲投戈而走. 應平力戰, 墜馬爲賊擒, 應銖馬亦中丸死, 應洙徒步奔賊陣, 奪應平還, 賊相顧駭曰: "此復永川將軍也." 所至披靡然, 大軍已却, 遂退屯于安康, 後晉用飛擊震天雷 -砲名- 擊城, 始復慶州. 觀察使金誠一馳奏應銖智勇, 可令專制一面, 毋爲人所制, 上拜應銖爲左兵馬助防將, 合七郡兵截賊于聞慶之唐橋. 復拜左道兵馬節度使, 引輕騎三百, 日踔二百里, 逐連賊之屯豊山者, 蹂之安東城下. 又簡死士四百, 夜擣賊之掠密陽者, 殺其將, 以左防禦使進階嘉善, 轉本道兵馬左別將兼忠淸道防禦使. 奉天子詔率所部赴天將營, 至彦陽聞沿海賊入黃龍寺劫兵粮, 倍道還擊走之. 駐軍慶蔚間, 以奇兵百嚇走賊帥淸正于倉巖幾獲之. 未幾賊連兵機張東萊, 欲轉入延日興海. 應銖詗知之, 檄二縣授方略, 促兵至安康界搜賊, 果遇諸洪川, 令軍中勿妄發一矢. 吹螺鳴笳以示閒暇, 賊望見兵少, 麾兵來鬪. 我軍棄旗鼓佯敗走, 及兄江, 延興兵已屯江上, 左右夾擊之, 應銖還兵衝其前, 蹴賊于江盡之. 捷聞上欲超應銖一資, 議者以不利和好沮之. 時倭酋行長陽與我講和, 欲脫其王子俘者, 然實無還兵意. 應銖謂彼以計愚我耳, 匪情也, 憂憤疾作, 上疏乞解兵不許, 乃還軍慶州. 賊拔大丘之公山, 應銖用銳卒五百奪之. 尋以兵屬副揚兵解生, 從至經理楊鎬陣, 燒殺島山諸賊. 會天子大發兵十四萬來, 宿留南徼賊, 戰不利解去. 朝廷以應銖爲防禦使兼密陽府使, 屯田鍊卒以備後, 踰年辭歸新寧故里. 尋策討倭功賜號效忠仗義協力宣武功臣, 封花山君, 進秩資憲. 已而復有倭警, 拜本道防禦使兼察理使, 居一年倭請平, 而應銖亦解歸. 朝廷屢以官召之皆不就, 識者多其善居功云. 應銖官至摠戎使工曹判書, 家居二年病卒. 仁祖二年贈左贊成, 肅宗十九年賜諡忠毅. 嶺人追慕其功德, 爲立祠新寧之龜川, 以時祀之. 論曰, 余聞應銖高麗太師幸之苗裔也. 生之日, 太師廟玉笛自鳴. 語曰: "高山之下, 必有深淵." 信哉. 烏虖! 當壬癸之際, 膻氛翳日, 鞨鼓震地, 中外握虎腰符之臣, 擧皆鼠竄獸駭, 救死之不暇, 而應銖以閭井匹

권응수(權應銖)139)는 임진왜란 당시의 명장이다. 임진왜란은 한국 한문학이 다룰 수 있는 가장 큰 규모의 사건이다. 그리고 전쟁에서 가장 주목받는 인물은 혁혁한 공을 세운 군인이다. 따라서 「권응수전」은 "인물과 사건을 가진 이야기가 서사"라는 정의에 가장 적절한 작품이라고 할 수 있다. 이 작품은 권응수가 명장(名將)으로 형성되고 임진왜란에서 활약하는 과정을 기술하고 있기에 "무슨 일이 일어났는가?"라고 하는 문제뿐만 아니라 "어떻게 전개되었는가?"라고 하는 사건 진행의 과정까지 보여 주고 있다. 이러한 점에서 서사의 일 요소인 '움직임'을 충족시키고 있다.

　　'시간'도 입체적으로 구성되어 있다. 기본적으로는 임진왜란의 진행 과정 중 권응수가 활약하는 것으로 시간 구성이 되어 있으나, 박진(朴晉)140)을 병사(兵使)로 삼은 사실과 왜적이 경주를 함락한 사실 등은 순서를 바꾸어 기술하였다. 그리고 영웅전에서 중시되는 신이한 출생담은 일반적으로 앞부분에서 기술되기 마련인데 이 작품은

夫, 提數百羸弱之卒, 當天下莫強之寇, 大小十餘戰, 用寡敵衆. 所震無堅, 卒能蕩其腥穢, 復我衽席, 雖古名將何以過之哉? 余童時則聞長者誦說權忠毅公討復事, 未嘗不嘖嘖稱奇. 顧莫諳其本末, 曩見雷淵南公有容所撰神道碑, 叙事極詳密. 但慶州之敗, 碑獨不著, 反稱賊毁營而遁, 此事頗失實, 豈故諱之歟? 余乃撫其事爲傳, 而復正其謬如左. 又按碑稱天朝摠兵劉綎屯八莒, 應銖與郭再祐往議軍事, 摠兵勞之曰, "當今諸將曉兵機, 盡力王家, 無出將軍右者, 勉之." 提督李如松亦聞其善用奇兵奇之, 使人遺錦段龍硏曰: "以此相賀." 二事人至今豔稱之云. (「權應銖傳」)

139) 권응수(權應銖): 1546~1608. 조선 중기의 의병장·무신. 자는 중평(仲平). 호는 백운재(白雲齋). 시호는 충의(忠毅).
140) 박진(朴晉): 조선 중기의 무신. 본관은 밀양(密陽). 자는 명보(明甫). 아버지는 인수(麟壽). 무신 집안 출신으로 비변사에서 근무하다가 1589년 심수경(沈守慶)의 천거로 등용되어 선전관을 거쳐, 1592년에 밀양부사가 되었다.

후반부, 그것도 논찬부(論贊部)에 포치하였다. 명나라 장군 유정(劉綎)과 이여송(李如松)의 칭찬도 역시 시간의 순서를 바꾼 것에 해당한다.

'임진왜란'이라는 사건으로서의 동기와 '권응수'라는 인간으로서의 반응이 연계성과 유기성을 유지하고 있다. 이것이 '서사의 의미'다. 이덕무의 "서사가 상밀(詳密)하다"는 평가는 특히 사건과 그에 대응하는 인물간의 관계 양상에 주목한 것으로 보인다.

이 작품의 첫 문장은 "권응수(權應銖)의 자는 중평(仲平)이니 그 선조는 안동 인인데 후에 신녕(新寧)으로 이사하였다."이다. 전(傳)의 인물소개부는 지리할 정도로 가문의 내력을 나열하는 것이 일반적 형태인데 이 작품은 최소한의 내용만을 서술하고 있다.

그 다음은 권응수가 명장으로 형성되는 과정으로, 병법을 익히게 되는 동기·국가 수호의 굳은 의지·무과 급제·임진왜란 이전까지의 환력(宦歷)을 간략한 필치로 서술하였다.

가장 비중 높은 서술은 임진왜란 시기의 활동인데 그 내용을 요약하면 다음과 같다.

창의(倡義)—화동(火洞) 전투 승전—한천(漢川) 전투 승전—김성일(金誠一)에 의한 대장 추대—박연(朴淵) 전투 승전—영천(永川) 수복—경주(慶州) 수복—좌병마조방장으로 임명—풍산(豊山)에서의 승리—당교(唐橋) 방어—좌병마절도사로 임명—안동성 전투 승전—병마좌별장 겸충청도방어사로 임명—언양(彦陽) 전투 승전—형강(兄江) 전투 승전—소서행장의 기만술 간파—팔공산(八公山) 탈환—도산(島山) 전투 승전—방어사 겸밀양부사로 임명—귀향—효충장의협력선무공신 사호(賜號), 화산군(花山君)으로 책봉, 자헌(資憲)으로 승질(昇秩)—방어사 겸찰리사로 임명—귀향.

위의 사건 중에서 서유구가 가장 중점을 둔 것은 영천 전투인데 전투의 전개 과정을 소상하게 기술하였다. 또 권응수의 외모와 성격을 영천전투의 말미에 기록하고 있으니 그의 행적에서 가장 정채롭다고 판단한 것으로 보인다. 이는 사건과 인물을 유기적이고 입체적으로 구성하려는 의도적 기술이다.

논찬부에서는 권응수에 대한 논평과 함께 그의 영웅성을 극대화할 수 있는 일화를 추가하고 있다. 앞서 말한 기이한 출생담과 명나라 장군 유정(劉綎)과 이여송(李如松)의 극찬이다.

전(傳)은 인물의 행적 기록을 목적으로 하는 문체이다. 따라서 인물에 대한 기술에 중점을 두기 마련이다. 그러나 단순히 인물의 신상에 대한 기록의 양이나 위치로는 고유의 목적을 효과적으로 달성할 수 없다. 그래서 서유구는 인물에 대한 불필요한 내용은 과감하게 생략하고 사건 속에서 생동하는 인물을 서술함으로써 입체성을 확보하려고 하였다. 그것을 위하여 개개의 사건 간에 연속성과 필연성을 부여하고 있음을 확인할 수 있다. 이와 같은 수사기법상의 효과를 이의준은 '돈좌(頓挫)'라고 개괄한 것이다.

5) 의논에 대한 비평

'의논(議論)'은 사물의 본질이나 그것에 내재하는 법칙성을 분석하거나 논증하여 독자의 이성적 인식을 제고하거나, 사실에 대한 논리적 추리를 통하여 작가의 관점을 드러내 밝히거나, 작가의 처지·태도·주장 등을 천명하는 표현 방법의 일종이다. 의론은 여러 문체에서 사용되는 중요한 표현방식의 하나로서 개념·판단·추리 등의 논리적 형식으로 사용되는데 여기에는 논점·논거·논증 등의 요소들이 포함된다. 논점에서 중요한 것은 작가의 관점이나 주장이 정확하고 선명해야 한다는 것이다. 논점의 사실과 근거에 해당하는 논거는 확실성·충실성·전형성 등이 요구된다. 그리고 논증은 논거를 가지고 논점을 증명하는 과정이기에 엄밀성과 합리성이 요구된다. 의론은 서술이나 묘사 혹은 설명의 기초 위에 작가의 감상이나 인식을 도출하여 인물이나 사건·사물에 대한 작가의 평가를 드러낸다.

『풍석고협집』에서 의론에 대한 비평이 부기된 작품으로는 「상중부명고선생논사서집석서(上仲父明皐先生論四書輯釋書)」가 있다.

「상중부명고선생논사서집석서」의 전문을 보면 다음과 같다.

> 『사서집석초본(四書輯釋抄本)』은 장정이 다 되었습니까? 제가 생각하기에 이 책은 또 모름지기 비용을 들여 교감(校勘)하여야 비로소 간행할 수 있을 것입니다. 우리나라의 유자(儒者)들은 딱하게도 교정학(校正學)이 없어서 한번 조판 인쇄를 하면 오류가 무수히 나오니 도처에 모두 '절군(絶羣)의 오류'[141]와 '목단(牧丹)의 기롱'과 같은 것이 있습니다. 이와 같은 것은 책이 없는 것과 같으니 신중하지 않을 수 없습니다.

---

141) 『위서(魏書)』, 「최효분전(崔孝芬傳)」에 "이표(李彪)가 최정(崔挺)에게 이르기를 '요즘 그대의 자제를 만났는데, 그대의 자제가 황제를 뵙자 황제의 지유(旨諭)가 매우 두터우니, 이제 내가 군(群)을 위하여 기(紀)에게 절을 하여야겠다.[今當爲群拜紀]'고 했다."라고 하였는데, 이는 『삼국지』, 「진군전(陳群傳)」의 사실로 "진군의 자는 장문(長文)이며 진기(陳紀)의 아들이다. 당시 노국(魯國) 공융(孔融)이 재주가 많고 거만하였는데, 그는 나이가 기(紀)와 군(群)의 중간에 있었다. 그래서 처음에는 기와 벗하였다가 뒤에 군과 사귀게 되자, 다시 기에게 절을 하였다."라고 하였다. 그런데 『북사(北史)』에는 '今當爲絶群耳'라고 고쳐서, 기(紀)와 군(群)이 이름인 줄을 모르고 기(紀)를 절(絶)로 고치고 또 문장을 도치하였다.

대개 『집석(輯釋)』142)의 출간이 주자가 살던 시기와 멀리 떨어지지 않고 또 능히 여러 책을 모아 하나로 만들어 상세함과 간결함이 적당하여 자못 정밀하고 절실하다고 칭해졌습니다. 그러나 한번 영락(永樂) 연간에 유신(儒臣) 호광(胡廣) 등이 명을 받들어 『사서대전(四書大全)』143)을 편찬하여 학궁(學宮)에 반포한 이래로 『집석』이 드디어 폐기되었습니다. 그러나 『대전』은 전적으로 『집석』을 따라서 조금 더 보태고 깎아냈지만 상세함과 간결함이 도리어 옛것만 못합니다.

『대학혹문(大學或問)』· 『중용혹문(中庸或問)』의 경우에는 중간에 잘못된 것이 많습니다. 『대학혹문』에 "70명의 제자가 죽는 것을 기다리지 않고도 대의(大義)가 이미 어그러졌다.[不待七十子喪而大義已乖矣]"는 말이 있는데 『집석』에는 그것을 풀이하여 "유흠의 「이태상박사서(移太常博士書)」144)와 「공자가어후서(孔子家語後序)」145)에 나온다."라고 하였습니다. 그런데 『대전』에는 문득 유흠의 「이태상박사서」를 제거하고 다만 "「공자가어후서」에 나온다."라고만 말하였으니 이는 선후를 분변하지 못한 것입니다.

『중용혹문』에서 가연지(賈捐之)146)가 원제(元帝)에게 대답한 말을 인용하였는데, 『집석』에서는 그것을 풀이하여 "『한서』, 「가연지전

---

142) 집석(輯釋): 중정사서집석(重訂四書輯釋). 원나라 예사의(倪士毅)의 저서.
143) 사서대전(四書大全): 명나라 성조(成祖) 때 한림학사 호광(胡廣) 등이 칙명(勅命)에 의하여 편찬하였다. 주로 주희(朱熹)의 주석에 대한 송나라 유학자들의 설을 모은 것으로, 원나라의 예사의(倪士毅)가 쓴 『사서집석(四書輯釋)』을 바탕으로 하고 있다. 36권. 『오경대전(五經大全)』· 『성리대전(性理大全)』과 함께 널리 발간되어 당시 관리 등용시험의 교재로 사용되었다. 이 외에 후대의 사람들이 산정(刪定)한 것으로, 청(淸)나라의 육농기(陸隴其)가 엮은 삼로당판(三魯堂板) 『사서대전』 40권 등이 있다.
144) 七十子終而大義乖.
145) 七十二弟子終而大義乖.
146) 가연지(賈捐之): 서한의 정치가, 문학가. 자는 군방(君房). 낙양인.

(賈捐之傳)」에서 '후궁의 색(色)이 성하면 현자가 숨어버리고 영신(佞臣)이 집권하면 쟁신(諍臣)이 입을 닫습니다.'라고 하자 문제는 행하지 않았다.'라고 하였다. 이것은 가연지의 말로 문제가 후궁과 영신(佞臣)의 청을 듣지 않았다는 것을 의미할 따름이거늘, 『대전』에서는 원제가 행하지 않았다고 고쳐서 말하였습니다.147) 이는 옛글을 알지 못하는 것이니 이 말은 고염무(顧炎武)148)의 『일지록(日知錄)』에도 있으며149) 장주(長洲) 왕분(汪份)150)이 『사서대전』의 오류를 교정(校訂)한 것입니다.

선유(先儒)의 성씨는 갑(甲)을 바꾸어 을(乙)이라고 하고 경사(經史)의 인용에 있어서는 동(東)을 가리켜 서(西)라고 하는 등 가지가지의 하자가 일일이 열거할 수도 없습니다.

대저 전인(前人)이 아직 완성하지 못한 책을 인연하여 윤색을 더하는 것은 공(功)이지만 전인이 이미 완성한 책을 표절하여 자기의 소유로 만드는 것은 도적입니다. 또 하물며 진실을 가리고 오류를 더함에 있어서이겠습니까? 주이존(朱彝尊)151)이 그 점에 대하여 논하기를

---

147) 前漢, 賈捐之傳, 捐之, 字君房, 賈誼之曾孫也. 元帝初元元年, 珠崖又反, 發兵擊之, 珠崖在南方海中洲居, 詰問捐之, 捐之對其畧曰: "至考文皇帝, 閔中國未安, 偃武行文, 逸遊之樂絶, 奇麗之賂塞, 鄭衛之倡微矣. 夫後宮盛色, 則賢者隱處, 佞臣用事, 則諍臣杜口." 而元帝不行.
148) 고염무(顧炎武): 명말청초의 학자(1613~1682). 자는 영인(寧人). 호는 정림(亭林). 저서로 『일지록(日知錄)』 등이 있다.
149) 自永樂中命儒臣纂修四書大全, 頒之學官, 而諸書皆廢. 倪氏輯釋今見於劉用章所刻四書通義中. 永樂中所纂書大全特小有增刪, 其詳其簡或多不如倪氏. 大學中庸或問則全不異, 而間有舛誤剟.
150) 왕분(汪份): 청나라의 이학가(1655~1721). 자는 무조(武曹). 강소(江蘇) 장주인(長洲人). 저서로 『왕정논어대전(汪訂論語大典)』, 『왕정맹자대전(汪訂孟子大典)』 등이 있다.
151) 주이존(朱彝尊): 청대 초기의 사상가, 문학자(1629~1709). 자는 석창(錫鬯). 호는 죽타(竹垞). 처음에는 벼슬에 뜻이 없어 각지를 편력하면서 학문에 정진하

"조정은 속일 수 있고 상과 녹은 탐할 수 있지만 후세는 속일 수 없다."
라고 하니 대개 이미 그것을 깊이 미워한 말입니다.

지금 학교의 학과(學課)와 과거에서 취하는 것은 모두 『대전』을 사용하고, 드러내 율령으로 삼기에 경생(經生)과 학사(學士)가 『대전』 이외에 또 어떤 책이 있는지 모릅니다. 그래서 시험 삼아서 『대전』에 없는 내용을 물어보면 눈을 동그랗게 뜨고 이마에 땀을 흘리며 대답을 하지 못합니다. 사정이 이와 같은데도 일대(一代) 교학(教學)의 공(功)을 빛내며 천고(千古) 유림(儒林)의 통서(統緒)를 잇는다는 것이 또한 어근버근 어렵지 않겠습니까?

『집석』은 전승이 끊긴지 오래되어 유독 용장(用章) 유염(劉剡)[152]이 간행한 『사서통의(四書通義)』에 부록으로 보이고 근년에는 『절강서목(浙江書目)』에서 보이는데, 또 "「자한」 이하의 3편이 빠져 일실되었다"라고 하였습니다. 그러니 예씨(倪氏)[153]의 전문(全文)은 유독 이 책에 있을 따름입니다.

아! 경전을 연구하고 저술하는 선비가 얼굴을 들어 집 대들보를 올려다보고 정신을 도야하여 일생 저작의 공부를 하면서도 감히 스스로 수고롭다고 여기지 않는 이유는 명예에 신경을 쓰기 때문입니다. 이에 사후에 전해지는 것이 얼마 지나지 않아서 남의 책 상자를 여는 도둑이 훔쳐가니 몹시 슬퍼할 만합니다. 그런데 이 책(『집석』)은 더욱

고 또 사적(史蹟)의 고증에 힘썼다. 박학하고 시에 뛰어나 왕사정(王士禎)과 함께 '남주북왕(南朱北王)'이라 일컬어지며 사(詞)는 절서사파(浙西詞派)의 창시자라 불린다. 저서로 『경의고(經義考)』(30권) 등이 있다.

152) 유염(劉剡): 명나라의 이학가. 안휘(安徽) 휴녕인(休寧人). 자는 용장(用章). 저서로 『사서통의(四書通義)』 등이 있다.

153) 예씨(倪氏): 예사의(倪士毅). 원나라의 이학가. 휘주(徽州) 휴녕인(休寧人). 자는 중홍(仲弘). 호는 도천(道川). 사시(私諡)는 문정(文靜). 진력(陳櫟)에게 수학했다. 저서로 『중정사서집석(重訂四書輯釋)』 등이 있다.

전할 만하고 사라질 수 없는 것으로서 지금 다행히 벽 속의 간직된 책이 별 탈이 없고 무덤 속의 책이 아직도 존재합니다. 그러니 의당 지금에라도 밝혀내서 끝내 천하에 인멸되지 않게 하는 것이 인인(仁人)·군자의 마음 씀씀이입니다. 다만『집석』이 나온 뒤로 원·명 이래의『몽인(蒙引)』·『존의(存疑)』·『곤면록(困勉錄)』154)과 같은 여러 책들은 모두 이어서 채택할 만합니다.

선생께서 수년의 공부를 써서 같고 다름을 참조 교감하고 그 의례(義例)를 조사 교정하며 또 제가(諸家)의 풀이를 채집하여 모아서 부록으로 만드는 것이 좋겠다는 것이 보잘것없는 저의 생각입니다.

이에 이끌어 신장시키고 확충하여『주역』은『절중(折中)』155)을 사용하고『시경』·『서경』·『춘추』는『휘찬(彙纂)』156)을 사용하고 삼례(三禮)는『의소(義疏)』를 사용하여157) 오류를 더 바로잡습니다. 그리

---

154) 몽인(蒙引):『사서몽인(四書蒙引)』. 명나라 채청(蔡淸: 1453~1508)의 저서. 주자의 학설을 발전적으로 계승하였다.
존의(存疑):『사서존의(四書存疑)』. 명나라 임희원(林希元: 1481~1565)의 저서.
곤면록(困勉錄):『사서강의곤면록(四書講義困勉錄)』. 청나라 육롱기(陸隴其: 1630~1692)의 저서. 육롱기는 주자의 이학을 존숭하고 왕수인의 심학을 배척하였다.
155) 절중(折中):『주역절중(周易折中)』. 청나라의 이광지(李光地: 1642~1718)가 칙명으로 편찬한 서적.
156) 휘찬(彙纂):『춘추전설휘찬(春秋傳說彙纂)』- 청나라 왕섬(王掞: 1644~1728) 등이 칙명으로 편찬한 서적.『서경전설휘찬(書經傳說彙纂)』- 청나라 왕욱령(王頊齡: 1642~1725) 등이 칙명으로 편찬한 서적. 한·당·원·명 제가의 설을 모았다.『시경전설휘찬(詩經傳說彙纂)』- 청나라 왕홍서(王鴻緒: 1645~1723) 등이 칙명으로 편찬한 서적. 주희의『시경집전』이 갖는 오류에 대한 문제의식 하에 편찬되었다.
157) 삼례의소(三禮義疏): 건륭 원년(1736)에 착수하여 건륭 13년(1748)에 완성한 삼례학(三禮學)의 집대성 서적.『주관의소(周官義疏)』(48권)는 방포(方苞)가 주관하였고,『의례의소(儀禮義疏)』(48권)는 주학건(周學健)이 주관하였으며『예기의소(禮記義疏)』(82권)는 이불(李紱)이 주관하였다.

고 차례로 『효경』・『이아』에 미치고 『대학』과 『중용』은 『예기』로 환원시키고 『좌전』・『곡량전』・『공양전』을 각각 독자적으로 책을 만듭니다. 그리고 이들을 모두 합하여 『십삼경전설(十三經傳說)』을 완성하되 주소(註疏)는 앞에 편집하고 전설(傳說)은 뒤에 편집합니다.

여러 유학자의 차해(箚解)를 망라하여 고금이 아울러 거두어들여지고 여러 성인의 모훈(謨訓)을 천양하여 은미하고 오묘한 것이 다 드러나게 된다면 도리어 거룩한 일이 아니겠습니까? 그것이 비록 지금 유행하지 않더라도 오히려 책상자에 간직하여 백세(百世)를 기다릴 수 있으리니, 조카는 의당 붓과 벼루를 받들고 일을 도와 교열(校閱)한 뒤에 붙이고 이름을 책 끝에 쓸 수 있다면 또 충분히 불후(不朽)가 될 것입니다.

『시경』의 소서(小序), 『서경』의 고문(古文), 『대학』의 개본(改本), 『춘추』의 춘왕정월(春王正月)은 나의 마음을 공정하게 하고 나의 눈을 크게 하여 저 두려워 소리 지르는 턱을 버티게 하고 우리의 바르고 바른 기치를 세우나니 흔들리지 말고 두려워 마는 것이 옳을 것입니다.

뒤를 돌아보고 앞을 보면서 눈치를 살펴 결단하는 것이 마땅한데도 결단하지 않는다면 논쟁이 수없이 많아도 탁월한 의견을 내는 사람이 없을 터이니 후인(後人)의 책임이 어떠하겠습니까? 외람됨을 잊고 말을 많이 하였으니 죄송하고 죄송합니다.158)

청나라의 경학 분야 관찬(官撰) 서적으로 대표적인 것으로 『주역절중(周易折中)』(22卷), 『서경전설회찬(書經傳說彙纂)』(24권), 『시경전설회찬(詩經傳說彙纂)』(22권), 『춘추전설회찬(春秋傳說彙纂)』(38권), 『주관의소(周官義疏)』(48권), 『의례의소(儀禮義疏)』(48권), 『예기의소(禮記義疏)』(82권) 등이 있다.

158) 四書輯釋抄本, 已裝池成否? 竊謂此本, 更須煞費勘校, 始可登刊. 我東儒者苦無讎書之學, 板印一行訛舛百出, 絶羣之誤, 牡丹之譏, 在在皆是. 若此者與無書等, 不可不愼也. 蓋輯釋之出, 去朱子不遠, 又能集羣書而一之, 詳簡得宜, 頗稱精切. 一自永樂中, 儒臣胡廣等承命纂修四書大全, 頒之學宮, 而輯釋遂廢, 然大全全襲輯釋, 少有增刪, 其詳其簡, 反不如舊. 大學中庸或問則間多訛

「상중부명고선생논사서집석서」는 서유구가 중부(仲父) 서형수(徐瀅修)에게 『사서대전(四書大全)』의 단점을 논하고 그 대안으로 『사서집석』을 편찬 간행하기를 요청하는 편지이다. 이 글에서 서유구의 논점은 '『집석』이 정확하고 상세하면서도 간결한데도 민멸 위기에 놓였으니 그것을 편찬 간행하여 『사서대전』 일색의 조선 학계가 갖는

誤. 大學或問有不待七十子喪而大義已乖之語, 輯釋釋之曰: "出劉歆移太常書及孔子家語後序." 大全則輒去劉歆書, 但云: "出家語後序", 是不辨先後. 中庸或問引賈捐之對元帝語, 而輯釋釋之曰: "漢書本傳云: '後宮色盛則賢者隱微, 佞臣用事則諍臣杜口, 而文帝不行.'" 此捐之之言, 謂文帝不聽後宮佞臣之請爾, 大全則改云元帝不行, 是不知古書, 此說在顧寧人日知錄, 而汪長洲份所訂四書大全之誤. 先儒姓氏, 換甲作乙, 經史引用指東爲西, 種種疵纇, 不可更僕數. 夫因前人未成之書而益加潤色功也, 剿前人已成之書而竊爲己有賦也. 又況捐其眞而增其謬乎? 朱錫鬯論之曰: "朝廷可欺, 賞祿可饕, 後世不可誣." 蓋已深疾之矣. 今庠序所課貢闈所取, 皆用大全, 著之爲律令, 經生學士不知大全以外更有何書. 試問以大全所無則瞪目泚顙, 莫之能對. 如是而章一代敎學之功, 繼千古儒林之統, 不亦夐夐乎其難哉? 輯釋絶傳已久, 獨附見於劉用章刻所刻四書通義, 而近見浙江書目, 又稱子罕以下三篇闕逸, 然則倪氏全文, 獨是書在耳. 嗟乎! 窮經著書之士, 當其仰面屋梁, 陶精冶神, 用一生鉛槧之工而不敢自勞者, 爲名使也. 酒湜湜身後之傳, 未幾肱篋之盜竊發, 甚可悲也, 而是書尤可傳不可沒者, 今幸壁中之藏無恙, 冢裏之編尙存, 宜及今表章, 毋使終湮滅於天下, 此仁人君子之用心也. 但輯釋出後, 元明以來如蒙引存疑困勉錄諸書, 皆可續采. 區區愚意, 竊願先生用數年之工, 參校其異同, 攷正其義例, 復采諸家之解, 彙爲附錄. 於是引而伸之, 擴而充之, 易用折中, 詩書春秋用彙纂, 三禮用義疏, 益加檃栝. 次及孝經爾雅, 而大學中庸, 還之禮記, 左傳穀梁公羊, 各自爲書. 合成十三經傳說, 而註疏爲前編, 傳說爲後編. 網羅諸儒之箋解, 而古今幷收, 闡揚羣聖之謨訓, 而微奧畢顯, 顧不偉歟? 雖卽不行于今, 猶可藏之笥篋, 以竢百世. 從子當奉筆硯相役, 得附訂閱之末, 掛名編尾, 亦足不朽矣. 若夫詩之小序, 書之古文, 大學之改本, 春秋之春王正月, 公吾心大吾目, 拄彼嘵嘵之齲, 立我正正之幟, 勿撓焉勿懾焉可也. 顧後瞻前, 當斷不斷, 則盈庭之訟, 終無堂上之人矣. 其於後死之責何哉? 忘猥飁縷, 悚仄悚仄. (「上仲父明皐先生論四書輯釋書」)

문제점을 제거해야 한다.'는 것이다.
  서유구의 논점은 다음과 같다.
  ①『집석』은 주자가 살던 시기와 멀리 떨어지지 않은 때에 간행되었기에 주자의 견해를 정확하게 반영하고 있다.
  ②『집석』은 여러 책을 모아 하나로 만들어서 상세함과 간결함이 적당하기에 정밀하고 절실하다고 칭해졌다.
  ③ 호광(胡廣) 등이 명을 받들어『사서대전』을 편찬하여 학궁(學宮)에 반포한 이래로『집석』이 폐기되었다. 그러나『대전』은 전적으로『집석』을 따라서 조금 더 보태고 깎아냈지만 상세함과 간결함이 도리어『집석』에 미치지 못한다.
  서유구는 자신이 제시한 논점을 논증하기 위하여 다음과 같이 다양한 구체적인 논거를 제시하였다.
  ①『대전』은 자료 인용의 선후를 분별하지 못하는 문제가 있다. 그 예로『대학혹문』의 "不待七十子喪而大義已乖矣."라는 구절을『집석』에서는 "「이태상박사서」와 「공자가어후서」에 나온다."고 하였으나『대전』에서는 "「공자가어후서」에 나온다."라고만 말하였으니 이는 선후를 분변하지 못한 것이다.
  ②『대전』은 풀이가 정확하지 못하다. 예를 들면『중용혹문』에서 가연지가 원제에게 대답한 말을 인용하였는데,『집석』에서는 그것을 "『한서』,「가연지전」에서 '후궁의 색(色)이 성하면 현자가 숨어버리고 영신(佞臣)이 집권하면 쟁신(諍臣)이 입을 닫습니다.'라고 하자 문제는 행하지 않았다.'라고 풀이하였다. 이것은 가연지의 말로 문제가 후궁과 영신의 청을 듣지 않았다는 의미이다. 그러나『대전』에서는 원제가 행하지 않았다고 고쳐서 말하였으니, 이는 옛글을 알지

못하는 것이다. 이것은 고염무와 왕분(汪份)도 지적한 오류라고 지적하고 있다.

③『대전』은 열거할 수 없을 정도로 선유(先儒)의 성씨가 틀리거나 경사(經史)의 인용에서 오류가 많다.

④ 현재 학교의 학과(學課)와 과거에서 모두『대전』을 정본으로 사용하고 있으며, 그것을 율령으로 삼기에 경생(經生)과 학사(學士)가『대전』이외에는 어떤 책이 있는지도 모른다. 이는 학문의 발전과 유학의 전통을 계승하는데 장애가 된다.

이와 같은 「상중부명고선생논사서집석서」는 서유구는 자신의 논점의 논증하기 위하여 다양하고 구체적인 논거를 제시하였다. 그래서 이의준은 "경전에 대한 담론이 근사한 글이다. 후폭은 의논은 고상하고 규모가 커서 천 길에 옷을 떨치는 모양이 있다."159)라고 비평하였다. 특히 이의준이 '후폭의 의논이 고상하고 규모가 크다'고 평한 이유는 서유구가 십삼경의 완전한 텍스트 편찬에 대한 견해를 밝히고 있기 때문이다.

6. 효용론 관련 비평

한국 고전 문학 연구에서는 Horatius가『시학(詩學)』에서 "시는 독자에게 교훈이나 쾌락을 주어야 한다."라고 한 효용론이나 유약우(劉若愚)가 '효용론은 유가사상을 토대로 문학이 정치적·사회적·도덕

---

159) 談經爾雅之文, 後幅議論高大, 有振衣千仞之像. 愚山.

적·교육적 목적을 성취하는 가장 영향력 있는 이론'160)이라고 한 유가적 효용론을 큰 고민 없이 원용하였다.

  Horatius가 제시한 효용론에서 '쾌락'은 한문학과 다소 거리가 있는 개념이지만 '교훈'은 정교적(政敎的) 기능을 중시하는 한문학 작품의 분석 이론으로 더없이 좋은 개념이기 때문이다. 물론 효용론을 특정 이론으로 한정하지 않은 경우도 있지만 한문학 연구자들은 대체로 유약우의 유가적 효용론을 하나의 이론으로 발전시켜 왔다. 그 결과 한문학 비평에서 원용된 효용론은 크게 두 가지 양상을 보인다. 첫째는 문학과 도의 관계에 대한 연구이다. 이는 문학은 도의 가치와 의의를 표현하는 도구라는 관점에 대한 것이다. 또 하나는 문학과 성정(性情)의 관계에 대한 연구이다. 이는 문학이 독자의 성정을 도야하는 수단, 즉 교화의 수단이라는 관점에 대한 것이다.161) 이와 같이 유가적 문학이론의 범주 속에서 효용론이 논의된 결과 효용론은 유가적 문학론에 매몰·종속되고 말았다. 그러나 본고에서는 '문학의 쓰임새'라는 원론적 차원의 효용론을 제시하고자 한다.162) 이는 유가적 효용론을 토대로 하되, 문학의 기능적 측면을 확장하여 문학의 존재 가치를 탐색하는 작업이 될 것이다.

---

160) 유약우 저, 이장우 역(1984), 『중국의 문학이론』, 동화출판사, 204쪽.
161) 정대림, 『한국 고전문학 비평의 이해』, 태학사, 1991, 10쪽.
162) 예를 들면 정하영 교수는 문학의 효용성이 갖는 큰 비중에 대하여 "문학 연구의 가장 중요한 과제 가운데 하나는 문학 자체의 효용성을 밝히는 일이다. 이 문제는 작가에게 있어서나 독자에게 있어서나 다 같이 중요한 관심의 대상이 된다. 작가의 창작활동이나 독자의 독서활동은 문학의 효용성을 확실히 인정하는 바탕 위에서나 가능한 일이기 때문이다."라고 한 말은 같은 것이다.(「균여의 문학효용론」, 『일산 김준영 선생 정년기념논총』, 형설출판사, 1975, 217쪽)

6. 효용론 관련 비평

『풍석고협집』의 작품에 대한 비평 중에는 그 '쓰임새'를 논한 것들이 다수 있다. 따라서 본고는 효용론적 관점에서 이루어진 비평을 연구의 대상으로 설정하되, 실제 작품의 분석을 통하여 그와 같은 비평이 이루어진 요인을 탐색해 보려고 한다.

1) 인간의 가치 발현의 수단

문학의 가장 중요하고 기본적인 효용 가운데 하나는 그럴만한 가치가 있다고 판단되는 사건과 인물에 대하여 문자로 기록함으로써 그것을 장기간 보존하고 광범하게 전파하는 것이다. 특히 인간의 가치를 발현하고 후세에 전하는 것은 문학의 중요한 효용으로 꼽는다. 그와 같은 성격의 비평이 붙은 작품으로 「송원사곡기하자 유서(送遠辭哭幾何子 有序)」를 들 수 있다.

「송원사곡기하자 유서」의 전문을 보면 다음과 같다.

> 멀리 전송하는 글로 기하자(幾何子)를 곡함 －서가 있음
> 나의 사숙 선생은 기하자(幾何子) 유탄소(柳彈素)다. 내가 더벅머리가 머리를 덮으면서부터 탄소를 좇아 공부하여 지금 내 수염이 그 때의 머리털처럼 길어졌는데 탄소의 발자취가 일찍이 하루도 나에게 있지 아니한 적이 없었다. 심지어 주객의 예를 차리지 않고 무릎을 맞대고서 시와 문장을 이야기하였으며 여가에 서화와 금석각(金石刻)을 꺼내 놓고 품평하고 감상하는 것을 일상으로 여겼다.
> 금년 4월에 우리 집에 작은 모임이 있었는데 탄소도 와서 술잔을 기울이며 기쁘게 웃다가 늦게야 파하고 돌아가더니 며칠 만에 부고가 왔다.

아! 탄소가 죽었다. 탄소는 주비학(周髀學)을 공부하고 율려(律呂)에 밝았고 더욱 거문고에 벽(癖)이 있어서 스스로 이름을 금(琴)이라 하고 자를 탄소(彈素)라고 하였다. 그는 늘그막에 곤궁하여 집이 몹시 가난해서 쌀 한 섬의 밑천도 없었지만 유독 깨끗하게 소제하고 도서를 쌓아두고서 시를 읊조리며 거문고 줄을 놀려 실의(失意)하고 불평한 심정을 표현하였다.

추억하건대 을사년 늦가을에 탄소가 나를 따라 부용강에서 벼랑바위 위에 걸터앉아 술을 붓고 강개하게 얼굴을 치켜들고 슬피 노래하고 거문고를 타서 소리를 맞추었다. 그때는 강의 구름이 어두컴컴하고 흰 물결이 강안(江岸)을 쳐서 구슬프고 처량하며 참담하게 마음이 상했는데, 어느덧 4년 전 일이 되었다.

탄소는 더욱 곤궁하고 불우하여 검산(黔山)에 집을 짓고 처자를 이끌고 가서 노년을 보내려고 하였지만 역시 자금이 없어서 뜻을 이루지 못하더니 이제야 상여를 당겨 그곳으로 향한다. 아! 슬프도다. 탄소가 이미 죽었지만 나는 때때로 생각이 이르면 문득 거문고를 당겨 연주하여 멀리 전송하는 곡조를 만든다. 그리고 곡이 끝나면 머뭇머뭇하다가 우뚝이 바라보면 그의 말소리와 모습이 어렴풋이 보이는 듯하다. 장사 기일에 미쳐 나는 제주(祭酒)를 가지고 가서 술을 붓고 또 초성(楚聲)을 만들어 권하고 '멀리 전송함'으로 편(篇)을 명명한다.

그 사(辭)에 말한다.
그대가 돌아가는 것을 전송하니 길이 아득하기만 하네
검산(黔山)이 험준하고 가파르며 물은 소용돌이치며 차갑다
풀에는 이슬 말랐고 골짜기에는 새가 우네
살아서 집을 지으려고 하더니 죽어서 묻혔다
관이 줄로 묶였고 백옥 같은 그대를 묻네

돌아가나니 바로 그대의 유택이로다
아! 그대가 돌아가니 바람도 서늘하다
대나무집 종이창에 옻칠한 책상이 말끔하다
담요 싸늘하고 불씨 남아 있는데 제기가 진설되어 있다
팔선(八線)·구고(句股)163)를 공부하던 도서가 시렁에 있고
『금경(禽經)』과 「훼보(卉譜)」164)는 일찍이 전주(箋注)도 냈지
돌아가네, 그대가 살던 옛집에 가보니
육신은 비록 흙이 되도 혼은 돌아간다
땔감이 떨어져도 불씨는 전해지고[火傳]165)
매미는 나뭇가지에서 허물을 벗는다
저 육신은 사라져도 오히려 정신은 흠모할 수 있네
돌아가니 어찌 자꾸 애탄케 하나
과부는 흐느끼고 어린아이가 우네
쌀독이 텅 비었으니 문을 마주하고 탄식한다
부엌 썰렁하고 연기는 꺼졌는데 문지도리에 거미줄 걸렸다
아! 군이 멀리 갔으니 도모할 수 없다네
내가 군의 당에 오르니 엄연히 화상이 놓여 있다

---

163) 팔선(八線): 삼각함수의 8선. 정현(正弦=sinA)·여현(餘弦=cosA)·정절(正切=tanA)·여절(餘切=cotA)·정할(正割=secA)·여할(餘割=cosecA)의 육선(六線)과 정시(正矢=1-cosA)·여시(餘矢=1-sinA)의 이선(二線)을 이름.
 구고법(句股法): 직각삼각형의 논이나 밭을 측량하는 법. 직각을 낀 짧은 변이 구(句), 긴 변이 고(股)이다.
164)『금경(禽經)』: 전국시대의 사광(師曠)이 편찬하고 진(晉)나라 장화(張華)가 주석한 책으로, 조류에 대한 지식을 서술하였다.
 「훼보(卉譜)」: 명나라 왕상진(王象晉: 1561~1653)이 편찬한『군방보(群芳譜)』의 편명으로 화훼에 대한 지식을 기록하였다.
165) 화전(火傳): 품질(品質), 도리(道理), 사업(事業)이 대대로 유전(流傳)됨을 비유하는 말.

질그릇의 등불은 가물거리는데 붉은 명정 걸려 있다
불러봐도 대답하지 않으니 눈물이 소매에 가득하다
군이 돌아감을 전송함이여! 영원히 이별이로다.
난(亂)에 말한다.
무수히 많은 생명은 움직이고 또 쉬다가
부싯돌 불과 반딧불마냥 문득 꺼져 사라진다
아! 군의 고상한 재주는 누가 짝할 수 있는가
심장과 간을 깎아내고 여러 재주를 연찬했네
육체는 비록 죽었어도 이름은 썩지 않으리
편안한 그대의 혼백은 영원히 근심이 없으리166)

---

166) 余之塾師曰幾何子柳彈素. 余髮鬐鬠覆顧, 則從彈素課書, 迄今余髭長如當時之髮, 而彈素之跡, 未嘗一日不在余也. 至不設主客禮, 卽促邾談詩文, 閱出書畵金石刻, 評品鑑賞以爲常. 今年四月, 余家有小集, 彈素亦至, 傾卮謹笑, 竟曷罷去, 數日而訃至. 噫彈素死矣, 彈素治周牌學, 明律呂, 尤癖于琴, 自名曰琴, 字以彈素. 及其垂老困踣, 家奇貧無儋石資, 顧獨淨掃灑峙圖籍, 哦詩弄絃, 以發其佗傑不平之鳴. 憶乙巳杪秋, 彈素從余在芙蓉江, 箕踞崖石上, 酹酒慷慨, 仰面悲歌, 彈琴而和之. 時江雲陰翳, 白浪拍岸, 憭慄怵愴, 黯然傷神, 忽忽已四年事. 彈素益坎壈無所遇, 將縛屋黔山, 挈妻子歸老, 亦無貲未遂, 而今酒引輀輇以向. 嗚呼可悲也已. 彈素旣死, 余時時思至, 輒援琴鼓之, 爲送遠之操. 曲終躊躇, 罘然而望, 幾響像之髣髴焉. 及窆期, 余將絮酒往酹, 復爲楚聲而侑之, 以送遠名篇, 其辭曰, 送君歸去兮路杳冥些, 黔山嶇崄嶒嶙兮水潛泠些, 草菲露晞兮谷鳥譽些, 生將結屋兮死焉藏些, 豕木絨藟兮薿圭璋些, 歸去兮卽君之佳城 叶 些, 嗟君歸來兮風颼颼些, 竹屋紙牕兮淨槃几些, 寒氊宿火兮錯敦彜些, 八線句股兮皮圖書些, 禽經卉譜兮曾箋疏些, 歸來兮卽君之舊居些, 骨肉雖土兮魂氣歸些, 薪窮火傳兮蟬蛻枝些, 彼蓬廬之銷劘兮尙精爽之可睎些, 歸去來兮焉用累晞些, 嫠婦啜泣兮孺子呱些, 盉粢云罄兮當戶吁些, 竈冷烟燼兮蛛網樞些, 嗟君遐歸兮莫之諼些, 我登君堂兮儼像設些, 瓦燈欲暈兮紅旐纈些, 呼之不應兮涕盈袂 叶 些, 送君歸去兮千古訣些. 亂曰, 百昌芸芸動且息兮, 石火濕螢奄澌熄兮, 嗟君高才疇與儷兮, 劌心鉥肝研衆藝兮, 骬骼雖化名不朽兮, 燕爾幽魂永無愁兮.(「送遠辭哭幾何子 有序」)

「송원사곡기하자 유서」에는 유금이 출중한 지적, 예술적 능력을 갖추고 있었지만 불우하여 평생 곤궁하게 살았다는 사실을 기록하였다. 서유구는 유금의 출중한 재능을 몹시도 불우하고 곤궁하였던 처지, 생활과 적절히 대비시킴으로써 유금의 내면적 고통을 효과적으로 부각시켰다. 특히 유금이 당시로서는 매우 생소한 학문으로 취급되던 주비학(周髀學)을 연구하였을 뿐만 아니라, 조류와 식물에 대한 연구에도 전념하여 저작까지 하였다는 사실을 기술하였다. 따라서 이덕무는 「송원사곡기하자 유서」에 대하여 "탄소가 한 세상을 고결하게 살다가 다만 이 한 편의 절묘한 문사(文詞)를 얻었으니 죽더라도 무엇이 한이 될 텐가?"[167]라고 비평하였다. 이는 문학이 인간의 가치를 효과적으로 부각시키는 효용성이 있다는 평가라고 하겠다.

2) 음악론을 겸한 효의 실천법

조선 사회의 가장 기본적인 윤리덕목은 '효'다. 조광 교수는 조선시대의 효가 갖는 정치·사회적 기능과 역사적 의미에 대하여 "조선시대의 성리학적 사회사상에서는 가족 관계를 기본으로 하여 현실의 인간 관계를 설명하고자 했으며, 그 중에서 효의 가치를 가장 강조하여 '백행(百行)의 근본'이라고 규정하였다. 이러한 상황에서 조선 사회의 집권층들은 성리학적 효에 대한 강조를 통하여 부자관계를 기본축으로 사족(士族) 중심의 사회질서를 구현하고자 하였다."[168]라

---

167) 彈素骯髒一世, 只獲此一副絶妙之詞, 死亦何憾? 炯庵.
168) 조광, 「조선조 효 인식의 기능과 전개」, 『한국사상사학』 제10집, 한국사상사학회, 1998, 289쪽.

고 하였다. 효(孝)는 조선왕조의 전 기간에 걸쳐 강조되었던 덕목이었고, 효 윤리의 교육을 위하여『소학』,『삼강오륜행실도』와 같은 유가의 효행서와『부모은중경(父母恩重經)』과 같은 불가의 효행서가 간행 보급되었다. 그런데 효는 지극히 당연한 덕목으로 간주되었기 때문에 당시의 효행서에는 효의 실천 사례에 대한 기록이 대다수를 차지하는 반면 효 실천의 이론과 구체적 방법에 대한 기록은 많지 않다. 더욱이 조선 시대에는 효의 요체가 경(敬)과 순(順)에 있다고 규정하였고 그 양상은 가난과 자신의 희생을 무릅쓰고 부모를 봉양 보호하는 환난구제(患難救濟)의 행위, 부모에게 순종하는 행위, 부모의 병을 구완하기 위해서 특이한 음식을 구해 봉양하는 하는 행위, 상처를 정성껏 치료하고 할고단지(割股斷指)를 하는 행위 등으로 정리되는 수준에 머물렀다.169) 그렇기 때문에 서유구가「악락료기(樂樂寮記)」에서 제시한 '음악이 효의 실천 수단이 될 수 있다.'는 견해는 이전에 볼 수 없던 효의 이론이라고 할 수 있다.

　서유구는 중부인 서형수의 요청에 의하여 악락료(樂樂寮)라는 건물에 기문을 붙였다. 서유구의「악락료기(樂樂寮記)」에 대해서 이덕무는 "예(禮)에 대해 말하고 마음에 대해 말함에 점철(點綴)하고 은근히 비추니『예기』의「악기(樂記)」를 보충하고『효경』에 우익(羽翼)이 될 만하다."170)는 비평을 붙였다.

　다음에서「악락료기」의 전문을 보고 이덕무가 그와 같이 비평한 요인을 분석해 보도록 한다.

---

169) 조광, 상게 논문, 261쪽.
170) 言禮言心, 點綴隱映, 可以補樂記而翼孝經. 炯庵.

① 백학산 기슭이 구불구불 달려 붙다가 남으로 내달려 나지막한 언덕이 되어 밭두둑을 싸안듯 휘돌아 육지마냥 된 곳을 명고(明皐)라고 한다. 나의 중부 오여선생(五如先生=徐瀅修)이 선처사(先處士=徐命誠)의 묘자리를 옮긴 뒤 그 아래에 집을 짓고 악락료(樂樂寮)라고 명명하니 대개 『예기』에서 이른바 "음악은 고국의 소리가 듣기 좋다."라고 한 말에서 취한 것이다.

② 내가 기문을 써서 그 명명의 의미를 밝히자고 청하여 말하였다. "효자가 부모를 섬기는 데는 또한 방법이 많으니 어찌 즐겁게 해드리는 정도에서 그치겠습니까? 그러나 말이 마음에 근본하여 정(精)에 응축되고 신(神)에 풀리는 것이라면 즐거움이 클 것입니다. 지금 저 냄새와 맛이 코와 입을 기쁘게 할 수 있고 소리와 색이 귀와 눈을 즐겁게 할 수 있고 편안한 침소와 처소가 사지를 쾌적하게 할 수 있나니, 이러한 행동이 세상에서 이른바 어버이를 잘 섬기는 것입니다. 그러나 기쁘게 해드리고 즐겁게 해드리고 쾌적하게 해드리는 것은 모두 육신에 있고 마음에 있지 않습니다. 그렇기 때문에 군자는 그것을 하찮게 여깁니다.

화기(和氣)를 극진히 하며 공경을 극진히 하며 정성을 드러내고 위선을 제거하며 근본을 궁구히 하고 변화를 알아 융연히 정(精)에 응축되고 신(神)에 풀리는 것이라면 오로지 예와 악일 것입니다. 비록 그렇지만 『예기』에서 '음악은 마음에서부터 표출되고 예(禮)는 밖으로부터 표현된다.'고 말하지 않았습니까? 세상에는 진실로 모습을 꾸미고 어버이를 섬기지만 그 마음을 고찰해보면 숨길 수 없는 것이 있습니다. 이른바 '둥근 관을 높다랗게 쓰고 큰 치마를 가지런하게 입고, 앉으면 요임금의 말을 하고, 일어서면 순의 걸음을 하면서도 공자와 맹자의 마음으로 자신의 마음을 삼지 않는 자'가 이것일 따름입니다.

또 어찌 다만 예만 한다고 하겠습니까? 오로지 음악이라면 그렇지 않아서 종·북, 피리·경쇠, 우(羽)·약(籥), 간(干)·척(戚) 등의 기물이 비록 구비되더라도 반드시 마음에 근본하고 정신에 모인 연후에라야 기물이 그것을 따릅니다.

슬픔·즐거움·기쁨·성냄과 부정(不正)·시비(是非)가 한결같이 마음에 감동되는 것이라면 소리가 그와 더불어 그러하니 이것이 음악이 생을 즐겁게 하는 이유입니다. 이런 까닭에 군자가 음악을 지극히 하여 부모를 섬기면 화락하고 편안하여 화기(和氣)가 마음에서 통창(通暢)하고 기쁜 낯빛과 화순한 용모가 외모로 표출됩니다.

나의 정(精)에 응축된 것이 우리 부모의 정(精)을 응축되게 할 수 있고 나의 신(神)에 풀리는 것이 나의 부모의 신(神)을 풀리게 할 수 있습니다. 그러므로 "색(色)을 눈에서 잊지 말고 소리를 귀에서 끊지 말고 심지(心志)와 기욕(嗜慾)을 마음에서 잊지 않는다."라고 하였습니다. 이는 모두 악(樂)의 도가 귀착되는 것입니다.

어째서인가요? 마음에 근본하는 것으로는 악(樂)보다 큰 것이 없고 발현되어 거짓이 될 수 없는 것으로는 또 악(樂)보다 큰 것이 없으니 의당 선생께서는 반드시 여기에서 의의를 취했을 터입니다."

③ 집이 완성된 뒤에 선생이 돌아가서 노년을 보낼 뜻이 있었는데 나 또한 이 해에 명고산 남쪽 기슭에 부모의 장지(葬地)를 다시 가려 쓰려던 참이었기에 따라가 보았다. 그러니 이 현판은 오직 선생이 경계를 붙인 것일 뿐 아니라 또 나를 경계한 것이다. 그리고 나를 경계한 것일 뿐만 아니라 또 대대로 만자손이 변하지 말기를 경계한 것이다.

드디어 써서 새겨 후손에 전하노라.[171)]

---

171) 白鶴之麓, 蜿蜒奔屬, 南馳而低岸, 回如抱疇, 平如陸者曰明皋, 吾仲父五如先生移卜先處士之宅兆, 而築室于其下, 名曰樂樂寮, 蓋取諸記所謂樂樂其所

「악락료기(樂樂寮記)」는 서유구의 중부인 서형수(徐瀅修)의 악락료(樂樂寮)에 붙인 기문이다. 이 글은 세 부분으로 나눌 수 있다. 첫 번째 부분인 ①은 기문을 쓰게 된 경위에 대한 기술로 도입부에 해당한다. 두 번째 부분인 ②는 건물의 명칭인 '악락(樂樂)'의 의의에 대한 기술로 본론에 해당한다. 세 번째 부분인 ③은 에필로그에 해당하는데 '악락(樂樂)'의 실제적 효용의 극대화에 대한 서술이다.

①에서는 악락료(樂樂寮)가 축조된 경위와 위치, 건물명의 유래에 대한 사실적 기술을 하고 있다. 서형수는 선친의 묘가 좋지 못하다는 지관의 말을 듣고 5,6년 동안 일 년에 한 두 번씩 서씨 일족의 장원이 있던 경기도 장단(長湍) 부근에서 길지(吉地)를 찾으러 다닌 끝에 마침내 길지에 선친의 묘를 옮겼다고 한다.172)

自生者也. 有榘請記之以昭其命名之義曰: "夫孝子之事親也, 蓋亦多方矣, 奚止於樂哉? 然語其本之於心, 以凝諸精而釋於神者, 則樂爲大焉. 今夫臭味足以悅其鼻口, 聲色足以樂其耳目, 寢處安逸, 足以適其四體, 此世所謂善事親者也. 然其悅之也樂之也適之也, 皆在形而不在心, 故君子小之. 若乃致其和致其敬, 著誠而去僞, 窮本而知變, 融然凝諸精釋於神者, 則其惟禮與樂乎! 雖然記不云乎? '樂由中出, 禮自外作.' 世固有齡貌事親, 而考其心則不掩者. 所謂圓冠裳如, 大裙襠如, 坐而堯言, 起而舜趨, 不以孔孟之心爲心者是已. 又豈徒曰禮爲哉? 惟樂則不然, 鐘鼓管磬羽籥干戚之器雖備, 而必本之於心會之於精神, 然後器則從之. 凡其哀樂喜怒回邪曲直, 一感於心者, 其聲與之然, 此樂之所以樂其生也. 是以君子致樂而事親, 則陶陶焉遂遂焉, 和氣暢於內, 愉色婉容形於外. 凡吾之凝諸精者, 可以凝吾父母之精, 吾之釋於神者, 可以釋吾父母之神, 故曰: '色不忘乎目, 聲不絶乎耳, 心志嗜欲, 不忘乎心.' 此皆樂之道歸焉爾, 夫何也? 以本於心者莫大乎樂, 而其發見而不可以爲僞者, 又莫大乎樂也, 宜先生之必取於斯也. 寮旣成, 先生有歸老之志, 而有榘亦將以是歲改卜親葬于皐之南麓而往從焉. 然則是扁也, 非唯先生之寓警也, 亦所以戒小子也. 非唯小子之戒也, 亦所以戒世世萬子孫毋變也. 遂書以刻之, 以垂諸後云. ("樂樂寮記")
172) 『明皐全集』, 卷八, 「明皐記」.

서형수는 자신의 선친인 서명성(徐命誠)의 묘를 백학산 기슭으로 이장하고 그 아래에 집을 지었다. 이 집이 악락료(樂樂寮)인데, '악락(樂樂)'은 『예기』, 「단궁(檀弓)」의 "음악은 고국의 소리 듣는 것을 기쁘게 여긴다.[樂, 樂其所自生]"173)라는 말에서 취하였다고 한다. '악락(樂樂)'이 표면적으로는 음악과 관련 있는 것처럼 보이지만, 사실 효와 관련이 있는 말이다. 그러나 이 말에는 효가 표면적으로 노출되지 않기 때문에 악락(樂樂)의 의의를 효과적으로 서술하기 위해서는 음악과 효의 관련성을 설득력 있게 개진하여야 한다. 그래서 서유구는 서형수에게 '악락'이라는 명명의 의의를 밝히겠다고 요청하였고 ②가 그 내용에 해당한다.

②에서 서유구는 서형수의 악락료라는 건물의 의의를 설명하는 동시에 자신이 생각하는 참된 효란 무엇인지 논리적으로 밝히고 있다. 서유구는 먼저 효에는 여러 가지 방법이 있으며 효의 궁극적 목표는 '락(樂)'에 있다고 하였다. 그러나 육신을 즐겁게 하는 것에서 그치는 봉양은 진정한 효가 아니라고 하였다. 효는 정(精)에 응축되고 신(神)에 풀릴 수 있어야 하는데, 그 수단이 될 수 있는 것은 오로지 예(禮)와 악(樂)이라는 것이다. 일반적 관념으로는 효는 예에 속하거나 예에 가까운 덕목으로 생각한다. 그러하기에 효에 대해 논하면서 예를 언급하지 않을 수 없다. 그러나 악락료의 명명 의의를 논하면서 논리를 악(樂)에 집중시키지 않으면 안 되기에 예의 한계를 밝히고 그것의 배제를 시도하였다. 서유구는 그 논거를 『예기』, 「악기(樂記)」의 "樂由中出, 禮自外作."이라는 말에서 찾았다. 일반적으로

---

173) 『禮記注疏』, 卷七, 「檀弓 上」.

예와 악은 상호보완적이라고 말하지만 예와 악은 상대적인 속성을 갖는다. 그리고 "樂由中出, 禮自外作."은 그와 같은 속성을 가장 잘 설명한 말이니, 악(樂)은 내면의 감정을 드러내며 예(禮)는 외면적 행위를 제어한다는 의미이다.174) 효는 마음에서 우러나야 하는 것이기에 외부로부터 표현되는 예보다는 마음으로부터 표출되는 악이 더욱 절실하다는 논리이다. 예의 시각으로 볼 때, 겉으로는 흠잡을 데 없이 효도를 하지만 그 속마음을 알 수 없는 한계가 있다는 것이다. 그러나 음악은 그렇지 않아서 비록 악기(樂器)라는 형식이 구비되어 있어도 마음에서 우러나야 악기가 제구실을 할 수 있다고 하였다.

서유구는 이어서 『예기』, 「제의(祭義)」의 "색(色)을 눈에서 잊지 말고 소리를 귀에서 끊지 말고 심지(心志)와 기욕(嗜慾)을 마음에서 잊지 않는다.[色不忘乎目, 聲不絶乎耳, 心志嗜欲不忘乎心.]"라는 말을 논거로 제시하였다. 공영달(孔穎達)은 이 문장에 대해서 '자식이 부모의 제사를 지낼 때 마치 부모가 살아계신 듯 생각하라.'는 의미라고 주석하였다.175) 방각(方慤)도 "색(色)을 눈에서 잊지 않으면 항상 부모님의 모습을 뵐 때와 같고 소리를 귀에서 끊지 않으면 항상 부모님의 말씀을 들을 때와 같다."라고 하면서 이 말은 "마치 공자가 '제사를 지내실 적에는 선조(先祖)가 앞에 계신 듯이 하셨으며, 신(神)을 제사지낼 적에는 신이 앞에 계신 듯이 하셨다.'는 것과 같기에 이처럼 한

---

174) 김영욱, 「『악기』의 음악론과 음악교육사상」, 『음악과 민족』 제27호, 민족음악학회, 2004, 331쪽.

175) 正義曰: "此一經覆說孝子祭時念親之事. 致愛則存者, 謂孝子致極愛親之心, 則若親之存, 以嗜欲不忘於親故也. 致慤則著者, 謂孝子致其端慤敬親之心, 則若親之顯著, 以色不忘於目, 聲不忘於耳故也. 著存不忘乎心者, 言如親之存在, 恒想見之, 不忘於心, 旣思念如此, 何得不敬乎?"(『禮記注疏』, 「祭義」)

다면 태만한 마음이 들어오지 못할 터이니 어떻게 공경하지 않을 수 있겠는가?"176)라고 주석하였다. 음악은 부모를 생전에 진정으로 모실 수 있는 수단일 뿐 아니라 사후에도 추원(追遠)할 수 있는 수단이라는 것이다.

"나의 정(精)에 응축된 것이 우리 부모의 정(精)을 응축되게 할 수 있고 나의 신(神)에 풀리는 것이 나의 부모의 신(神)을 풀리게 할 수 있다."는 말은 결국 자식과 부모가 음악을 공유하는 것이라고 할 수 있다. 그는 음악과 효는 마음이 근본이 되고 표현에 거짓이 없다는 속성을 공유한다고 보았다.

이덕무는 「악락료기」를 예와 마음에 대해 말한 글로 단정하고 있다. 일반적인 시각으로는 「악락료기」가 효와 음악에 대해 논한 글로 보이기 때문에 그와 같은 이덕무의 평가는 선뜻 이해가 가지 않는다. 이덕무는 악은 예의 범주에 속하고 효는 심(心)의 범주에 속한다고 파악한 듯하다. 그것은 "『예기』, 「악기」를 보충하고 『효경』에 우익(羽翼)이 될 만하다."라고 한 평에서 확인할 수 있다. 이덕무는 「악락료기」가 고대의 이상적 음악론이나 효에 대한 논리를 보강할 수 있는 효용이 있다고 평가한 것이다. 이덕무는 「예기억(禮記臆)」이라는 글을 저술할 정도로 『예기』에 상당한 관심을 갖고 있었다.177) 그러나 「예기억」은 『예기』에 대한 본격적 논문이라기보다는 『예기』 각 편에 대한 자신이 의난처(疑難處)를 논한 것이다. 따라서 「예기억」에

---

176) 嚴陵方氏曰: "色不忘乎目, 常若承顏之際也, 聲不絕乎耳, 常若聽命之際也. …… 孔子曰: 祭如在祭, 神如神在, 非謂是歟? 果如在, 則怠慢之心, 無自而入, 安得不敬乎?"(『禮記集說』, 「祭義」)
177) 『靑莊館全書』, 卷七.

비록 「악기(樂記)」가 편재되어 있지만 음악에 대한 견해는 볼 수 없다. 「악기」는 인간이 바른 음악을 듣는 것이 도덕적 수양이 된다는 사상으로 일관하며 개인의 인격성으로서의 덕을 강조한다.[178] 따라서 음악이 효의 가장 좋은 수단이라는 견해는 『예기』, 「악기」에서 볼 수 없던 내용이기에 「악기」의 내용을 보충할 가치가 있으며 『효경』의 우익이 될 수 있을 정도로 효 실천의 전범으로서 가치가 있다고 평가한 것이다.

3) 활쏘기를 겸한 학문의 방법

「학서학사기(鶴西學射記)」는 이덕무가 "전반부는 탄소가 준평에게 활쏘기를 가르쳐 주고 후반부는 준평이 탄소에게 학문을 비유하였으니 서로 스승이 되는 이로움이 있고 문장 역시 우아하여 읽을 만하다."[179]라고 평하였듯이 서유구가 유금(柳琴)에게 활쏘기를 배우면서 그것으로부터 학문하는 법을 유추하게 되었다는 내용이다. 따라서 이 글은 활 쏘는 방법과 학문하는 방법을 동시에 논한 효용성을 갖는다는 평가를 받았다.

다음에서 「학서학사기」의 전문을 보도록 한다.

> 내가 학산(鶴山)에 있을 때 한 달 동안 이럭저럭 지내며 일삼는 바가 없었는데 객(客) 중에 유탄소(柳彈素)라는 이가 있어서 내가 하

---

178) 김영욱, 상게 논문, 343쪽.
179) 前一半, 彈素敎射于準平, 後一半準平喩學于彈素, 互有師資之益, 文亦爾疋堪讀. 炯庵.

는 일이 없는 것을 걱정하여 말하였다.

"산 서쪽에 들판이 넓고 평평하기에 과녁을 세우고 활을 쏠만 하니 어찌 활쏘기로 즐거움을 삼지 않는가?"

내가 말하였다.

"좋습니다!"

드디어 과녁을 펼치고 어깨를 벗고 깍지와 팔찌를 갖추고 화살 네 대를 꽂고 나갔다.

나는 활을 잡아 본 적이 없는 사람이기에 활을 채 끝까지 잡아당기지도 못했는데 손이 벌벌 떨리고 흔들리다가 문득 화살을 쏘자 구부정하게 튕겨나가 몇 걸음도 못가서 떨어졌다. 유탄소는 평소 활쏘기를 익혔기에 나를 가르쳐 말하였다.

"이것은 시위에 문제가 있네. 시위를 당길 때는 가득 차게 하려고 하고 시위를 놓을 때는 신속하게 하려고 해야 하네. 당길 때 가득 차게 하지 않으면 느슨하고, 놓을 때 신속하지 않으면 느른하게 되지. 그래서 화살이 멀리 가지 못하네."

그의 말처럼 하니 화살이 멀리는 가지만 빗나가서 과녁의 왼쪽과 오른쪽에 떨어지는 등 대중이 없었다.

유탄소가 말하였다.

"이것은 활등에 문제가 있네. 자네는 활등을 잡을 때에 팔을 뻗지 않더군. 팔을 뻗지 않으면 고정되지 않고 고정되지 않으면 쉽사리 흔들리지. 그래서 명중하지 못한다네."

그의 말처럼 하였더니 화살이 과녁 쪽으로 날아가기는 하는데, 어떤 것은 지나쳐버리고 어떤 것은 채 미치지 못하였다.

유탄소가 말하였다.

"이는 자네의 몸에 문제가 있네. 너무 치켜들지 말고 너무 숙이지도 말아야 하네. 너무 치켜들면 적중되기를 바랄 수 없고 너무 숙이면

빨리 적중시킬 수 없지."

그 말과 같이 하여 두 발을 명중시켰다. 내가 이에 활을 활집에 넣고 화살을 전통(箭筒)에 넣고 말하였다.

"그만두렵니다. 저는 다시 활을 쏘지 않겠습니다."

유탄소가 말하였다.

"무슨 까닭인가?"

내가 말하였다.

"저는 성인을 배울 작정인데 무엇 때문에 활쏘기를 배우겠습니까? 계셔보시지요. 제가 활 쏘는 이치에 대해 말해보겠습니다.

활을 당길 때 가득 차게 하려는 자는 활 당기기를 충분히 하고 시위를 놓을 때 신속하게 하는 자는 쏘는 것이 빠릅니다. 활등을 잡을 때 팔을 곧게 뻗치는 자는 활등을 강하게 잡습니다. 너무 치켜들지 않고 너무 숙이지 않는 자는 몸에 치우침이 없습니다. 활을 당기는 것은 역량에 가깝고 빠른 것은 용기에 가깝고 강한 것은 신의에 가깝고 몸이 치우치지 않는다면 자기를 바르게 하는 것입니다. 이런 까닭에 군자는 역량으로 모범을 삼고 용기로 행하고 믿음으로써 지키고 자기를 바르게 한 뒤에 움직이니, 비록 적중되지 않더라도 그리 멀지는 않을 것입니다. 네 가지는 덕(德)의 창고입니다. 제가 장차 이로써 성인을 배우는데 어찌 활쏘기를 배우겠습니까?

또 저 군자는 뜻을 활촉과 같이 연마하고 말을 화살과 같이 냅니다. 그 학문을 말하면 삼균(三均)과 구화(九和)입니다. 재료를 갖고 말하면 가시나무와 굴나무를 줄기로 쓰고, 푸르스름하고 흰 색 소뿔을 쓰는 격입니다. 나가고 물러가는 것이 법도에 맞고 주선(周旋)하는 것이 법도에 맞으며 마음은 바르고 몸은 곧습니다. 그러므로 자신을 표현하는 언행이 모두 절도에 맞습니다. 군자는 활 쏘는 데에 몰두할 따름이니 활을 울리고 화살을 뽑는 것을 의미하지 않습니다."

유금이 서글프게 실의(失意)하여 일어나 말하였다.

"활을 쏨이여, 활을 쏨이여! 나는 도덕을 활과 화살로 삼고 인의(仁義)를 과녁으로 삼아서 무형(無形)의 활쏘기에 종사하기를 원하노라."180)

이 글은 이덕무가 평한 바와 같이 크게 두 부분으로 구성되어 있다. 서유구가 유금에게 활쏘기를 배우는 내용이 전반부이고, 서유구가 유금에게 배운 활쏘기로부터 자득한 학문의 방법을 말하는 내용이 후반부이다. 유금은 서유구의 집에서 한 때 객(客)으로 있으면서 서유구에게 활쏘기를 가르쳐 주었다.

유가(儒家)에서 활쏘기는 무예에 국한되는 것이 아니었다. 『주례』에서 활쏘기는 예(禮) · 악(樂) · 사(射) · 어(御) · 서(書) · 수(數)라 하여

---

180) 徐子在鶴山厓月日, 漫漫無所事, 客有柳彈素者, 憫其無業也. 告之曰: "山之西, 平疇曠夷, 可侯而射, 盍射以爲樂?" 徐子曰: "諾!" 遂張侯袒決拾, 搢乘矢以出. 蓋徐子未嘗操弓者也, 彎未旣, 手顫掉, 輒舍矢, 紆而趆, 不數武落. 彈素素習弓, 敎之曰: "是病于弦, 宛之欲滿, 釋之欲挍, 宛不滿則需, 釋不挍則茶, 故矢不遠." 如其言, 矢遠而邪, 左右侯而落無常. 彈素曰: "是病于柎, 執柎不挺臂也. 不挺臂則不固, 不固則易搖, 故不中." 如其言, 矢向侯而或過之或不及. 彈素曰: "是病于子之身. 毋已昂毋已俯. 已昂則莫能以愿中, 已俯則莫能以速中." 如其言, 獲二矢焉. 徐子迺弢其弓挩其矢曰: "已哉. 吾不復射矣." 彈素曰: "何故?" 徐子曰: "吾將學聖人, 而焉用學射? 居! 吾語子射. 夫宛欲滿者, 充其嗀也, 釋欲挍者, 發之剽也, 執柎挺臂者, 操之勁也, 毋已昂毋已俯者, 身無偏也. 嗀近乎量, 剽近乎勇, 勁近乎信, 身無偏則正己也. 是故君子量以範之, 勇以行之, 信以守之, 正己而後動, 雖不中不遠矣. 四者德之府也, 吾將以是學聖人, 而焉用學射? 且夫君子, 礪志如鏃也, 發言如矢也, 語其學則三均而九和也. 語其材則荊橘幹而靑白角也. 進退中矩, 周旋中規, 內體正外體直, 故發己皆中節. 君子之於射, 沒身焉已矣, 而非鳴弓抽矢之謂也." 彈素憮然作而曰: "射哉射哉! 吾願道德以爲弓矢, 仁義以爲侯的, 而從事于無形之射."(「鶴西學射記」)

군자의 육예(六藝)로 중시되었으며 『논어』·『맹자』·『예기』 등의 유교 경전에서도 심신을 수양하는 수단으로 중시되었다. 활쏘기는 개인적 차원에서 뿐만 아니라 국가적 차원에서도 중시되었다. 조선 왕조에서는 성종·연산군·중종대에 대사례(大射禮)를 시행하였고 상당 기간 중단하였다가 영조대에 다시 시행하였다. 대사례 중단의 이유는 조선이 두 차례의 큰 전란을 겪으면서 경제적·사회적으로 대사례를 시행할 여유가 없었고, 선조대 후반부터 가속화되기 시작한 붕당정치의 전개로 말미암아 국왕 주도의 국가 의식을 시행할 수 있는 여건이 마련되지 않았던 데 있다.[181]

유금이 서유구에게 활쏘기를 배우라고 권유한 것도 이 같은 시대적 맥락과 무관하지 않으리라. 그런데 서유구는 활을 전혀 쏘아 본 경험이 없었기 때문에 모든 것이 문제였다. 우선 시위를 당기는 법에 문제가 있었다. 그는 시위를 올바로 당기지 못하여 화살이 멀리가지 못했다. 유금으로부터 시위 당기는 법을 배우자 이번에는 화살이 멀리는 날아가지만 방향이 대중없었다. 이것은 활등을 잡는 방법에 문제가 있었기 때문이다. 유금에게 활등을 잡는 법을 배우자 화살이 과녁 쪽으로 가기는 하지만 명중되지 않았다. 이것은 자세에 문제가 있었기 때문이다.

유금에게 자세를 바로 하는 법을 배우고 나자 마침내 과녁을 적중시킬 수 있었다. 유금은 서유구에게 시위를 당기는 법, 활등을 잡는 법, 올바른 자세, 이 세 가지를 전수해 주었다. 이것은 『예기』, 「사의」

---

[181] 신병주, 「영조대 대사례의 실시와 대사례의궤」, 『한국학보』, 28권 1호, 일지사, 2002.

의 내용을 토대로 하되, 구체적 상황에서 문답을 통하여 문제를 해결하는 형식으로 되어 있다. 이는 활쏘기의 기초적 이론으로 활용할 수 있는 정도의 효용성이 있다. 여기까지가 전반부에 해당한다.

과녁을 맞히게 된 서유구는 더 이상 활쏘기를 배울 필요가 없다는 의사를 밝히는데, 자신이 활쏘기의 주요한 이치를 다 깨달았기 때문이라고 하였다. 서유구는 활쏘기로부터 네 가지 덕을 터득하게 되었으니, 역량으로 모범을 삼고 용기로 행하고 믿음으로써 지키고 자기를 바르게 한 뒤에 움직이는 것이다. 그리고 『주례』에서 활을 만드는 법을 인용하여 그것을 학문하는 법에 대비시켰다.

서유구는 학문은 삼균(三均), 구화(九和)와 같다고 하였다. '삼균(三均)'이란, 활을 만드는 재료의 훌륭함·활 제작 기술의 뛰어남·활 제작 시기의 알맞음, 이 세 가지를 이르는 말이다. 그리고 삼균(三均)에 활을 만드는 재료인 뿔이 나무줄기를 이기지 못함·나무줄기가 힘줄을 이기지 못하는 관계가 또 하나의 삼균(三均)이며 그들 세 가지 재료의 역량을 측정하여 나무줄기가 만약 일석(一石)을 견뎌내면 뿔을 더하여 2석을 견디게 하고, 힘줄을 입혀 3석을 견디게 하는 것이 또 하나의 삼균(三均)이니 이들을 합하여 '구화(九和)'라고 한다.182) 학문은 재질과 기술이 뛰어나고 시기가 적절해야 한다는 것이다. 그리고 다시 학문적 자질에 대하여 '재료로 말하면 가시나무와 귤나무를 줄

---

182) 材美, 工巧, 爲之時, 謂之參均, 角不勝幹, 幹不勝筋, 謂之參均, 量其力有三均, 均者三, 謂之九和.
　　有三讀爲又參. 量其力又參均者, 謂若幹勝一石, 加角而勝二石, 被筋而勝三石, 引之中三尺. 假令弓力勝三石, 引之中三尺, 弛其弦, 以繩緩擐之, 每加物一石, 則張一尺.(『周禮』, 卷四十二)

기로 쓰고'183) '푸르스름하고 흰 색 소뿔을 쓰는 격'184)이라는 것도 모두 『주례』에서 인용한 내용이다. 또 "나가고 물러가는 것이 법도에 맞고 주선(周旋)하는 것이 법도에 맞으며 마음이 바르고 몸이 곧습니다. 그러므로 자신을 표현하는 언행이 모두 절도에 맞습니다."185)라는 말은 『예기』, 「사의」에서 활을 쏘는 사람의 올바른 태도에 대하여 서술한 문장을 변형하였다.

서유구의 말을 들은 유금이 동감을 표하며 "나는 도덕을 활과 화살로 삼고 인의를 과녁으로 삼아서 무형(無形)의 활쏘기에 종사하기를 원하노라."라고 답하였다. 활쏘기를 인(仁)으로 귀착시키는 관념은 『예기』, 「사의」에서 "활쏘기는 인(仁)의 도이다. 활쏘기는 자기에게 바름을 구한다. 자기의 몸을 바르게 한 뒤에 화살을 쏘며 활살을 쏘아서 맞추지 못하면 나를 이긴 자를 원망하지 않고 자신에게 돌이켜 원인을 찾을 따름이다."186)라고 한 말에 근거한 것이다. 학문의 방법에 대해서 논한 후반부 역시 『예기』, 「사의」와 「고공기」의 내용과 표현 방식을 적절히 섞어서 구성하였다. 그래서 성대중은 이 글에 대해서 "『예기』, 「사의(射義)」를 계승하고 「고공기(考工記)」의 법을 겸하여 사용하였다."187)라고 평하였다. 그리고 이 작품은 『예기』, 「사

---

183) 凡取幹之道七, 柘爲上, 檍次之, 檿桑次之, 橘次之, 木瓜次之, 荊次之, 竹爲下.(『周禮』, 卷四十二)
184) 角欲靑白.(『周禮』, 卷四十二)
185) 射者, 進退周還, 必中禮, 內志正外骸直, 然後持弓矢審固, 持弓矢審固, 然後可以言中. 此可以觀德行矣.(『禮記』, 「射義」)
186) 射者, 仁之道也, 求正諸己, 己正而後發, 發而不中則不怨, 勝己者, 反求諸己而已矣.(『禮記』, 「射義」)
187) 後射義, 兼用考工法. 靑城.

의」와 「고공기」의 내용과 표현 방식이 적용되었기 때문에 전체적 풍격이 고아(古雅)할 수밖에 없다. 이러한 이유로 이의준은 "문장의 기(氣)가 고아하고 준수하니 팔가(八家)를 본뜨는 자는 이와 같은 말을 지을 수가 없다."고 높이 평가하였다.

4) 마음의 정화를 겸한 창작의 수단

「세심헌기(洗心軒記)」는 서유구가 당숙 서로수(徐潞修)의 부탁으로 지은 글이다. 서형수(徐瀅修)가 지은 「세심헌기(洗心軒記)」에 의하면 서로수의 세심헌(洗心軒)은 그의 종부형 서형수가 명명하였다고 한다. 다 쓰러져가는 폐가를 서로수가 고치고 청소하여 깨끗하게 만들었듯이 마음도 학문 연마를 통하여 깨끗하게 만들라는 의미로 서형수가 편액의 이름을 지었다고 하였다.188) 서로수는 자신의 세심헌에 붙일 기문을 서형수와 서유구에게 부탁한 결과, 제목과 소재는 동일하지만 주제와 내용과 표현이 판이한 글을 얻게 되었다. 서형수의 「세심헌기」는 작자와 건물 주인인 서로수의 대담 형식을 취하여 세심(洗心)의 의미를 서술하고 있다. 그런데 서유구의 「세심헌기」는 서형수의 「세심헌기」와 달리 작명의 경위에 대한 내용이 전혀 없다. 따라서 세심헌에 대한 정보도 존재하지 않는다. 서유구의 「세심헌기」는 건물의 이름인 세심의 의미에 대한 의논에만 집중하고 있다.

다음에서 「세심헌기」의 전문을 보도록 한다.

---

188) 『明皐全集』, 卷八, 「洗心軒記」.

① 나를 좋아하고 남을 미워하고 곤궁을 근심하고 형통을 즐거워하는 것. 이것은 사람의 일반적인 심정이다. 그러나 마음은 곧 허명(虛明)할 따름이니 좋아함·미워함·근심·즐거움이 어찌 마음에 본래 있는 것이겠는가? 다만 외물이 그렇게 만들고 허명한 것이 응할 따름이다. 그러므로 군자의 학문은 반드시 빈 것을 비게 하고 밝은 것을 밝게 하여 내 마음의 전체가 확립되게 하고 밖에 있는 외물이 접촉하여도 어지럽지 않고 내게 오더라도 능히 대응하나니 이것이 군자가 그 마음을 씻는 이유이다.

대개 보통 사람의 경우라면 마음으로 외물을 따라간다. 그러므로 외물과 자아의 사이에서 미혹되고 곤궁과 형통의 길에 어두워 진실로 하나라도 세상에서 얻음이 있으면 반드시 기쁘게 안색에 드러나고 소리에 발현된다. 만약 얻지 못한다면 크게 근심하고 두려워하여 두 가지가 끝없이 서로 연속된다. 어지러움이 반복되고 칠정(七情)이 멋대로 생겨나서 허명한 것을 볼 수 없다면 그 형체가 되는 것도 어리석으리라. 이는 유독 나의 욕망이 한정 없는데 나의 욕망을 채울 수 있는 외물은 한정이 있다는 것을 모르기 때문이니 어찌 슬프지 않으랴?

군자의 경우라면 그렇지 않아서 나에게 있는 성(性)을 극진히 하고 저에게 있는 명(命)을 편안히 여겨 부귀한 분수면 부귀를 행하고 빈천한 분수면 빈천을 행하고 환란을 겪을 분수면 환란을 행하여 위로 하늘을 원망하지 않고 아래로 사람을 허물하지 않는다. 대개 외물의 밖에서 초월하고 나의 허명이 변함없으니 이것이 어찌 세심(洗心)의 소치가 아니겠는가?

② 나의 당숙 경박씨(景博氏)가 자신의 거처에 '세심(洗心)'이라고 편액하고 나에게 기문을 써달라고 하였다. 나는 군자가 그 덕을 신명(神明)하게 하는 방법은 나의 마음에서 생겨 나의 마음을 씻는 것이

라고 생각하니 어찌 헌(軒)을 명명하는 것으로써 하겠는가?
　　대저 보통 사람의 마음이란 허명한 것은 일찍이 미약하고 외물이 나의 마음을 빼앗는 것은 일찍이 많다. 그러므로 옛사람은 반드시 절차탁마(切磋琢磨)의 보탬과 법으로 경계하는 마련을 두어 양심을 확충하고 사악한 짓을 막았다. 지금 우리 당숙은 이것으로 자신의 헌(軒)에 이름을 붙이고 드나들며 경계하고 반성하는 사이에 일찍이 엄한 스승과 충직한 벗이 앞에 있는 것처럼 생각하였다.
③ 무릇 좋아하고 미워하고 사랑하고 즐거워하는 감정이 마음에 드러나는 것을 한결같이 허명으로 씻어내 마음으로 하여금 외물에 대해 생각을 기술하거나 외물에 생각을 머물게 하지 않는다면 거의 군자의 외물 대응에서 어긋나지 않을 것이다. 내가 그렇기 때문에 즐겨 말을 하고 또 인하여 스스로를 경계한다.[189]

통상적으로 건물에 붙이는 기문은 글을 쓰게 된 경위를 먼저 제시

---

189) 好我而惡物, 憂於窮而樂於亨, 此人之常情也. 然心卽虛明已, 好惡憂樂, 豈心之本有者哉? 特物使之然而虛明者應之矣. 故君子之學, 必也虛其虛明其明, 使吾心之全體立, 而物之在外者, 觸而不亂, 至而能應, 此君子之所以洗其心也. 蓋衆人則以心殉物, 故惑於物我之間, 冥於窮亨之路, 苟有一得於世, 則必欣欣然見於色發於聲. 若不得者則大憂以懼, 二者相尋於無窮, 眩亂反復, 七情橫生, 而其虛明者無可以見, 則其爲形也亦愚哉! 是獨不知吾之欲無盡, 而物之可以盡吾欲者有盡矣, 豈不悲夫? 若君子則不然, 性之在我者盡之, 命之在彼者安之, 素富貴行乎富貴, 素貧賤行乎貧賤, 素患難行乎患難, 上不怨天, 下不尤人. 蓋以其超於物之外, 而吾之虛明自若也, 此豈非洗心之致乎? 余從祖叔父景博氏, 扁其居曰洗心, 謂余爲之記. 余以爲君子之神明其德, 生於吾心, 洗乎吾心, 奚以名軒爲哉? 夫常人之心, 虛明者嘗微, 而外物之奪我心者嘗多, 故古之人, 必有切磋之益法誡之設, 以擴其良心而防其非辟之干. 今吾叔以是名其軒, 而出入警省之際, 嘗若嚴師忠友之臨乎前. 凡好惡愛樂之形於心者, 一以虛明洗之, 使夫方寸能寫意於物, 而不留意於物, 則庶幾不畔於君子之應物. 余故樂爲之道, 且因以自警焉.(「洗心軒記」)

하게 마련인데, 「세심헌기(「洗心軒記」)」는 의논부가 전면(前面)에 배치되어 있다. 서유구는 ①에서 세심(洗心)의 필요성과 효용에 대하여 논하였다. 세심을 하여야 하는 이유는 나의 마음이 외물과 접촉하여도 흔들리지 않고 대응을 잘할 수 있기 때문이다. 그리고 세심의 효용은 외물의 밖에서 초월하여 허명한 마음이 변하지 않을 수 있다는 것이다.

②에서는 기문을 짓게 된 경위를 서술하였고 ③에서는 세심이 건물의 주인에게만 한정되지 않고 자신에게도 적용된다고 덧붙였다.

「세심헌기」에 대해서 이덕무는 "마음을 논한 글은 주렴계·장횡거·정자·주자가 아니라면 썩은 두건에 떨어지기 쉬울 터인데 이 기문은 밝게 찌꺼기가 없다. 그러니 주인에게 세심의 공부가 있을 뿐만 아니라 작가에게는 세문(洗文)의 수단도 된다."[190)라고 논평하였다. 이덕무는 "마음을 논한 글은 송나라의 대표적 성리학자들이 아니라면 부유(腐儒)의 말로 전락하기 쉬운데 「세심헌기」는 논리와 표현이 투명하게 밝고 찌꺼기가 없다."고 하였다. '세심헌(洗心軒)'이라고 명명한 서형수는 세심이 공자의 말도 아니고 불가나 도가의 말도 아니라고 하였다. 따라서 서유구도 세심에 대하여 논하면서 어떠한 인용도 하지 않고 자신의 생각을 개진하였다. 그렇기 때문에 글이 간략하고 분명하다. 이러한 점을 이덕무는 '세문(洗文)'이라고 평가한 것으로 보인다. 「세심헌기」는 글을 부탁한 사람을 포함한 독자에게도 심성을 닦게 하는 효용성을 제공할 뿐만 아니라 작가에게도 창작상의

---

190) 論心之文, 除非周張程朱, 則易墮於腐頭巾, 而此記皎然不滓, 匪惟主人有洗心之工, 作者爲洗文之手. 炯庵.

효용성을 주는 작품이라고 평가한 것이다.

한편 성대중은 "「초연대기(超然臺記)」 이후에 또 이런 작품이 있도다."191)라고 평가하였다. 소식의 「초연대기」는 천고기문(千古奇文)으로 일컬어지는 명문이다.192) 「초연대기」는 물욕에 구속되지 말고 물질세계를 벗어난다면 삶이 언제나 즐겁게 된다는 내용이다. 「세심헌기」의 "是獨不知吾之欲無盡, 而物之可以盡吾欲者有盡矣, 豈不悲夫?"는 「초연대기」의 "人之所欲無窮, 而物之可以足吾欲者有盡.[인간의 욕망은 끝이 없으나 우리의 욕심을 만족시켜줄 물질은 한계가 있다.]"과 발상이 동일하다. 그래서 성대중은 「초연대기」가 성취한 작품성의 연장선상에 「세심헌기」가 위치한다고 보았다. 「세심헌기」는 수준 높은 문학성을 통하여 독자로 하여금 물욕의 구속으로부터 벗어나도록 하는 효용성을 지닌다고 본 것이다.

5) 각성의 수단

문학은 미처 깨닫지 못하였던 존재와 현상뿐만 아니라 그것의 내적 속성, 본질을 일깨워주는 효용이 있다. 또 일상적이고 상투적인 인식과 사유를 깨뜨리는 각성의 효용이 있다. 『풍석고협집』에서 각성의 효용적 수단과 관련 있는 비평이 붙은 작품은 「불속재기(不俗齋記)」와 「발본사(跋本史)」가 있다.

「불속재기」는 서유구가 백씨 서유본(徐有本)의 불속재(不俗齋)에 붙

---

191) 超然臺記後, 又有此作. 青城.
192) 『御製文集』, 「反蘇軾超然臺記說」.

인 글이다. 이 작품에 대해서 성대중은 "정신을 불러 깨우는 말이다."193)라고 극찬을 하였다.

「불속재기」의 전문은 다음과 같다.

> 하늘을 풍(風)이라고 하고 땅을 속(俗)이라고 한다. 하나라 사람들은 충(忠)을 숭상하고 은나라 사람들은 질(質)을 숭상하고 주나라 사람들은 문(文)을 숭상하는 것이 풍(風)이다. 노나라의 봉액(逢掖)과 송나라의 장보관(章甫冠)과 오나라·월나라 사람들의 문신(文身)은 속(俗)이다. 두 가지는 옛날부터 지금까지 천하의 커다란 문(文)이다. 그러므로 "진량(陳良)은 초나라 태생이다."194)라고 하였고 또 "백이(伯夷)의 풍(風)"195)이라고 하였다. 그러니 풍에 구속되지 않고 속에 구속되지 않는 자는 아마도 성인(聖人)뿐이리라! 현인(賢人) 이하로는 여전히 '풍속(風俗)'이라고 말한다. 비록 그러나 하늘의 덕은 둥글면서 움직이고 땅의 덕은 모나면서 고요하다. 이런 까닭에 풍을 옮기기는 쉽고 속을 바꾸기는 어렵다.
> 나는 당우(唐虞) 뒤로 또 삼대(三代)가 있다는 말은 들었어도 진나라·초나라의 강하고 사나운 습속이 변하여 제나라·노나라의 예와 의가 되었다는 말은 듣지 못하였다. 나는 우리나라 사람이다. 우리나라의 풍속이 중화와 가장 가까운데 습속에 물이 든 이래로는 항상 그 비루함을 걱정하였다. 믿을만하도다. '속(俗)'이 변역하기 어렵다는 것을.
> 정유년[1777년] 여름 5월에 나의 형님이 뜰에 대나무를 심었는데 대나무가 매우 무성하였기에 드디어 그 거처를 '불속(不俗)'이라고

---

193) 喚醒語. 青城.
194) 陳良楚産.(『孟子』, 「滕文公」)
195) 伯夷之風.(『孟子』, 「萬章」)

명명하였다.

 훗날 내가 사람들에게 말하였다.

 "좋도다! 우리 형님의 풍(風)을 변이(變移)시키고 속(俗)을 변역(變易)함이여. 옛날에 공자께서 '위(衛)나라에서 대나무 소리를 들으시고 석 달간 고기 맛을 모르셨다.'고 하셨고 또 '사람에게 대나무가 없으면 속되다.'196)라고 하셨다. 그러므로 속을 변역하는데 대나무보다 좋은 것이 없다.

 옛글에서 '대나무의 싸늘하고 담박함은 옛사람의 풍과 같다.'라고 하였다. 그러므로 풍을 변이하는데도 대나무보다 좋은 것이 없다. 다만 대나무를 속되지 않다고 한 것은 그 어려움을 들어 한 말이다. 대저 중도(中道)라면 변이하지 않고, 바르면 변역하지 않으니 변이할 수 있고 변역할 수 있는 것은 풍속을 이른다. 이런 까닭에 지역적 거리가 천 여리이고 시간적 거리가 천여 년인데, 뜻을 얻어 중국에서 행하는 것이 부절을 합한 듯하니 이것이 성인의 덕의 중정(中正)이다. 외체(外體)는 곧고 내체(內體)는 비어서 엄한 서리도 꺾을 수 없고 차가운 바람도 잎을 떨어뜨릴 수 없으니 이것은 대나무의 품기(品氣)의 중정(中正)인데, 그 풍을 변이하고 속을 변역하는 것이라면 그와 공이 같다. 비록 그렇지만 천하고금을 들어 논한다면, 대나무를 심는 것은 사람들마다 옳게 여기는데 백성들은 날마다 쓰면서도 알지 못하지만 군자는 물(物)을 보면 의(義)를 생각한다. 『주역』에서 '군자는 상(象)을 써서 속(俗)을 선하게 한다.'197)라고 하였으니 우리 형님이 그것을 따라하셨다."198)

---

196) 夫子適衛, 公孫靑僕, 子在淇園, 有風動竹, 聞蕭瑟檀欒之聲, 欣然忘味, 三月不肉, 顧謂靑曰: "人不肉則瘠, 不竹則俗."(楊萬里, 『御定歷代賦彙』, 「淸虛子此君軒賦」)

197) 象曰: "山上有木, 漸, 君子以, 居賢德, 善俗."(『周易』, 「漸」)

198) 天曰風地曰俗. 夏后氏尙忠, 殷人尙質, 周人尙文, 風也. 魯之逢掖, 宋之章

6. 효용론 관련 비평 191

　「불속재기」는 크게 두 부분으로 이루어져 있다. 전반부는 풍속에 대한 논리의 개진이고 후반부는 「불속재기」를 짓게 된 동기와 '불속(不俗)'의 의의에 대한 논리의 개진이다. 서유본(徐有本)이 뜰에 심은 대나무가 무성해지자 대나무의 속성에 착안해 자신의 거처를 '불속(不俗)'이라고 이름 짓고 속되지 않은 삶을 살겠다는 다짐하였는데, 불속재에 붙인 서유구의 기문은 논문이라고 하여도 과언이 아니다. 그는 '속(俗)'의 개념을 분명히 전달하기 위하여 '풍(風)'의 개념과 대비하였다. 먼저 '풍'은 하늘, '속'은 땅이라고 규정하고 하늘의 동적인 속성을 공유하는 '풍'은 변화하기 쉽지만 정적인 땅의 속성을 공유하는 '속'은 변화하기 어렵다는 논리적 얼개를 만들었다. 그리고 우리나라 사람들의 비루한 '속'을 바꾸어야 하는데 대나무가 효과적인 수단이 될 수 있다고 하였다. 속기를 제거하는 대나무의 효능은 공자의 일화로 증명할 수 있다고 하였다. 그리고 대나무가 속기를 변화시킬 수 있는 이유를 대나무의 속성에서 찾았다. 대나무는 외체

甫, 吳越之文身, 俗也. 二者古今天下之大閑也. 故曰陳良楚産也, 又曰伯夷之風. 然則不囿於風, 不囿於俗者, 其惟聖人乎! 自賢以下, 猶曰風俗云. 雖然天之德, 圓而動, 地之德, 方而靜. 是以移風易易俗難. 吾聞唐虞之後, 復有三代矣, 而未聞秦楚之强悍, 變爲齊魯之禮義也. 余東人也. 東俗最近中華, 猶於習染之來, 常患其陋也. 信乎俗之難易也. 丁酉夏五月, 余伯氏種竹于除, 竹甚茂, 遂名其居曰不俗. 他日余語人曰: "善哉! 吾伯氏之移風易俗也. 昔仲尼在衛聞竹, 三月不知肉味, 曰人不竹則俗. 故易俗莫善乎竹. 傳曰竹之冷淡如古人風. 故移風亦莫善乎竹. 但曰不俗, 擧其難也. 夫中則不移正則不易, 可移可易者, 風俗之謂也. 是故地之相去也千有餘里, 世之相後也千有餘歲, 而得志行乎中國, 若合符節, 此聖人之德之中正也. 外體直內體虛, 嚴霜不能摧, 凄風不能蘀, 此竹之品氣之中正也, 而其移風易俗則與之同功焉. 雖然擧天下古今而論之, 種竹者夫人而是也, 百姓日用而不知, 君子見物而思義. 易曰: '君子以善俗.' 吾伯氏以之. (「不俗齋記」)

(外體)가 곧고 내체(內體)는 비어서 사나운 서리도 줄기를 꺾을 수 없고 찬바람도 잎을 떨어뜨릴 수 없는 성질을 갖고 있기에, 대나무를 가까이에 심어두고 본받는다면 속기를 제거할 수 있다는 것이다. 그리고 사물의 속성을 본받아야 한다는 논거로 『주역』, 「점(漸)」의 "漸, 君子以, 居賢德, 善俗."이라는 말을 제시하였다.

이덕무는 이와 같은 서유구의 논리 전개에 대해서 "대나무는 줄기가 있고 가지가 있기에 나무의 속성을 면하기 어렵고 마디가 있고 잎이 있기에 풀의 속성을 면하기 어렵다. 그러나 그 속이 비고 강하고 곧은 특성이 어찌 일찍이 나무와 풀의 속성에 물들겠는가? 우리나라에 살면서 중화를 사모하는 것도 사람 가운데 대나무이리라! 이 「불속재기」는 대개 이 문단(文段)의 뜻을 은근히 내비춘다."199)라고 평가하였다. 속된 인간으로서 또 우리나라 사람이 지닌 특유의 문제점을 자각하고 그것을 고치기 위한 구체적 방법을 제시하였다는 점에서 「불속재기」가 효용성을 지닌다고 평가한 것이다.

「발본사(跋本史)」는 문학에서 모방을 일삼는 성향을 각성하게 만드는 효용이 있는 글이라는 비평을 받은 작품이다.

> 조부 보만공(保晩公)이 이미 『본사(本史)』 12권을 편찬하시고 『잠사(蠶史)』 이하는 나에게 명하여 이어서 완성하게 하셨다. 내가 처음에는 『사기』와 『한서』의 문체를 본받고자 하여 여러 번 원고를 고쳤는데도 완성하지 못하고 공에게 하지 못하겠다고 사양하니 공께서 말씀

---

199) 夫竹有幹有柯, 難免乎木之俗也, 有節有葉, 難免乎草之俗也. 然其虛空勁直, 何嘗染木草之俗? 居東而慕華, 其亦人中之竹也歟! 齋記蓋隱映此段之旨. 炯庵.

하셨다.

"그렇지 않다. 문장은 세상과 더불어 점점 격이 떨어진다. 역사는 한갓 사건을 기록할 뿐만이 아니다. 겸하여 당시 문기(文氣)의 승강(升降)을 보이고자 한다. 반고가 살던 때가 사마천이 살던 때와 멀리 떨어지지 않고 또 『사기』를 토대로 하되 누락된 것을 보충하였는데도 오히려 번다하고 간략함이 서로 같지 못한 것이 있다. 범엽(范曄)의 『후한서(後漢書)』에 이르러서는 더욱 다르다. 이후로부터 대(代)마다 각각 역사가 다르고 역사마다 각각 문장이 다르니 대개 기운이 그렇게 하는 것으로서 그 소이연은 알 수 없지만 당시의 문장으로 당시의 일을 기록하여도 당시의 역사가 되는 데에는 해가 되지 않으리라. 만약 가정(嘉靖)·융경(隆慶) 시대의 제자(諸子)로 하여금 『명사(明史)』를 만들게 한다면 반드시 있는 힘을 다해 『사기』·『한서』의 가죽과 털을 뽑아내고 벗겨내서 우맹(優孟)이나 술지게미로 만들 것이다. 그러니 그 역사라고 만든 것이 명나라의 정사가 아니고 바로 한나라의 가짜 역사다. 이것이 내가 고황제(高皇帝)의 '어찌 이런 꺼끌꺼끌한 것을 하는가?'라는 가르침에 대해서 일찍이 옷깃을 여미고 삼가 심복하지 않은 적이 없었던 이유이다. 하물며 『본사(本史)』를 짓는 것은 천하의 어리석은 지아비와 어리석은 아낙네가 한번 책을 펼쳤을 때에 나무를 심고 가꾸는 법을 환하게 깨달아서 실용에 시행하게 하려는 것이니 지금 어렵고 심오하고 그윽하고 난삽한 말을 만들어서 읽는 사람으로 하여금 입에 재갈이 있는 것 같이 한다면, 나는 후세의 무식한 사람이 장차 이것으로써 장항아리를 덮을까 두렵다."

내가 그 말씀을 듣고 환하게 깨닫고 물러가 책을 엮어 완성하고 또 감히 이와 같이 들은 바를 서술한다.

공께서 역사를 만드신 것이 세 가지이니 『주사(疇史)』는 『한서』, 〈오행지(五行志)〉의 체재를 사용하여 글을 만들었고 『위사(緯史)』는

『한서』, 〈지리지(地理志)〉의 체재를 사용하여 부연하였고 『본사(本史)』는 또 『사기』 의례(義例)의 체재를 사용하여 절충하였다. 세 가지의 역사는 비록 공이 창안한 것 같지만 기실 일찍이 근거한 바가 없는 것이 아니다. 이 사실을 또 후인들이 몰라서는 안 된다.200)

서유구는 조부 서명응의 저서를 계승하여 편찬할 때 『사기』와 『한서』의 문체를 본뜨려하였으나 그것이 뜻대로 되지 않자 일을 포기하려고 하였다. 이에 서명응은 문장이란 시대마다 변하는 것이기에 옛 글을 본뜨는 것은 생명력이 없는 형식적 모방에 불과하며, 저서와 독자의 특성을 고려하지 않는 것이라는 가르침을 주어 서유구에게 커다란 깨우침을 준다. 이와 같은 내용의 「발본사(跋本史)」에 대하여 이덕무는 "문원(文苑)의 모방하는 사람들은 어찌 이 글을 걸어놓고 좌우명으로 삼지 않는가?"201)라고 평하였다. 모방을 배격하고 시대와 독자가 요구하는 글을 써야 하다는 문학론을 주장하였던 그룹의

---

200) 王父保晚公旣編本史十二卷, 其蠱史以下, 命有榘續成之. 有榘初欲效史漢文體, 屢易藁不成, 乃辭不能於公, 公曰: "不然, 文章與世遞降, 史者不徒紀事而已, 兼欲示當時文氣之升降. 班去司馬不遠, 且因其書而補闕漏, 猶有繁簡之不同. 至范史則滋異矣. 自玆以降, 代各異史, 史各異文, 蓋氣運爲之, 莫知其所以然, 而以當時之文, 紀當時之事, 亦不害爲當時之史也. 若使嘉隆諸子爲明史, 則必當刻意摘觖于史漢之皮毛, 爲優孟爲蒨魄, 而其所爲史, 非明之正史, 乃漢之假史. 此吾所以於高皇帝, 烏用是夐夐爲哉之敎, 未嘗不斂袵敬服也. 況本史之作, 蓋欲使天下之愚夫愚婦, 一開卷之頃, 霈然通曉其種植樹藝之法, 以施之實用, 今爲艱深幽澁之語, 使讀者如鉗在口, 則吾恐後世無文者將以是覆醬瓿也." 有榘怡然覺悟, 退而編成, 又敢述所聞如此. 抑公之爲史者三, 疇史以漢書五行志而文之, 緯史以漢書地理志而衍之, 本史又以史記之義例而折衷之. 三史雖若公之所自刱, 其實未嘗無所據, 此又後人之不可不知者也.(「跋本史」)
201) 文苑之效顰學步者, 盍揭此爲坐銘? 炯庵.

일원이었던 이덕무에게 있어서 「발본사(跋本史)」는 창작상의 모방이 갖는 문제점을 일깨우는 효용성이 있다고 본 것이다.

관점에 따라 이견이 있겠지만, 효용성은 문학의 가치를 구성하는 요소 가운데 가장 중요한 것이다. 특히 실제 용도를 중시하는 유가적 문학관념에 입각하여 작품을 창작할 때 효용성은 선결 과제가 아닐 수 없다. 유가에서 문학의 '상용(尙用)'에 대한 관념은 '심미(審美)'에 대한 관념보다 앞서는 것이기 때문이다. 따라서 문학의 효용성을 정치하게 분석하고 평가할 수 있는 이론을 지속적으로 개발하여야 할 것이다.

7. 결론

한국학에서 실학파에 대한 연구만큼 호한한 성과를 낸 분야도 드물다. 그럼에도 불구하고 여전히 실학파 인물들과 그들의 사상, 문학에 대한 다각적 연구는 과제로 산적되어 있는 형편이다. 그 중에서도 변혁기에 대처하는 그들의 비판적 사유와 문학 비평에 대한 정밀한 검토가 진행되지 않고 있다. 이러한 문제의식을 충족시킬 수 있는 자료가 서유구(徐有榘)의 청년기 저작인 『풍석고협집(楓石鼓篋集)』이다. 『풍석고협집』은 산문집으로써 총 47편의 작품이 수록되어 있는데 여기에는 실학파의 주요 인물인 이덕무(李德懋)가 36편의 작품에, 성대중(成大中)이 12편의 작품에 비평하였다. 또 이의준(李義駿)은 26편의 작품에 비평을 하였다.

『풍석고협집』의 작품에 가해진 비평은 풍격론 관련 비평·문체론 관련 비평·기교론 관련 비평·효용론 관련 비평으로 구분해 볼 수 있다. 물론 그러한 범주가 모든 한문학 작품의 비평에 적용될 수 있는 것인지, 또 비평 용어와 표현이 대부분 함축적이고 인상적인 성격이 강하며 어떤 것은 모호하기 때문에 그들 범주에 편입시킬 수 있을지, 지속적으로 검토할 여지가 있다.

풍격과 관계있는 비평은 주로 성대중에 의해서 이루어졌으니,「금릉시서(金陵詩序)」에 대해서는 '기(奇)',「여종부제도가서(與從父弟道可書)」에 대해서는 '창(蹩)',「지북제시도기(池北題詩圖記)」에 대해서는 '초오(超悟)',「우초당기(雨蕉堂記)」에 대해서는 '초상(超爽)',「숙제유락자서(叔弟有樂字序)」와「종부제유영자서(從父弟有榮字序)」에 대해서는 '전아(典雅)'라고 평하였다. 이의준도「우초당기(雨蕉堂記)」에 대해서 '소소산랑(蕭疎散朗)',「여심치교걸제소조서(與沈穉教乞題小照書)」에 대해서 '아결(雅潔)'이라고 평하였다. 또「여내제박성용서(與內弟朴聖用書)」에는 평자 미상의 '가운(佳韻)'이라는 평이 부기되어 있다.

문체와 관계있는 비평은 주로 이덕무에 의하여 이루어 졌으니, 이덕무는「이운각시서(梨雲閣詩序)」,「태학생조군묘지명(太學生趙君墓誌銘)」,「유군묘명(柳君墓銘)」에 대하여 '본연의 문체적 특성에 충실하다.'는 평을 하였다. 또 상이한 문체를 넘나드는 교섭현상에 대한 비평도 있으니, 이의준은「여종부제도가서(與從父弟道可書)」에 대하여 '서(書)'와 '서(序)'의 문체를 넘나드는 현상에 주목하여 비평하였고, 이덕무는「기하실기(幾何室記)」에 대하여 '화상찬(畫像讚)'과 '묘지명(墓誌銘)'을 넘나든다고 비평하였다.

기교론과 관계있는 비평 중에는 자법(字法)·구법(句法)·장법(章法)에 대한 것이 상당수를 점한다. 이는 '주구련자(鑄句鍊字)'가 창작과 비평에서 모두 중시된다는 점에 기인한다. 이의준은 「태학생조군묘지명(太學生趙君墓誌銘)」에 대해서 '知'자를, 이덕무는 「제왕모이부인문(祭王母李夫人文)」의 명(銘)에 대하여 '以·樂·戀·行·聽', '只'를 작품 전개의 핵심적인 글자로 지적하였다. 또 자구단련의 구체적 기법으로 「위희소장형전(魏禧邵長衡傳)」에 대한 비평에서 전재법(剪裁法)을 제시하기도 하였다. 이덕무의 주구련자(鑄句鍊字)에 대한 비평은 「송모김공인묘지명(宋母金恭人墓誌銘)」과 「제유군탄소문 대(祭柳君彈素文 代)」를 대상으로 한 것에서 찾아 볼 수 있다.

장법(章法)에 대한 비평은 주로 이의준에 의하여 이루어졌다. 그는 「열부유씨묘지명(烈婦劉氏墓誌銘)」·「송모김공인묘지명」·「중부명고선생시유집목록후서(仲父明皐先生始有集目錄後序)」·「소음재기(篠飮齋記)」 등을 대상으로 작품 전체의 창작 기법을 논하였다.

본 연구에서는 자의(字義) 운영의 방법론에 대한 분석만 하였다. 따라서 나머지 연자(鍊字)의 방법인 자형(字形)과 자음(字音)의 운영 방법에 대한 고찰이 추후에 이루어져야 완전한 분석이 될 것이다.

묘사의 대상은 인물·사물·경치·사건으로 나눌 수 있는데, 비평도 그와 같이 나눌 수 있다. 인물을 대상으로 한 작품의 비평은 이덕무가 「유군묘명(柳君墓銘)」에 가한 것에서 볼 수 있다. 이덕무는 작가가 대상의 본질적 측면을 정확하고 생동감 있게 묘사하였다고 극찬하였다. 사물을 대상으로 한 작품의 비평은 이의준이 「지북제시도기(池北題詩圖記)」에 가한 것에서 볼 수 있다. 그는 이 작품이 상단은 묘사가 뛰어나고 하단은 상단의 묘사와 유기성을 갖는 철리적 내용으로 구성되었다는 측면에서 높이 평가하였다. 「제세검정아집도(題洗劍亭雅集圖)」도 그림을 소재로 한 작품인데, 이의준은 그 묘사의 특징에 대하여 비평하였다. 자연을 소재로 한 작품으로는 「부용강집승시서(芙蓉江集勝詩序)」에 대하여 성대중과 이덕무가 각각 묘사 기법의 성취에 대하여 논평하였다. 사건을 묘사한 작품으로 「나척동기이(羅尺洞記異)」가 있는데, 이의준은 이 작품에 대하여 허황한 이야기를 뛰어난 묘사로 사실처럼 여길 수 있게 만들었다고 평하였다.

서정은 문학과 비문학을 구분하게 하는 중요한 요소 중 하나인데, 서정과 관계있는 비평은 이덕무가 「여노열광전명(女老悅壙塼銘)」에 대하여, 이의준이 「김박이열부전(金朴二烈婦傳)」에 대하여, 이의준·이덕무가 「제왕부보만재선생문(祭王父保晩齋先生文)」에 대하여 가한 것이 있다. 「여노열광전명」은 딸이 요절할 상을 갖고 태어났다는 일화와 그의 죽음을 슬퍼하는 정서가 결합된 것이고, 「김박이열부전(金朴二烈婦傳)」은 정서가 사(事)·이(理)와 층위를 이루며 복합적으로 구성된 작품이며, 「제왕부보만재선생문(祭王父保晩齋先生文)」에는 사(事)에 정(情)이 결합된 것, 경(景)에 정이 결합된 것, 물(物)에 정이 결합된 것이 모두 들어있다.

서사(敍事)는 서술 기법의 가장 일반적 양식 중 하나인데, 이덕무는 「권응수전(權應銖傳)」에 대하여 서사와 관련된 평을 하였다. 그는 임진왜란이라는 사건과 권응수(權應銖)라는 인물이 유기적이고 입체적으로 결합하는 양상에 주목하였다.

의논은 여러 문체에서 사용되는 중요한 표현방식의 하나로서 개념·판단·추리 등의 논리적 형식으로 사용되는데, 여기에는 논점·논거·논증 등의 요소가 포함된다. 이의준은 「상중부명고선생논사서집석서(上仲父明皐先生論四書輯釋書)」에 대하여 의논과 관계있는 비평을 하였다.

효용론 관련 비평은 유가적 효용론을 토대로 하되, 문학의 기능적 측면을 확장하여 문학의 존재 가치를 탐색하는 작업이다. 효용론 관련 비평은 대부분 이덕무에 의하여 이루어졌다. 인간의 가치를 발현하는 수단으로서의 효용에 대한 비평은 「송원사곡기하자 유서(送遠辭哭幾何子 有序)」에, 음악론을 겸한 효의 실천법에 대한 효용은 「악락료기(樂樂寮記)」에, 활쏘기를 겸한 학문의 방법에 대한 비평은 「학서학사기(鶴西學射記)」에, 마음의 정화를 겸한 창작의 수단으로서의 효용은 「세심헌기(洗心軒記)」에 가한 것에서 찾아 볼 수 있다. 또 각성의 수단으로서의 효용은 성대중이 「불속재기(不俗齋記)」에, 이덕무가 「발본사(跋本史)」에 가한 비평에서 볼 수 있다.

『풍석고협집』에는 작품의 말미에 비평어가 붙어 있으므로 이는 '비(批)'에 해당한다. 따라서 비평의 형태상 실제비평에 해당한다고 할 수 있다. 『풍석고협집』에 비평을 한 3인의 비평가 중 가장 비중 있는 인물은 이덕무이다. 이덕무의 『청비록(淸脾錄)』은 비평의 객체가 되는 텍스트와 비평이 분리된 '평(評)'이지만, 이 역시 다수가 실제비평에 해당한다. 그러므로 이덕무의 비평은 '비(批)'와 '평(評)'을 실제비평에서 모두 볼 수 있는 좋은 자료가 아닐 수 없다. 또 『청장관전서(靑莊館全書)』에 산재된 문론(文論)과 시론(詩論) 등 문학본체론, 문학방법론, 창작론 등은 이론비평의 범주에 속한다. 그러므로 이덕무의 비평에 대한 연구를 통해 이론비평의 실천성, 실천비평의 논리성에 대한 규명이 가능해질 것이다.

한국한문학비평은 대체로 문학관이나 문론시론 등의 연구에 편중되었기에 실제의 작품 감상이나 분석, 평가 그리고 창작에 미치는 실천적 기능에 대한 검증이 이루어지기 힘들었다. 따라서 본 연구를 통하여 이론비평과 실제비평의 관련성에 대한 규명이 이루어질 것으로 기대한다. 또 현재 한문학 연구가 당면한 문제는 한자로 기록된 기록물 더미에서 문학적 가치가 있는 작품을 선별해 내는 것이다. 그렇다면 문학 작품의 선별 기준이 우선 제시하여야만 한다. 이와 같은 문제 역시 실제비평에 대한 연구로써 가능해 질 것이다. 실제비평에서는 문학 작품의 내질을 비평의 대상으로 삼기 때문에 당대의 관점으로 당대의 작품이 갖는 문학적 특질을 밝혀 낼 수 있을 것이다.

참고문헌

南有容, 『雷淵集』, 韓國文集叢刊, 217권.
徐有榘, 『楓石全集』, 韓國文集叢刊, 288권.
徐有本, 『左蘇山人文集』, 亞細亞文化社, 1984.
徐瀅修, 『明皐全集』, 韓國文集叢刊 261권.
成大中, 『靑城集』 韓國文集叢刊, 248권.
李德懋, 『靑莊館全書』 韓國文集叢刊 285~259권.
李晩秀, 『屐園遺稿』.
洪敬謨, 『叢史』.
『大邱徐氏世譜』, 大邱徐氏譜所, 1979.

蘇洵, 『諡法』.
徐師曾, 『文體明辯』.
王應麟, 『辭學指南』.
劉勰, 『文心雕龍』.

『禮記注疏』.
『禮記集說』.
『御定歷代賦彙』.
『御製文集』.
『周禮』.
『孝經』.

강명관, 「楓石 徐有榘의 散文論」, 『韓國學論集』 34집, 한양대학교 한국학연구소, 2000.
강민구, 「『楓石鼓篋集』을 통해 본 18세기 후반 문학 비평 연구(Ⅰ)」, 『東方漢文學』 25집, 동방한문학회, 2003.
_____, 「『楓石鼓篋集』을 통해 본 18세기 후반 문학 비평 연구(Ⅱ)」, 『東方漢文學』 29집, 동방한문학회, 2005.

강민구, 「徐有榘의 靑年期 著作에 대한 效用論的 비평」, 『東方漢文學』 51집, 동방한문학회, 2012.
_____, 『조선후기 문학비평의 실제』, 보고사, 2010.
김봉군, 『文章技術論』, 삼영사, 1980.
김영욱, 「『악기』의 음악론과 음악교육사상」, 『음악과 민족』 제27집, 민족음악학회, 2004.
김윤조, 「幾何 柳琴의 詩에 대하여」, 『어문학』 제85집, 한국어문학회, 2004.
성낙훈, 『조선실학의 개척자 10인』, 신구문화사, 1974.
신병주, 「영조대 대사례의 실시와 대사례의궤」, 『한국학보』 28권 1호, 일지사, 2002.
유약우 저, 이장우 역, 『중국의 문학이론』, 동화출판사, 1984.
정대림, 『한국 고전문학 비평의 이해』, 태학사, 1991.
정하영, 「균여의 문학효용론」, 『일산 김준영선생 정년기념논총』, 형설출판사, 1975.
조 광, 「조선조 효 인식의 기능과 전개」, 『한국사상사학』, 제10집, 한국사상사학회, 1998.
조창록, 『楓石 徐有榘에 대한 한 硏究』, 성균관대 박사학위논문, 2002.

찾아보기

【ㄱ】

가권(可權)=심상규(沈象奎)　36
가물우의(假物寓義)　102
가어(嘉魚)　41
가어현(嘉魚縣)　40
가연지(賈捐之)　156
가연지전(賈捐之傳)　156, 162
가탁　99
가학(家學)　134
각성　188
간원당근시서(簡遠堂近詩序)　48
간접서정　120
감서(憨書)　110
갑산(甲山)　98
강개돈좌(慷慨頓挫)　118
강규(姜奎)　116
강세황　111
강신영(姜宸英)　37
강하(江夏)　40
거이록(居易錄)　36
건릉지장속편(健陵誌狀續編)　36
건양(建陽)　40
건연집(巾衍集)　9
검단산(黔丹山)　112, 113, 114
검단산(黔丹山)의 무늬 노을　115
검산(黔山)　166
결미　96
결어(結語)　96

겸지(兼之)=서유영(徐有榮)　33, 34, 35
경물(景物)　120
경박(景博)=서로수(徐潞修)　109
경박씨(景博氏)=서로수(徐潞修)　185
경의고(經義考)　158
경주(慶州)　145, 146, 148, 152, 153
경학(經學)　9, 17
계로(季路)　58
계주(薊州)　75
고거(考據)　11, 13
고결(高潔)　42, 45, 47
고공기(考工記)　183
고면거사(高眠居士)=김홍도(金弘道)
　　111
고문(古文)　16, 77, 160
고문궤범(古文軌範)　16
고문체　20
고아(古雅)　184
고염무(顧炎武)　157, 163
고정된 관점　107
고현(古縣)　144
고황제(高皇帝)　193
곡량전　160
곡원(槲園)의 황금빛 주름 비단　115
곤면록(困勉錄)　159
공양전　160
공영달(孔穎達)　175

공융(孔融) 155
공자 101, 102, 117
공자가어후서(孔子家語後序) 156, 162
공주(贛州) 78
곽재우 150
관례(冠禮) 28, 30, 33
관례 삼가(冠禮 三加) 28
관악산(冠岳山) 113
광(狂) 97, 99, 101, 102
광간비연(狂簡斐然) 100
광견(狂狷) 99, 101, 102
광박물지(廣博物志) 97
광약(光藥) 100
광약(狂藥) 97, 100, 102
광자(狂者) 100
광전명(壙塼銘) 121
광주목사 13
괴석(怪石) 108
괴이(怪異) 25
교(巧) 94, 96
교감(校勘) 155
교열(校閱) 160
교정학(校正學) 155
교현(校玄) 62
교훈 163
구고(句股) 167
구법(句法) 64, 75, 76
구양수(歐陽修) 14, 118
구유병(邱維屛) 79
구천(龜川) 149
구화(九和) 179, 182

군방(君房)=가연지(賈捐之) 156
군방보(群芳譜) 167
군위 145
군직(軍直)=사방득(謝枋得) 40
군진(軍陣) 116
권응수(權應銖) 142, 143, 145, 146, 147, 148, 149, 152, 153
권응수전(權應銖傳) 18, 142, 152
권응평(權應平) 143, 146
권충의공(權忠毅公)=권응수(權應銖) 149
권행(權幸) 149
규합총서(閨閤叢書) 24
극원유고(展園遺稿) 109
금경(禽經) 167
금릉(金陵) 116
금릉시서(金陵詩序) 17, 21, 24
금릉시초(金陵詩草) 24
금릉자(金陵子)=서유본(徐有本) 110
금석각(金石刻) 165
금화지비집(金和知非集) 14
기(記) 38, 47, 63
기(奇) 45, 47, 115
기(氣) 94, 96, 184
기교론 21, 96
기군(奇軍) 116
기기(奇氣) 78
기문(記文) 57, 171, 173
기법(奇法) 116
기병(奇兵) 150
기사(記事) 11, 13

기사부(記事部)　32
기술(記述)　102
기전고(箕田攷)　10
기전도설설후(箕田圖說後)　10
기전도설후어(箕田圖說後語)　10
기전설(箕田說)　10
기전속설(箕田續說)　10
기하실(幾何室)　58, 59, 61, 76
기하실기(幾何室記)　17, 57, 60, 61
기하자(幾何子)=유금(柳琴)　75, 165
기하학　61
김국보(金國輔)　123
김박이열부전(金朴二烈婦傳)　18, 121, 122, 123, 129, 130
김봉군　142
김성일(金誠一)　144, 147, 153
김성탄(金聖嘆)　55
김홍도(金弘道)　111
까막여울　113, 114
까막여울의 겹겹의 돛대[烏灘疊檣]　112, 115, 144

【ㄴ】

나척동(羅尺洞)　116
나척동기이(羅尺洞記異)　18, 20, 116, 118
樂樂寮記　17
낙론계(洛論系)　9
난(亂)　168
남유용(南有容)　36, 149
남주북왕(南朱北王)　36, 158

남창(南昌)　79
노량(鷺梁)　113, 114
노량(鷺梁)의 아득한 거룻배　113, 114, 115
녹명지십(鹿鳴之什)　74
논거　155, 162, 163
논어(論語)　32, 95, 98, 181
논점　155, 162, 163
논증　155, 163
논찬부(論贊部)　153, 154
뇌(誄)　72
뇌연(雷淵)=남유용(南有容)　36, 149
뇌연집(雷淵集)　37

【ㄷ】

단계(端溪)　25, 106
단구(丹邱)=김홍도(金弘道)　111
단궁(檀弓)　174
단궁고공기(檀弓考工記)　13
단안천척(斷岸千尺)　99
단원(檀園)=김홍도(金弘道)　110, 111
당교(唐橋)　147, 153
당성(唐城)　125
당송팔가문　13, 14
당실기(堂室記)　57
대각기(臺閣記)　59
대경당집(帶經堂集)　36
대구　145, 148
대규(戴嬀)　74
대나무 피리　98
대나무　97, 99, 100, 101, 191

대사례(大射禮)　181
대연(岱淵)=이면백(李勉伯)　110
대연유고　110
대전=사서대전　158, 162
대학　32, 160
대학혹문(大學或問)　156, 162
도산(島山)　148, 153
도운(濤雲)　25
도천(道川)=예사의(倪士毅)　158
도화서　111
독구양공제왕세차도서(讀歐陽公帝王世次圖序)　18
돈좌(頓挫)　142, 154
동방일사(東方一士)=이덕무(李德懋)　9
동정(洞庭)　40
두보　98
두실(斗室)=심상규(沈象奎)　36
두실존고(斗室存稿)　36
떡갈나무 동산의 고운 비단[槲園錦縠]　113
떡갈나무동산　114

【ㅁ】
마포(麻浦)　114
만기요람(萬機要覽)　36
만천(蔓川)　113, 114
만천(蔓川)의 게잡이 등불[蔓川蠏燈]　112, 113, 115
맹자(孟子)　35, 99, 181
맹호연　98
명(銘)　45, 65, 66, 69, 71, 72, 74, 103, 122
명고(明皐)=서형수(徐瀅修)　13, 171
명고전집(明皐全集)　13, 14, 184
명물(名物)　11, 13
명물학(名物學)　14
명법(銘法)　44, 45
명사(明史)　193
명잠(銘箴)　62
모의(模擬)　78
목석거(木石居)=서기수(徐淇修)　98
몽인(蒙引)　159
묘사　102, 107, 112
묘지(墓誌)　104
묘지명(墓誌銘)　13, 47, 57, 61, 62, 68, 69
무관(懋官)=이덕무(李德懋)　9
무늬 노을[黔丹紋霞]　112
무조(武曹)=왕분(汪份)　157
문경(聞慶)　147
문론(文論)　64
문심조룡(文心雕龍)　21, 24, 31, 62
문장궤범(文章軌範)　40
문재(文才)　94
문정(文靜)=예사의(倪士毅)　158
문체론　21, 63
문체명변(文體明辯)　31, 48
미남궁(米南宮)=미불(米芾)　107
미봉(彌縫)　100, 101
미불(米芾)　107, 109
민자건(閔子騫)　58
밀성(密城)　123

밀양(密陽) 152

[ㅂ]

박경유(朴景兪) 125, 127
박명보(朴明甫) 152
박성용(朴聖用) 26, 40, 111
박연(朴淵) 144, 153
박의장(朴毅長) 146
박제가(朴齊家) 9, 16
박중문(朴文中) 123
박지원(朴趾源) 9
박진(朴晉) 144, 146, 152
박홍(朴泓) 143
반고 193
반소식초연대기설(反蘇軾超然臺記說) 188
발본사(跋本史) 14, 18, 188, 192, 194
발주자묵적(跋朱子墨蹟) 19
밤섬 113, 114
밤섬의 고기잡이 그물[栗嶼魚罾] 112, 113, 115
방각(方殼) 175
방사(放肆) 97, 98, 99, 100
방포(方苞) 159
백륜(伯倫)=유령(劉伶) 99
백분(伯奮)=이면백(李勉伯) 110
백악산(白岳山) 42
백운재(白雲齋) 152
백이(伯夷) 99, 189
백학산 171, 174
백향산(白香山)=백거이(白居易) 38

번구(樊口) 41
범엽(范曄) 193
법(法) 45, 47, 94, 96
벙어리 산[啞山] 22, 24
벙어리 시[啞詩] 22, 24
보리뜰의 옥가루[麥坪玉屑] 113, 114, 115
보만공(保晚公)=서명응(徐命膺) 192
보만재(保晚齋)=서명응(徐命膺) 131
보만재총서(保晚齋叢書) 134, 141
본사(本史) 192, 193, 194
본사보편논단(本史補編論斷) 18
봉민(奉敏) 42, 45
봉액(逢掖) 189
봉호(蓬壺) 25
부모은중경(父母恩重經) 170
부용강(芙蓉江) 12, 40, 103, 112, 115, 116, 166
부용강집승시서(芙蓉江集勝詩序) 17, 112, 115, 116
부용자(芙蓉子)=서유구(徐有榘) 114
부유(富有) 95
북사(北史) 155
분감여화(分甘餘話) 74
불속(不俗) 189, 191
불속재(不俗齋) 188
불속재기(不俗齋記) 18, 188 191, 192
붕래(朋來)=서유락(徐有樂) 28, 31, 32
비격진천뢰(飛擊震天雷) 146
비릉(毗陵) 78, 81

비연(斐然)=서기수(徐淇修)　97, 99
비지(碑誌)　38
빙숙씨(冰叔氏)=위희(魏禧)　100
빙허각이씨(憑虛閣李氏)　24

【ㅅ】
사가시집(四家詩集)　9
사광(師曠)　22, 167
사기　14, 119, 193, 194
사능(士能)=김홍도(金弘道)　111
사령운　98
사방득(謝枋得)　40
사서강의곤면록(四書講義困勉錄)　159
사서대전(四書大全)　156, 157, 161
사서몽인(四書蒙引)　159
사서존의(四書存疑)　159
사서집석(四書輯釋)　156, 161
사서집석초본(四書輯釋抄本)　155
사서통의(四書通義)　158
사소절(士小節)　15, 16
사수(士守)=유준양(柳遵陽)　103
사의(射義)　181, 183
사집(士執)=성대중(成大中)　9
사천(沙川)　144
사촌평(沙村坪)　114
사학지남(辭學指南)　47
산뢰(山籟)　22
삼강(三江)　23
삼강오륜행실도　170
삼국지　155
삼균(三均)　179, 182

삼극(三極)　96
삼당(三唐)　22
삼례(三禮)　159
삼례학(三禮學)　159
삼로당판(三魯堂板)　156
삼위(三魏)　78
상여(象輿)=심상규(沈象奎)　36
상주(常州)　81
상중부명고선생논사서집석서(上仲父明皐先生論四書輯釋書)　18, 19, 155, 161, 163
서(序)　38, 47, 48, 51, 52
서(書)　38, 47, 52, 63
서(敍)　45, 47
서건학(徐乾學)　37
서경　159, 160
서경박묘갈명(徐景博墓碣銘)　109
서경전설휘찬(書經傳說彙纂)　159, 160
서기수(徐淇修)　97, 100, 101
서노열(徐老悅)　121
서로수(徐潞修)　51, 52, 111, 184
서명민(徐命敏)　97, 109
서명성(徐命誠)　13, 171, 174
서명응(徐命膺)　9, 13, 14, 141, 194
서문유(徐文裕)　97
서사(敍事)　48, 55, 78, 142, 152
서사증(徐師曾)　47
서사체 산문　47
서신(書信)　55
서얼통청운동(庶孼通淸運動)　9

찾아보기 **209**

서유경(徐有檠) 33, 56
서유구(徐有榘) 9, 11, 12, 14, 17, 24,
　32, 39, 40, 42, 51, 61, 62, 68,
　69, 95, 101, 105, 119, 130, 154,
　163, 169, 170, 173, 175, 180, 181,
　182, 183, 184, 188, 194
서유락(徐有樂) 30, 32
서유본(徐有本) 24, 111, 188, 191
서유영(徐有榮) 35
서이수(徐理修) 9
서정(抒情) 55, 121
서종벽(徐宗壁) 97
서철수(徐澈修) 24
서체(序體) 52, 55
서형수(徐瀅修) 13, 14, 95, 161, 170,
　173, 184
서호(西湖) 49, 111
서호수(徐浩修) 9, 24, 76, 77
석고문서-대(石鼓文序-代) 17
석창(錫鬯) 157
성낙훈 10
성대중(成大中) 9, 10, 15, 16, 20, 24,
　25, 47, 96, 107, 183, 188, 189
성리대전(性理大全) 156
성효기(成孝基) 9
세검정(洗劍亭) 111
세검정아집도(題洗劍亭雅集圖) 111
세문(洗文) 187
세심(洗心) 185, 187
세심자(洗心子)=서로수(徐潞修) 106,
　108

세심헌(洗心軒) 184, 187
세심헌기(洗心軒記) 17, 20, 184,
　187, 188
소개부 153
소계(召溪) 144
소동파 40, 41, 42
소서(小序) 160
소서행장 148, 153
소소산랑(蕭疎散朗) 28
소순(蘇洵) 35, 80
소슬 24
소시랑산(蘇侍郎山) 116
소악(韶樂) 98
소안(銷案) 37
소유(少有) 95
소음(篠飮) 98, 100
소음재기(篠飮齋記) 18, 96, 99
소자상(邵子湘)=소장형(邵長蘅) 37
소장형(邵長蘅) 37, 78, 81
소재(篠齋) 97
소학 127, 170
소형(邵衡)=소장형(邵長蘅) 81
송경(誦經) 44
송락(宋犖) 37
송모김공인묘지명(宋母金恭人墓誌銘)
　18
송별시(送別詩) 74
송왕수재서(送王秀才序) 98
송원사곡기하자 유서(送遠辭哭幾何子
　有序) 18, 20, 165, 169
수(倕) 12

수개(修改) 64
수경(水經) 41
수미상응(首尾相應) 96
숙자(叔子)=위희(魏禧) 78, 100
숙제유락자서(叔弟有樂字序) 17, 21, 28, 30, 32
순절(殉節) 130
순정(純正) 16
시경 74, 133, 159, 160
시경전설휘찬(詩經傳說彙纂) 159, 160
시경집전 159
시도(詩道) 22
시법(諡法) 34, 35
시위 178, 179, 181
시유(始有) 94
시유집(始有集) 95, 96
시윤장(施閏章) 37
시책(詩策) 18
시학(詩學) 163
신기(新奇) 21, 24
신녕(新寧) 142, 148, 149, 153
신운설(神韻說) 36
신중선(辛仲宣) 97, 100
신회(神會) 27, 28
심상규(沈象奎) 36
심수경(沈守慶) 152
십삼경전설(十三經傳說) 160
십삼경 163

【ㅇ】
아산(啞山) 24
아시(啞詩) 24
아정(雅亭) 9
악기(握奇) 115
악기(樂記) 170, 174, 176, 177
악락료(樂樂寮) 170, 171, 173, 174
악락료기(樂樂寮記) 20, 170, 173, 176
악현(鄂縣) 41
안강(安康) 146, 147
안동성 153
안연(顔淵) 58
애사(哀辭) 13
양능(良能) 56
양왕손(楊王孫) 117
양직(養直)=서호수(徐浩修) 76
양호(楊鎬) 148
어록체 20
어악(魚嶽) 40
어양산인(漁洋山人)=왕사정(王士禎) 36
어제문집(御製文集) 188
언양(彦陽) 153
엄밀성 155
여내제박성용서(與內弟朴聖用書) 18, 21, 39, 40, 41
여노열광전명(女老悅壙塼銘) 18, 121, 122
여송장백서(與宋莊伯書) 14
여심치교걸제소조서(與沈穉敎乞題小

照書) 18, 21, 35, 39
여이우산논상서고문서(與李愚山論尙
　　書古文書) 17, 18, 19
여이우산논심의속임구변서(與李愚山
　　論深衣續袵鉤邊書) 17, 18
여종부제도가서(與從父弟道可書) 18,
　　21, 25, 52, 55, 57
역당(易堂) 80
역당제자(易堂弟子) 80
역수(曆數) 58
연구(鍊句) 64
연연(燕燕) 74
연옥(連玉)=유금(柳琴) 76
연일(延日) 147
연자(鍊字) 64
열(烈) 130
열부(烈婦) 121
열부유씨묘지명(烈婦劉氏墓誌銘) 18
염구(冉求) 58
영도(寧都) 78
영락(永樂) 156
영인(寧人)=고염무(顧炎武) 157
영처(嬰處)=이덕무(李德懋) 9
영천(永川) 144, 145, 146, 153
예기 32, 160, 170, 174, 175, 176,
　　181, 183
예기억(禮記臆) 176
예기의소(禮記義疏) 159, 160
예기주소(禮記注疏) 32, 175
예기집설(禮記集說) 176
예사의(倪士毅) 156, 158

예씨(倪氏)=예사의(倪士毅) 158
오경대전(五經大全) 156
오림(烏林) 40
오비거사생광자표(五費居士生壙自表)
　　13
오소(烏巢) 40
오여선생(五如先生)=서형수(徐瀅修)
　　171
오행지(五行志) 193
옥피리 149
온양정씨(溫陽鄭氏) 97
온유돈후(溫柔敦厚) 141
완적(阮籍) 97
완정(阮亭) 36
왕분(汪份) 157, 163
왕사정(王士禎) 36, 158
왕사진(王士禛) 37, 74
왕상진(王象晉) 167
왕섬(王掞) 159
왕세정(王世貞) 37
왕수인 159
왕욱령(王頊齡) 159
왕응린(王應麟) 47
왕자유(王子猷)=왕헌지(王獻之) 27,
　　97, 99
왕정논어대전(汪訂論語大典) 157
왕정맹자대전(汪訂孟子大典) 157
왕헌지 101
왕홍서(王鴻緖) 159
용장(用章)=유염(劉剡) 158
용주(蓉洲) 33, 41, 42, 98, 132, 136

용주부(蓉洲賦) 40
용주자(蓉洲子)=서유구(徐有榘) 106, 109, 127
우맹(優孟) 193
우산(愚山)=이의준(李義駿) 10
우의(寓意) 109
우의(寓義) 98
우인(友人)=위희(魏禧) 100
우초(雨蕉) 25, 26
우초당기(雨蕉堂記) 18, 21, 25, 28
우초연(雨蕉硯) 25, 27
우초자(雨蕉子)=박성용(朴聖用) 110
운부(韻府) 24
위례(魏禮) 78, 80
위사(緯史) 134, 193
위상(魏祥) 78, 80
위서(魏書) 155
위희(魏禧) 48, 51, 78, 80
위희소장형전(魏禧邵長衡傳) 18, 77
유건양(柳健陽) 103
유군묘명(柳君墓銘) 18, 61, 63, 102, 105
유근(柳根) 10
유금(柳琴) 57, 58, 59, 61, 76, 169, 177, 180, 181
유득공(柳得恭) 9
유령(劉伶) 97, 101
유백두산기(遊白頭山記) 98
유약우(劉若愚) 163
유양(維陽) 80
유염(劉剡) 158

유정(劉綎) 149, 153, 154
유종원(柳宗元) 14, 118, 131
유준양(柳遵陽) 103, 104, 105
유청(幼淸)=서형수(徐瀅修) 13
유탄소(柳彈素)=유금(柳琴) 75, 165, 177, 178
유하혜(柳下惠) 99
유흠 156
육기(陸機) 98
육농기(陸隴其) 156, 159
육상산(陸象山) 54, 56
육천수(陸天隨)=육구몽(陸龜蒙) 38
율려(律呂) 166
율무 44, 46
응숙(凝叔)=위희(魏禧) 78
의논(議論) 48, 55, 154, 155, 163
의논부(議論部) 32, 48, 187
의례(儀禮) 31
의례의소(儀禮義疏) 159, 160
의례주소(儀禮注疏) 32
의성 145
의소(義疏) 159
의지(議識) 11, 13
의진(儀眞) 80
의차(猗嗟) 74
이가시초(二家詩鈔) 37
이가환(李家煥) 10
이각(李珏) 143
이광지(李光地) 159
이덕무(李德懋) 9, 10, 15, 16, 20, 24, 31, 35, 39, 45, 47, 48, 52, 57,

61, 62, 68, 69, 76, 96, 101, 104,
　　107, 109, 115, 116, 118, 119, 123,
　　140, 169, 170, 176, 177, 180, 187
이만수(李晩秀)　109
이면백(李勉伯)　110
이명기(李命基)　36
이몽양(李夢陽)　37
이무관애사(李懋官哀辭)　16
이반룡(李攀龍)　37
이불(李紱)　159
이상(貽上)=왕사정(王士禎)　36
이서구(李書九)　9
이아　160
이여송(李如松)　150, 153, 154
이온수(李蘊秀)　143
이운각시서(梨雲閣詩序)　17, 20, 47,
　　48, 50
이윤배(李允培)　125
이의준(李義駿)　9, 14, 17, 19, 28, 35,
　　39, 45, 47, 52, 55, 56, 69, 70,
　　77, 96, 107, 112, 118, 119, 129,
　　140, 163, 184
이익(李瀷)　10
이자성(李自成)　79
이조판서치사봉조하풍석서공시장(吏
　　曹判書致仕奉朝賀楓石徐公諡狀)
　　14
이태상박사서(移太常博士書)　156, 162
이표(李彪)　155
이하(彛下)=심상규(沈象奎)　36
이학(理學)　9, 17

이학가(理學家)　10
이휘중(李徽中)　10
인문(人文)　78
인수(麟壽)=박진(朴晉)　152
인작(人爵)　35
일득록(日得錄)　17
일불승(一佛乘)　46
일월삼주(一月三舟)　44, 46
일지록(日知錄)　157
임시익(林時益)　79
임진왜란　152, 153
임희원(林希元)　159
입전(立傳)　127
입체성　154

【ㅈ】
자공(子貢)　58
자법(字法)　64, 65, 70, 75, 76
자사(字辭)　33
자상(子湘)　37, 81
자서(字序)　31
자서(字敍)　35
자설(字說)　31
자유(子游)　58
자인(自引)　11, 15
자하(子夏)　58
작법(作法)　70, 96
작정(勺庭)=위희(魏禧)　78, 100
잠사(蠶史)　192
잡저(雜著)　38
장고(掌故)　99

장단(長湍)　173
장릉지(莊陵志)　10
장명(杖銘)　19
장법(章法)　64, 75
장보관(章甫冠)　189
장자(莊子)　109
장주(莊周)　106
장주(長洲)　157
장하자금명(漳河子琴銘)　19
장화(張華)　167
장횡거　187
재아(宰我)　58
저곡(苧谷)　121
적벽(赤壁)　40, 42
적비(赤鼻)　41
적비(赤嶭)　41
적비산(赤鼻山)　41
전(傳)　38, 121, 149, 153, 154
전겸익(錢謙益)　37
전국책　14
전설(傳說)　160
전아(典雅)　28, 31, 33, 35
전통(箭筒)　179
전형성　155
절강서목(浙江書目)　158
절경(切境)　64
절서사파(浙西詞派)　158
절정(切情)　64
절제(切題)　64
절중(折中)　159
점(漸)　192

정(正)　115
정교적(政敎的)　164
정군(正軍)　116
정대임(鄭大任)　143
정론(正論)　119
정림(亭林)=고염무(顧炎武)　157
정법(正法)　116
정창유(鄭昌俞)　97
정헌(靖憲)=서호수(徐浩修)　76
정현(鄭玄)　14
제려형주온문(祭呂衡州溫文)　131
제문(祭文)　13, 70, 72, 121
제세검정아집도(題洗劍亭雅集圖)　18,
　　109, 111, 112
제왕모이부인문(祭王母李夫人文)　18,
　　70, 72, 74
제왕부보만재선생문(祭王父保晩齋先
　　生文)　18, 121, 122, 130, 140, 141
제유군탄소문－대(祭柳君彈素文－代)
　　18, 75, 76, 77
제의(祭義)　175
제풍(齊風)　74
조백문(趙伯文)=조안규(趙安逵)　62
조설범(趙雪颿)　12
조안규(趙安逵)　62, 68, 69
조영건(趙榮健)　65
조운선(漕運船)　113
존의(存疑)　159
존주휘편(尊周彙編)　10
종남산(終南山)　58
종부제유영자서(從父弟有榮字序)　17,

21, 28, 33, 35
종성(鍾惺) 47, 48
좌소산인(左蘇山人)=서유본(徐有本) 24
좌소산인문집(左蘇山人文集) 24
좌전(左傳) 80, 160
좌전경세(左傳經世) 80
주관의소(周官義疏) 159, 160
주광(酒狂) 99, 101
주구련자(鑄句鍊字) 63
주렴계 187
주례 180, 182, 183
주비학(周髀學) 166, 169
주사(疇史) 193
주소(註疏) 160
주역 32, 95, 96, 159, 190, 192
주역절중(周易折中) 159, 160
주유(周瑜) 40
주이존(朱彝尊) 36, 37, 157
주자=주희(朱熹) 156, 159, 187
주지번(朱之蕃) 114
주학건(周學健) 159
주희(朱熹) 74, 156, 159
죽군(竹君) 27
죽림칠현(竹林七賢) 97, 100
죽서(竹西) 25, 127
죽타(竹坨)=주이존(朱彝尊) 157
준평(準平)=서유구(徐有榘) 9, 100, 177
중니=공자 98
중명(仲命)=이의준(李義駿) 9

중부명고선생시유집목록후서(仲父明皋先生始有集目錄後序) 17, 20, 95, 96
중용 160
중용혹문(中庸或問) 156, 162
중정사서집석(重訂四書輯釋) 156, 158
중평(仲平)=권응수(權應銖) 142, 153
중홍(仲弘)=예사의(倪士毅) 158
증사진자박선행서(贈寫眞者朴善行序) 37
증응린(曾應遴) 79
지(誌) 13, 69
지리지(地理志) 194
지북우담(池北偶談) 36
지북제시도(池北題詩圖) 25
지북제시도기(池北題詩圖記) 18, 21, 25, 105, 107, 108, 109
직접서정 120
진군전(陳群傳) 155
진량(陳良) 189
진력(陳櫟) 158
진양충의세편(晉陽忠義世編) 17
진유숭(陳維崧) 37
집석(輯釋)=중정사서집석(重訂四書輯釋) 156, 158, 162
집승(集勝) 114

【ㅊ】
차해(箚解) 160
착암(窄庵)=유금(柳琴) 76
창(鬯) 25

창무(鬯茂)   25
창암(倉巖)   147
창의(倡義)   153
채옹(蔡邕)   62, 68
채제공(蔡濟恭)   76
채청(蔡淸)   159
천문(天文)   58
천문학   61
천보(天保)   74
천작(天爵)   35
천주(天柱)   113
천주봉(天柱峰)의 떨기 구름[天柱朵雲]   112, 113, 115
천주산(天柱山)   114
첩산(疊山)=사방득(謝枋得)   40
첩산집(疊山集)   40
첩취옹(輒醉翁)=김홍도(金弘道)   111
청(淸)   50, 52, 98, 99
청령국지서(蜻蛉國志序)   17
청문(靑門)=소장형(邵長蘅)   28
청문산인(靑門山人)   37, 81
청문집(靑門集)   37
청비록(淸脾錄)   15
청성(靑城)=성대중(成大中)   9, 10
청성잡기(靑城雜記)   15
청성집(靑城集)   16
청장관(靑莊館)=이덕무(李德懋)   9
청장관전서(靑莊館全書)   15
체격(體格)   70
초사   74
초성(楚聲)   166

초연대기(超然臺記)   188
초오(超悟)   25
촉(蜀)   114
총록광대(寵祿光大)   34
총사(叢史)   14
최정(崔挺)   155
최효분전(崔孝芬傳)   155
추련(錘鍊)   64
추리   154
추평(楸坪)   144
춘왕정월변(春王正月辨)   18
춘추   159, 160
춘추전설휘찬(春秋傳說彙纂)   159, 160
출생담   154
충실성   155
충의(忠毅)=권응수(權應銖)   152
충익(忠翊)=이면백(李勉伯)   110
췌언(揣言)   15
취령(鷲嶺)   44
취미봉(翠微峯)   79
치교(穉敎)=심상규(沈象奎)   36
칠자(七子)   37
침묵장중(沈黙莊重)   62, 68

【ㅋ】
쾌락   163

【ㅌ】
탄소(彈素)   58, 59, 60, 76, 166, 177
탑명(塔銘)   13
태극실(太極室)   25

태학생조군묘지명(太學生趙君墓誌銘)
　　18, 61, 62, 65, 68, 70
퇴고(推敲)　64

【ㅍ】
팔가(八家)　184
팔거(八苢)　149
팔공산(八公山)　148, 153
팔선(八線)　167
팔찌　178
패관소품(稗官小品)　16
패풍(邶風)　74
팽려(彭蠡)　23
팽사망(彭士望)　79
편법(篇法)　64
편액(扁額)　60, 99
편전(片箭)　146
포기(蒲圻)　40, 41
풍(風)　74
풍격　21, 47
풍격론　20
풍산(豊山)　147, 153
풍석고협집(楓石鼓篋集)　9, 10, 11,
　　12, 13, 15, 19, 21, 25, 35, 65, 75,
　　130, 142, 155, 165
풍석고협집서(楓石鼓篋集序)　14, 15
풍석자(楓石子)=서유구(徐有榘)　11,
　　33, 121
풍속(風俗)　189
풍자연(風字硯)　106
피일휴(皮日休)　64

필력(筆力)　96
필세명(筆洗銘)　19

【ㅎ】
하경명(何景明)　37
하양　144
학산(鶴山)　21, 177
학산노부(鶴山老夫)=서호수(徐浩修)
　　75, 76
학서학사기(鶴西學射記)　18, 177
한백겸(韓百謙)　10
한서　162, 193
한유　98
한천(漢川)　143, 153
할고단지(割股斷指)　170
합리성　155
해동돈사(海東惇史)　110
해생(解生)　148
해석(解釋)　48
해악암(海嶽菴)=미불(米芾)　107
해화당(海花堂)　43, 45
향조필기(香祖筆記)　36
허망(虛妄)　118
허잠(許箴)　10
허탄(虛誕)　118
험벽(險僻)　24
형(荊)　94
형강(兄江)　147, 153
형명(形名)　115
형암(炯庵)=이덕무(李德懋)　9, 10
혜강(嵇康)　97

호광(胡廣) 156, 162
혼원(混原)=서유본(徐有本) 24
홀원(笏園) 105, 108, 109
홀원자(笏園子)=서로수(徐潞修) 49,
  51, 110
홍경모(洪敬謨) 14
홍대용(洪大容) 9
홍재전서(弘齋全書) 17
홍천(洪川) 147
화(和) 99
화기(畫記) 107
화동(火洞) 143, 153
화산공(花山君)=권응수(權應銖) 148
화살 178, 181, 183
화상찬(畫像讚) 57, 61
화정부인전(和靖夫人傳) 18
확실성 155
환난구제(患難救濟) 170
환사마(桓司馬) 117
환성암(喚醒庵) 42, 45
환성암사리탑명 병서(喚醒庵舍利塔銘
  幷序) 18, 42, 45, 46
활기(活機) 22, 23, 24
활등 178, 179, 181
활쏘기 177, 178, 180, 182, 183
황월명(黃鉞銘) 62
황주(黃州) 40
황주산 41
회암주자(晦庵朱子)=주희(朱熹) 36
효 169
효경 160, 170, 176, 177

효용론 21, 163
효용성 177
효행서 170
후한서(後漢書) 193
훈고(訓詁) 31
훈고적 방법 31
훼보(卉譜) 167
휘찬(彙纂) 159
휴녕인(休寧人)=유염(劉剡) 158
흥해(興海) 147

【기타】

Horatius 163

楓石鼓簏集

漳河子琴銘

其志則流水高山其數則九罿八風叶雖然數與志抑未也吾嘗穆然怡然望而得其人於西方黯然而黑黴然而長

杖銘

戒之哉戒之哉顛而不扶危而不持將焉用彼相烏

筆洗銘

水漣漣城仡仡是烏中書君湯沐之邑

游戲中舍藏宋際語炯庵

楓石鼓篋集卷第六

跋朱子墨蹟

朱子書唐人詩一首紙本橫卷高二尺長之可十餘尺尾書淳熙九月望書晦翁熹書法頹狂踉翁小章丘瓊山孫一元奇有跋語黨書法頹狂踉不入規矩且右則有三章其二護濾不可識其一文曰方孝孺印而孺作儒妄錯如是其贗無疑余獨珍愛之愈勤甚矣余之好古也齊人有好古者藏一破瓢薀以純歸橫以支石日拭而月沐之曰首顏回一簞食一瓢飲在陋巷不改其樂此

必當刻意摘鹼于史漢之皮毛為優孟為蒼蜈而其所為史非明之正史乃漢之假史業吾所以於高皇帝為用是憂為哉之教未嘗不斂衽敬服也況本史之作豈徒使天下之愚夫愚婦一開卷之項霈然通曉其種植樹藝之法以施之實用今無文者將以是覆醬瓿也有樂怡然覺悟退而編鳥鞬幽邃之語使讀者如鉗在口則吾恐後世成又敢述所聞如此抑公之為史者三疇史以漢書五行志而文之緯史以漢書地理志而行之本史又以史記之義例而折裒之三史雖若公之所自刱其實未嘗無所據此又後人之不可不知者也

文苑之玟韋學步者盡揭此為坐銘 烔庵

其瓢也吾嘗高宣娍之囚敢爻墜人皆笑其迂而莫之顧也余眞類是哉雖然天下之不以假冒眞眶是非求重於世者寡矣矣獨蓺卷為嘿斯又可慨也已

小品市玖証得古人讀書法 烔庵

商周之不同宗國語可證也史遷之誤於二者淺矣奚啻嗷嗷累日言焉夫由百世之下溯百世之上而攷昔人之失是其事甚重匪有傳紀之烏吾證者邨是以懕彼則言之雖工孰肯信之故無稽之蔓言不如有徵之一言夫以左傳國語爲墨守何嘗金湯之固乃不知出此斷斷焉焦唇舌而不自若信夫歐九之不讀書也
堪作欬證者之炯戒 炯庵

謹笑譚詩是時水聲簅忞尺語不相聞但左方題四韻詩五篇作者曰金陵子曰筍圃子曰雨蕉子曰韓李二生應作亭内五人之數圖之者檀園題之者欵瀾不在亭内五人之數然對巻良久依然坐亭内耳邊聼活活泉聲也辛丑大暑日題
寫景處有難壹之工隠伏處有掩映之妙愚山得以庭觀疑叔之小颿跋之 神精 炯庵

題洗劒亭雅集圖

撥舊簏得横巻圖一衡廣五尺縱不及衡三之一大溪従右邊瀠洄左去亂石破碎卑流激沸白淳之況縠鱗轂作虬龍蜿蜒勢伏且展之覺清涼襲面北望松杉蓁菶稍南削壁兀峙歙仰崚嶒如墨笋下有小亭一負壁瞰流亭外六童子二斟泉烹茗一人瞥膝低頭胍一人右臂挽鼉曲肱卧二人坐盤石攤水齠面亭内五人一人展賤操毫坐一人抱南柱悠然立三人環坐東床下亦不害爲當時之文也昔使嘉登諸于巋眀史劂

跋本史

王父倕晩公甄編本史十二巻其鑒史以下命有紀續成之有稡初欲效史漢文體屢易藁不成乃鮮不能於公公曰不然文章與世遷降史者不徒紀事而已兼秋亦當時文氣之升降班去司馬不逺且固其書而補闕漏猶有繁簡之不同至范史則滋異矣自兹以降代各異史史各異文蓋氣運烏之莫知其所以然而以當時之文紀當時之事

之器亦豈異於此哉其烏麻也無刀以剝之無籆以盛之無機梭以織之則雖以承之以安之能徒手造布其為蠶也無連以妾之無籆以練之無機梭以織之則雖以金機梭之器已具於羲皇西陵之聖神亦不能徒手成帛是知刀蜜連箔簇西陵之聖神亦不能徒手成帛之時而布帛之精粗在於麻蠶之善否又在於器械之利鈍故羲皇西陵之善否已制作之初克致其慎烏萬世法程況以後人之鹵莽而於此其可忽哉

無實用者豈可比倫而語哉

桑柘葦蔄劉傳

余聞箕星之精為桑其信然耶何其功用之博也是以周禮園圃之職次於三農齊魯之間千樹桑與千戶侯等種植之務其可緩乎若夫壓柘抱娘之屬又猶蒲豆蠶豆之於五穀用各有當也夫古來農蠶之書若亢倉子氾勝之賈思總書以至王禎徐光啓書莫不典雅以其實用故也今讀本史論斷亦可驗矣

蠶書志

賈生有言曰一婦不織民或受之寒信哉是言也蠶桑者有國有家之重務也是以古者天子后妃無簽以蘭之無金以練之無機梭以織之以至庶人之婦皆有所執以供衣服其為民事之重尚矣黑其作用之門如種植銅浴之法與夫軒爺蘭綠之制不有能先為之諸熟則無以用其工而獲其利然則蠶桑之書烏可少也自淮南王養蠶經以後代有作者至於宋明之際寖繁其類開卷可按而行也意此與稗官小說之家徒言而合五教固棄能播殖穀蔬其後皆為侯伯故虞夏

讀歐陽公帝王世次圖序

史記謂虞夏商周同出黃帝歐陽永叔疑其說之誤為圖而考之為序而明之簡後凡累百言嗟乎獨不讀左傳國語乎左傳國語之永叔之志亦苦矣獨不讀左傳國語乎左傳之言曰自幕至於瞽瞍無違命靜重之以明德故舜祖虞幕左傳可據也國語史伯之言曰虞夏商周是也虞幕之大功者其子孫未嘗不章水土商契能和能德協鳳以成樂物生夏禹能平

梁武帝送木棉皁帳於人是不可曰木棉至宋末始有但其種之繁始自宋末也木棉不驚而絮不

麻本紀

余得宋崑山縣志而讀之有曰嘉祐中崑山海上有一船艤析飄泊于岸船中三十餘人衣冠如唐制有上高麗表稱三韓弟羅島蓋東夷之臣屬高麗者也時贊善大夫韓正彥為令命與酒食治楫津送教以起柁之法皆謝而去船中有麻子大如蓮舶海上人求種之初年亦如蓮的次年漸小數

年後與中國麻子無異云高麗時臣鶯無屯羅縣名者惟耽羅島古紇毛羅島是也七說而島屯爾根韻毛音批韓屯毛羅一名東瀛洲多柑橘橙柚

紡績志

傳曰羲皇始造布然其用何物為布莫得以考焉想亦不越於絺綌也詩云葛之覃兮施于中谷是劉是濩為絺為綌異都賦言霞冕繅絺細越白緯由是觀也凡葛練之有方織之有法則篩絺精綌粗皆可成之無所事乎絆集也且三代

以上之布必以二尺二寸為廣以及升數多寡皆以爵秩為之等威故禮浼氷言袖曰廣終幅又曰布帛精麁不中數幅尺廣狹不中量不鬻于市後

鎰罟志

優優乎盛矣武者禮樂之器也邊豆簠簋尊彝罍爵之驚自夫始制禮時已具何以知之無是器則禮不成禮也琴瑟鐘鼓管籥之屬自夫始作樂時已具何以知之無是器則樂不成樂也夫麻

的

棉本紀

世多說本棉當宋之末自外國流入中國熙蘇軾宋初人也而其詩曰江東賈客木棉裘戟之前張籍唐時人也而其詩曰木棉花發錦江西籍之前時已具何以知之無是器則樂不成樂也夫纂麻

之道者莫如就文全中刪繁汰冗後採漢唐以來諸家之說與集傳同者為集說異者為附錄略如彙纂之例而又以古序逐篇冠之使讀之者有以考較異同自鳥取舍則所以開拓地步恢張開見其致宜滾勘也哉顧執事入告于一代通明經術之士開局纂修一如上所云云而以次及於易書三禮春秋諸經闡揚羣聖之謨訓而微奧罩顧網羅諸儒之訓解而古今益收章一代文明之治啓萬世嘉惠之功則顧不偉歟篇終矣復有獻焉凡著述之家必先視參玫者之多寡以定其高下故歷觀前代之百家諸書之稱以淹博見稱者莫不有引用書目或盈軸而濫卷非以誇耀也不如是則無以集眾美而成一家之言也況詩經一部句古稱辨論之多場者亦尚厥纂修大全則必先廣收羣書博採眾說而后庶乎免於固陋之譏亦望執事之留意采擇焉余嘗有詩曰撰次遠經疏大全儒臣當日費餐錢專勤劉瑾無裁擇詩說微茲永樂年今讀此葉作繭者名棘繭食蕭葉作繭者名蚖繭雖繭以桑葉作繭者名櫞繭食櫟葉作繭者鳳繭可作釣緡亦有野繭繊為布耐久彌雅以食之類甚多繭之類亦甚多南粤有三眠四眠兩生七出八出者珍未嘉郎記曰永嘉有八蠶一曰元蠶三月績二回拓蠶四月初績三日蜒蠶四月愛珍五日蠶蠶四月末績七月珍三月末績七月四日愛珍七月秋蠶八月績八月寒蠶十月珍四日珍

本史補論斷
蠶本記

策吻煞符合炯㞐

雅頌而獨不可謂風者言甚明切則善讀者可以知所擇矣至於是焉之屬於太王不但有乘於帝王世紀而騶之昆夷既屬於文王矣之昆夷又屬於太王者似不免前後之矛盾矧資之分屬文武不但有違於春秋傳而一篇之內首章六章則頌武王之功第三二章則頌文王之功者亦幾為上下之割裂堂朱子分金稱出此妙在於四書集注而至於詩集傳則固屬未定之論而然耶愚於此不知所以為說也大抵讀詩而不辨其所

為作之故則是猶無素而欲繪也是以句漢以來說詩之家必以篇旨為詩學之頭腦或以此興而推之或以名物而較之於時世或驗之於辭氣所從而入者雖殊而所趨之域則未之有異此雖然易成四聖之手石著述有人書訓詁文義事而考稽有時則其所不可辨者只在之間而已雖詩則不然誦其詩而不辨其人論其事而不辨其肇於何時冥摸暗索持管謂律往往以一己之見欲斷千古之事各自立幟驀

餘竊有所講究隱括于中者試為執事陳之凡今日學校之所課場闈之所取者皇明永樂中所頒四書五經大全是已愚嘗聞胡廣解縉之徒承命纂輯也凡先儒辨說之不畔於集傳者則取之不然則勿論是非得失之如何一例去之取舍生當義例繁亂而一句殘說之學官之後經生學士事所無之事則瞠目挂齟莫之能對夫如是尚何望辨別乎同異之分而折中之得宜哉為今日救弊

訟不已而使作詩者復起而觀之則得不以為鄲書而燕說者幾希矣至於朱子集傳出而因經詮解一洗諸家之陋然大義雖顯微言未析猶不無後世甲乙之論則其下者乎句所謂詩之難明莫難於篇旨者蓋由於此而漢有感於執事之問也方今聖明赫臨文教誕敷三畫之講討彌勤一代之文風丕振碩儒威或先儒所謂明學術宏道法者此正其時也況居館閣而任作士之責者可不思導揚德意詔今傳後之道乎愚嘗於銘槃之

與集傳不同而集注之作在於集傳既成後十二年則恐當以集注爲晚年定論矣孔子之定爲淫奔之詩豈以其辭意之輕佻及其作曰鹿洞賦之詩云廣青衿之疑問則仍用序說而作序說而至於朱子廷斷之曰詩詞輕佻非思賢之語且辨冥鳥淫奔之時照來明諸儒率皆不宗其度而至正解矣雖唱之詩序以爲君子之不良其度而至之曰淫詩未見有稱其人爲君子者又曰風雨之

是時斷無疑矣說者必欲以爲東周之詩而東周之時無平王之證則又從而文其說曰平正也齊一也何其妄也驪虞之爲官名雖有月令之可攷然太公六韜淮南子皆有得驪虞獻尉之文則不可謂無此獸名且其仁心反物不忍多殺之意又與周南之麟趾相爲對待則毛鄭之說固不可軏詆而必欲以官名爲解者歐陽公之好異也木瓜之美齊大德既有家語之可據有女同車之刺怨之美齊大德既有家語之可據有女同車之刺怨鮮婚亦有左傳之明證而皆歸之淫奔者一則謂

封衛之大德不止不衎而癕人歸德不當若是歌後也一則謂鄭怨之鮮婚未爲不正而詩人敘事當美而不當剌也照孔氏所謂破小車以道其詵美而不當剌也照孔氏所謂破小車以道其報之顧范氏所謂閼惜嗟歎之說皆不爲無見此古今說詩之家所以祖序說而左集傳者朱子之祀櫛集傳庸如大學必屢致意焉則安知二篇之旨不如誠意章之一於善乎柏舟之指爲夫人所作蓋因劉向所謂宣夫人之說也照其注所引二句有曰本言備之仁人見楚於摩小則又

如晦喻世之昏亂也雞鳴之不已喻君子之居亂而恕治也以此觀詩則舊說亦可備一說矣溱洧之詩序以爲剌亂之詩而獨至朱子直以爲淫者之自敘其事感篇中之曰士曰女謂之詩人之剌奔則可謂之淫者之曰稱則未可且古序傳流銑遠悆之所在數笙詩之有聲無辭雖說多而郁京意之所在數笙詩之有聲無辭雖說多而郁京山所謂有辭然後有聲者儘有據雖詩之爲風爲雅論者雖歧而顧亭林所謂幽謂之幽詩亦謂

相牟營警不已後咸難浚之訟棄千古之遠而之佚布可笑至於大小序之分則或自后妃之德
而最無堂上之人天下之大而尚傳凡幾之山況至用之邦國謂之小序風風也以下謂之大序或
以編壞之一覽儒乃敢擅指其所為作之敢者非以序之首句如葛覃后妃之本鴻厲美先王之類
愚則妾也雖然經傳之所別可考也諸子之難出謂之大序其下續而申之者謂之小序而嘗攷梁
可稽也諸儒之異同可參觀也辨詩之道豈無其昭明之說有云子夏作小序惟載初句其下大毛
方而今日之急先務無過於撰成詩經集說一公所繫則序之首句亦稱小序者自古已然而況
書而已愚請先就明閒而縷陳之次及摩之於一篇序文之中分首尾而別大小無迺太隘乎
說可乎大序小序之作久矣傳授既遠論辨多歧至於朱子作詩序辨說遂分詩之至也以上為大
有以為孔子所作有以為國史所題有以為衛宏序關雎后妃之德以下為小序而后綱頷條目粲

所行有以為子夏之分之所述是數說者省無明然不齊則今日復執事之間者舍是奚以裁闡雎
證之可據要難從違之立波而獨衞宏之說見於之詩孔鄭以為后妃所作程朱以為宮人所作而
漢書儒林傳子夏毛公之說又見於隋書經籍致序所謂風天下而正夫婦者有非婦如所可當
則其傳聞之詳固非後儒空言揚摩之比矣今以則愚以程朱之說為正法眼藏笑芣苢之舊韓劉
序文欲之其釋媯嬀別與金縢合釋北山蒸民則則謂宋女之傷夫憂疾集傳則謂婦人之家和平
與孟子合釋昊天成命則與圖語合釋碩人清人而采女之作說無當于二南之風傷疾之詩又不
黃鳥皇矣則與左傳合序由庚六章則與儀禮合闗於文王之化則愚知韓劉之說迴無稽之言矣
漢初左氏諸書未盡出而詩序先與之合則其不春秋莊公元年書王姬歸于齊此乃桓王之女乎
出於漢儒之手章明矣而雖以謂源流於子夏王之孫而下嫁於諸侯者也何彼襛矣之詩作於

一厄于火也太史公作孔子世家曰詩三千餘篇勸善俊惡鳥德惠泯泯漆漆若水摧月而詩人之意
孔子去其重取其可施于禮義者三百五篇此太從而晦焉此詩之再厄于太史公也孔子曰故鄭
謬之論也夫詩者掌之王朝班之侯服庠序之所聲又曰鄭聲亂蓋謂鄭衛之聲而未嘗曰鄭衛之
飄誦冬夏之所教習用之於盟會賦之於聘燕使詩則所當故者在於雍曼煩促之音節而不在於
孔子以一已之見取而刪之王朝列國之臣其熟此與戯詠之篇什也說詩之家不達斯意遽謂鄭
肯信而從之且行以肆夏趨以采薺樂師所教之詩皆是淫者之自作一見其休佛彷彿於影
儀也何所寄於禮義而孔子必刪之俾堂上有儀響之間則甄歸之淫夸之辭於是乎間時儕俗之
而堂下黑儀何也天子之射以騶虞為節諸侯之篇陳古刺今之詞往往冒亂貶敷妾之名而千古
射以貍首為節冷大小戴記有貍首之辭何所序作者之旨亂昧而不得伸此詩之三厄于淫詩之
　　　　　　　　　　　　　　　　　　　　　　説也蓋厄之至三而詩之存者亦無幾矣懸當竊
於禮義而孔子必刪之俾天子有節而諸侯無節歎于斯以謂有儒者作闡經術之將墜任後凡之
何也正考父校商頌十二篇於周太史而歸祀先天責則其最初用工莫先於詩經一部今孰事之
王孔子殷人也乃反以先世之所校而祀先祖者問抑亦有渡意而導愚生以言歟懇請破脫
刪其七篇而止存其五此當理也哉子所雅言一程式而極言之竊謂經旨之難明莫辨於詩詩
則曰詩三百每則曰誦詩三百未必皆屬刪後之説明而全柱於第旨蓋闇蒼歌揺既多賦志
言而況多至三千樂師蒙又安能備誦而不遺之不同朝廟榮章又有事實之各其世代云邈莫
于引而仲之觸類長之則其説之誠斷無疑矣而辨作述之主人文獻無徵難覓所言之何故若是
一自子長之作俾後之儒者羣附影從同聲相應乎辨詩之難也是以自漢託明辨説盈庋而疑信
凡夫一篇一句必以聖人取舍之義斷之曰此為

不改之節則宜乎是淫奔之時漆沮之野目作之詞殆笙詩人楓判之意則何故爲詩之有辭無辭則劉雪之或雅或鄭不分而一之指南轂以爲昆說之大王則得於帝王世紀之亂之大說而擔責文武則果不辱於南王大與此推之擊而解大義則不亦於二六抵其不爲擧此作之所爲有可疑之解之有可以騫之於氣而不特於四雜殊所趨之城一也緊易而時代為著其人至楮有其詩經則所訓語之閒而不辯其部所其便各自立其職往往引其者由朱之集傳大義方今聖明其集傳大義方今聖明之其不爲至而大矣闢而獨言載設之燕此拠木武說及夫子子出乎自大之之朱託之其其觀意已徵御文繹數立讀漢之後聖教言發

對愚嘗以爲詩有三厄一厄于淫詩之說何以言之世之譚經者必稱秦三厄于淫詩之說何以言之世之譚經者必稱秦火之厄而獨不知五經未嘗厄於秦而惟詩之厄爲最始秦之焚書也易以卜笙免焉尚書諸經又爲孔氏之所藏及夫詩文之焰爐熄壁中之編復出其作晦旋明如日月之蝕則俊秦炬一焰固未

當爲諸經厄也惟毛詩一經訖不能與周易同免於火又不能與尚書並藏于壁徒存片簡煬蕩無遺則祝融回祿之灾詩獨偏長而其終不至泯滅特幸耳今考家語稱孔騰畏秦法藏尚書孝經論語於夫子舊堂壁中而不言毛詩漢祀尹敏傳稱孔鮒藏之隋經籍志稱孔惠藏之而亦未及毛詩又未與焉是觀說者雖有詳略之不同傳開之互異而皆無一言及於詩經之見漏於孔壁

漢蓺文志則尚書孝經論語之外復有禮記而毛詩又未與焉是觀說者雖有詳略之不同傳開之互異而皆無一言及於詩經之見漏於孔壁

之誦一般摭而萎葡而明乃學術盛趙法之大機會也何則主之以集傳參之說彼夫三百十一篇一篇之旨支節解如象説日星熒顫從傳雅之君子得開自宣衜解以論之餘

者惟詩爲然而特以詠嘆歌誦之功化他經爲最速于漢文之時猶有傳誦之士轉相口授而三百之篇復究是以劉歆移太常博士書曰孝武皇帝時鄒魯梁趙頗有詩禮春秋先師皆起於建元之閒一人不能獨盡其經或爲雅或爲頌相合而成或則詩之所博傳者惟鄒魯諸生口舌耳夫以尚書之出於壁而又有伏生之口授猶且有殘缺疑晦之歎況徒憑一二學究之傳誦而欲求其不違作全經之真不亦戞戞乎其難哉此詩之

漢訖秦歷數千載而一無異說豈非以其實蹟昭
載人耳目不容有訛也乎烏乎春秋尚書禮記論
語孟子聖人之徒之書也左傳國語戰國策紀年
周月解穆天子傳書禮大傳史記漢書當時耳目
之人之言也彼說者將謂聖人之書不足徵當
時目擊耳聞之言不可信而後其說可行忘率如
此而世復同然和之誠辭之陷人也如是夫烏虖
經既曰春王正月春王正月者時王之正月而正
月腱于郛春也亦何煩諸儒之芬芬 春日 知蘇歷引

傅引經傳打破夏時冠周月之誤非大眼目大
力量不能辨 此烟庵

有難王十月王九月王正月等語以明春王正月
郛周之舊典魯史之本文而非孔子之所加栏此
超可覩矣郛之曰周王月謂之正月則夏商之
氏如程子之説又不得謂殷天時以
立王義如程子為聖人之新意如劉原父之言
不止余不得無言也
三正之就論者愈多而愈無定論專由考據未
時目不能折服異口也此辨一出可拄呟呟之翻
情乎其不早出使胡蔡諸公一讀之耳馭著
尚書翼有不改時月辨引據頰廣今見此辨多
與之合不覺膺膺自信 愚山

詩箋 今閒辨經之難貨搩於詩小序小序
而申郛之者則以為孔子所故
大官人所集傳則謂別謂婦人劉向謂后妃
異曲同工至今可唯歎謂虞何彼禯矣以為平王之
齊后娶詵至有蜀之美齊眷國語足以破千古之惑
者疑無定果瓜之美德
同事濫年何數解柏舟主文
子子衿之定參商涅詩與涧雨難珠裛同形庋於君子

辰初陳之時用周之二月辰日月之會丰梧也當其臨象時名王以黃鐘之下宮布戎于牧之野故謂其鷹左枝黃盛右柔白茂其歲在鶉火則寅年也鷹戌寬命從紀年日在析木之津則十月也以庚寅十月二十八日戊子興師十一月三日癸巳發行二十八日戊午渡孟津卽周之辛卯孟春也武成所謂一月其之日者以其時未得為天子或稱一月或稱正月也故曰時粵一月黎明自牧始曆謂之正月而在商則為十二月五紀年帝辛五十二年

正月故正歲之說始也而在商則為十二月
之鷹左枝黃盛右柔白茂其歲在鶉火則寅年也鷹戌寬命從紀年日在析木之津則十月也

蓋萬者繼於信也而其以周正紀月數則固未嘗易矣禮記明堂位曰季夏六月以禘周公祭於太廟牲用白牡盛大路越席觴裸用玉瓚爵其登歌清廟下管象舞大夏樂也此魯禮周公廟之禮此合禘是禘秖也周公薨未祔以孟夏正月為孟夏建巳之月為李夏禮建巳之月禘於夏也

以雜記孟獻子之說曰正月日至可以有事於上帝七月日至可以有事於祖日南至之支五年正是以正月為冬夏二至之月案傳曰孟冬至郢瑋注雁来翱也而月令八月雁來翔則冬為郢瑋注雁来翱也而月令八月雁來翔則是以八月為冬矣又曰仲冬方落草木鮮命虜

人掠林除藪以為百姓材而月令九月草木黃落則是以九月為仲冬矣孟子四七八月之間天油然作雲沛然下雨戰國策蘇代之言曰至歲八月降雨時行之候淄周所謂秋水時至百川灌河者也此刑関秋議改正朔之支見於禮記大傳申述於史記曆書至漢律曆志中二次逾月著三代之改月惟其眞定有改正朔之事故所以云改正朔固非撮虛捏空憑桙出一大典禮者也是故自月之然雖省以夏正之孟月朔退行解所事授德月民

月十榛一沈傳沭云然則召誥三月之郊祀洛誥十二周為十二月故洛誥戊辰王在新邑烝祭于
郊左傳閏蟄而郊卽月令所謂孟冬大飲烝者在
于上帝者在周為三月故召誥三月丁已用牲于
時矣左傳啓蟄而郊卽月令所謂孟春元日祈穀
二月而在商則為正月是泰誓武成皆以周正紀
四日癸亥至牧野五日甲子一戰勝商武成所謂
獻羌擊微盧彭濮從周師伐殷是也
其寅冬十有二月周師有事于上帝庸以十二月

謂禾熟乃酉戍之月周不改時也然月令孟秋乃升穀天子嘗新令曆家七十二候七月未乃登夏之七月烏周之九月而其禹秋則同爲況嘉穀邊蒙秸者總名以未而秦稷之熟正在未申之月嘉穀之又曰以稻梁有稍搜穫者皆日未也歸隨曲曉和秦稅以秦孽禰縫矣烏主何嫌其爲司之秋乎詩曰四月維夏六月徂暑論語曰莫春者春服既成者又以此爲不改時月之證然周時史策以外諸書間有雜用夏正者傳紀年則左氏多難用夏正此盖未及攷正之通於民俗尚矣夏正習於天下

月隕霜殺菽是數者於夏正何足爲誤而經必書之乎夫仲尼大聖也春秋正史也以大聖作正史不宜有訛舛錯鑿故曰周改時月春秋可據也況書手經著于傳難出于子史者無遑非其證也乎試舉一二春誓曰惟十有三年春大會于孟津泰誓折謂春卽武成之一月何以明之國語伶州鳩之言曰昔武王伐殷歲在鶉火大辰在翼火戌宸凰分野也歲在鶉火行此歲鶉之口辰在十一月二十七八日戊子於夏爲十一月是東誓時歲星在鶉火一至腭十二度月在天駟十三度月在天駟日在析木宿在星五度謂戊子日在析

本之津度尾天漢也析木其間鳥漢津謂戊也夏正月析木辰日得月厲正月辛卯之殷戌子之一月合辰爲十二月是日軒轅天黿名十四度王兒十五度爲天黿正月辛卯月望前一日頵次日壬十八又曰戊午渡孟津戊辰王午度王二十九日癸亥陳師牧野周之二月己未畢旦朔陳於商郊癸亥夜陳旦立於牡方頵頊之所建也辰之位省在北雜水位北方頵頊之所建也月癸亥夜陳二月周二日夜師畢立於牡方又曰王以二月癸亥夜陳

辰在戊上故長庚則之上宮冬之日宮車之當辰辰在戊上故長庚則之上宮冬之日

已久且於天時人事烏順故行之官府則從時王之制民閒所行猶多從夏曆攷傳紀或有時月之異同者盖其通用者然也逸周書周月解云越我周王致伐于商改正異城以垂三統王子敬授民時廸狩烝享猶自夏爲且周禮既有正月又有正歲則周時二正閒已兼行之矣豈可擧一廢百遂謂周用夏正哉然則周改時何據乎曰據春秋桓八年冬十月雨雪僖十年冬大雨雹桓十四年春正月無冰成元年二月無冰莊七年秋無麥苗庄元年冬十月雨兩雪僖十年冬大兩桓十四年春正月無冰

楓石鼓篋集卷第六

洌上　徐有榘準平

雜著

春王正月辨

春王正月辨之者曰春王正月傳曰春王周正月建子正月建子之月也蓋來以前之論如此至胡文定蔡九峯有夏時冠周月周不改時月之解而諸儒之說始紛紛矣聞按載籍辭典曰協時月正日論語曰行夏之時則時之不同可知已左傳昭十七年夏六月日有食之太史曰當夏四月謂之孟夏慎曰火出於夏為三月於商為四月於周為五月家語曰今周之十二月夏之十月則月之不同可知已而其載著者尚書大傳曰夏以孟春月為正殷以季冬月為正周以仲冬之月也又為正者萬物不奔莫適所統故必以三微之月同可知已而其載著者尚書大傳曰夏以孟春月為正殷以季冬月為正周以仲冬之月也又曰周以十一月為正十一月夏以十二月為正十二月夏以十三月為正十三月夫如是二月為正卯名正月不名十二月夏以十三月冬正不名正月不名十三月夫如是而吉卯承正月十二月為正卯名正月不名十三月

其明的易見而彼獨斷斷不謂然者何也豈有旁引之典證足破千古之案者歟及考其所為說則乃引伊訓太甲之文曰前乎周者尚而商未嘗改時月朔有元祀十有二月太甲元年十二月有三祀十有二月而說者謂商建丑故以十二月為正月未嘗改時月說者謂秦本紀之文曰後乎周者秦而秦未嘗改時月說者謂秦本紀則秦本紀之云十有元年冬十月顓頊歷二月別起歲首改秦未以改漢高祖本紀亦書元年冬十月明祀然效顧炎武日知錄則湯崩書序之誤實仰任之世必以前年十一月殷陳而樹先君樹廟而後嗣子卽位故稱元祀十二月太甲之自桐歸亳亦適當三祀之十二月商未嘗不改時月也又效顏師古注漢書則秦本能所得月數替太初正曆之後記事者逸改之非當時本稱而春亦未嘗不改時月也如曰漢以前聚束井當是建甲之月劉依云接曆太曰辰星去日率東過一兩次今十歲星於東井寶五星以七月聚於秦人改曆賞則夫以七月為人改曆氣人改月正于是為秦夫胡蔡之所據止此二者而二者之不足據又如此則至于今從違相半警警不浚者何哉柳別有以歟金騰曰秋大熟未穫天大雷電以風禾盡偃說者

論琴亦可以解此文也 愚山

楓石鼓篋集卷第五終

楓石鼓篋集卷第六目

雜著
　春王正月辨
　詩筴
　本史補編論斷
　讀歐陽公帝王世次圖序
　題洗劍亭雅集圖
　跋本史
　跋朱子墨蹟
　漳河子琴銘
　杖銘
　筆洗銘

送遠歸哭歲何子 有序

余之塾師曰歲何子柳彈素余髮鬑鬑覆顱則從彈素課書迄今余鬢長如當時之髮而彈素之跡未嘗一日不在余也至不設主客禮卽促鄭詼詩文開出書畫金石刻評品鐙賞以鳥常今年四月余家有小集彈素亦至傾危謹笑竟晷罷去數日而卦至憶彈素屺矣彈素治周髀學明祥呂尤癖于琴自名曰琴字以彈素及其叟老因路家奇貧無儋石資顧獨淨掃灑峙圖籍哦詩弄絃以發其

送君歸去兮路杳冥兮黔山嶇嶝嶙嶒兮水潛泠兮草菲露晞兮谷鳥嚶兮生將屋兮兀長藏兮寂木縅蒿兮蓮主瑋兮歸去兮卽君之佳城可兮嗟君歸來兮鳳颻颻兮竹屋紙脆兮澤髹兀兮寒齠宿大兮錯數蘖兮八緣匂股兮皮圖書兮龠經卉譜兮曾箋疏兮鷝來兮卽君之鳶居兮骨肉雖士兮魂氣歸些薪寵火傳兮蟬蛻枝兮殳蘧廬之銷剝兮精爽之可聽兮歸去兮屛用畀唏兮發婦發泣兮孺子呌兮蓋梁雲聲兮當戶吁兮窋

冷烟熠兮蛛綑樞兮嗟君退歸兮莫之謨兮我登君堂兮儼儀設兮瓦燈欲量兮紅旂顧兮呼之不應兮澤盌枝叶些送君歸兮千古該兮亂曰百昌芸動且息兮石爻濡螢奄斯熄兮嗟君高才曄與儔兮劇心缽肝研衆蕟兮睎齡化名不朽兮燕爾幽魂永無憇兮

彈素虣髒一世只復此一副絶妙之詞夫亦何憾炯庵

寒松落子石氣自青溪林幽谷尾泉斷續可以

侘傺不平之暢憶乙巳秒秋彈素從余柱芙蓉江箕驂崖石上酹酒悵愾仰而悲歌彈琴而和之時江雲陰翳白浪拍岸懍懍愀然傷神忽怨己四年事彈素益坎壈無所適將縛屋齡山挈妻子歸老亦無貲未遂而今延引精鞶以向吾可悲也已彈素旣夂餘時息至甁援琴鼓之爲送遠之操曲終蹐躅寧然石叟戢響像之髯髻髯及窆期余將絜酒往酹復烏楚聲而俤之以送遠名篇其辭曰

去邪蹟堂而足趾趑趄啓戶而心真疑目瞷答泳口
提先咽毋寧木石其心顧嘿無呢之爲愈也悲夫
悲夫歸檢篋篚遺墨宛然展卷未半淚已斑于紙
矣先生每有論摩小子未嘗不與聞緖論粗諸其
規櫺而所著旣富有始工而未汗靑者有完編而
未釟櫛者敢不涕泣精明按其成法而纘成之以
成先生之志而報前日之未報邪以小子之謏聞
寡識代大匠斲果能當先生意邪先生遠矣方有
印鈴之命吾諸父鸙定雛軼而小子實相其役

祭柳君彈素文 代

幾何子柳彈素聞今行有曰矣鶴山老夫具醊果
遠醊焉而告之曰噫戱乎柳君貌之骹氣之充受
諸天者豐矣誰奮歐躬數才之穎業之精有諸已
者贏矣誰訥其年數嗚呼甫彼藝圃耦我鉏而畬
萬者匪君邪夔父薊野履之壯遊齋匪君邪
余今老矣將與我譚宿昔之壯遊邯鄲舊事君
延僞然往而曾不我瞵䞓耶烏亭木中材則枴器
逸人則戕吾周知君之爲而不知其若是忱也噫

戱于柳君
飽佳愚山
字不虛設句不泛搆 烱庵

獨不知卷沓之多寡序之先後皆如先生意邪
安得手卷而一質之也悲夫悲夫日月逝矣卽遠
有期丹旐戒路旦辭將移悠悠此誌吊其有涯伏
地長號聲盡血枯眙塵如灰必將惻然有戚於斯
而棚然下臨以格夫小子之心矣天乎慟哉天乎
慟哉

情文俱備典刑如柱讀之不絮滲漬于紙卷 山
斯文之托愈益鄭重一字裏一淚不止世閒哀
悼之文 烱庵

邪書凡六冊其四冊寫畢于前冬經先生手較而其二未及焉舉復前叢日取其先寫者一冊進于先生時先生涔涔若不省猶以之手舉者再既未替勞於前又未董役於後以遽其成竟使先生彌此未卒之志是小子罪也匪人哉小子嘗以小子之不能舉一子為憂每顧小子曰汝若是長矣尚無一子以娛我于汝祖聲汝父皆未汝年之事也今雖椒聊盈匊先生其克一覘爾邪小子之事也今雖椒聊盈匊先生其克一覘爾邪小子顙蒙百無他喜惟爾生子是吾喜也退竊自念先生之壽猶得之者亦不能得之早少供我先生膝下之歡匪是小子罪也匪人哉小子也去歲之九終無一子于十年之內孰謂未踰年而遽有今日指而曰吾無他喜惟爾生子是吾喜也退竊自念南鸛吉鳥也諺稱鵲巢南其家必有喜先生見輒言以傷吾父母之心先生亦終無一言及後事竟以小子之靈蒙是踐邪始能范疾未革而入拜禹先生其將不一墜于小子邪今又何反是小子罪也匪人哉小子也姑為弛愛日之誠終為抱速之慟一隔幽明萬事昔負天乎天乎勩哉勩哉烏摩蓋出蓉洲見景岻休熟庭宇閴如悒悒怳怳先生妥徃哉花藥森嚴梅竹蕙蕢昔先生之所經理也醉若狂匪田蠟豆規池演沱首先生之所栽培也今先生妥徃哉圖書倫度瓠鍾鬘陳曰篡破屐旬返焉鋭而莅薵竟不復返而徒使小子作歲月月先生自蔡洲入城命小子曰汝姑從吾將不蔡几前橫昔先生之所樓遲也今胡為于菜此而

嘗小子謂邪縱能克保其身吾其行不墜我先生期待之萬一先生又安得知之天乎天乎慟哉慟哉烏虖先生穎秀而氣充神壯而體康蓋鮮有一日委第之蜷而沱乎晚年聰視勝昔鬚鬢皜如沉湛乎著述之兢兢而終日手卷錫朕無欠噫歐倚芝壽有所餘期方頌鳌且不以一疾其所以為久而先生烏溘情蓋其所特望於平日

者屈指三閱歲每夜閱籲寂朝月垂軒開導堤堤訓誨詩或討論墳典或評確今古至燭跋不肯休如是者三年如一日慣乎耳洽乎心目以為固有而不知其甚樂也今焉追思恍若隔宿而儀容永閱聲欬莫聆雖百身贖之而不可得乎嘻嘻已矣夫小子或有事入城日之樂其可得乎噫戲已矣夫小子之而一日後得前期逝不歸則先生輒悄然怒之憂形于色以是前後三年此中小子之在都中可以日月計夫以父母昆弟之所團欒而終不敢淹畱而滯宿者誠以

無人乎先生之側也今則大歸矣小子將何以安先生而獨處於斯世邪嘻戲已矣夫先生賠子第甚莊闊門之内儼若朝典然不以嚴傷和故小子之於先生凡其傻若苦痛憂愉悲榮未嘗不以聞而瀆碎紬小史事而皆待於先生而成焉今也傷然長逝而將何以處小子哉日嘩於靈几之側而訴其哀先生其果聽之而以前日之情或者猶或乎其然不其然則壙以為霜膊者將無以告其然不其然則壙噫戲已矣夫詩云欲報之德昊天罔極

一淺之于噫戲已矣夫詩云欲報之德昊天罔極也汝嘗謂老人歇日多邪噫先生固有所前知者令倩人謄寫曰欲起我視未怡神未疲孅勤一過者安知此會有事中撤先生遽而親為既成趣不敢惰此小子踧而受退而在甲辰保晚齋叢書垂成而史類闕一焉先生將綸緯史補之手定其義例以授小子曰事鉅工大吾老矣力不能已則汝卒吾業可乎吾闢其端者固不止於是也彼猶如此而小子何以為情粵沙成其終一書而祖孫父精力在此則後之讀此

只鳥虖王母戀只戀如之何疢我心只湍流嗚咽
山崎釜只隴草萋萋杉檜梦只天兆終焉藏
丹旆戒路素幟張只鳥虖王母行只行矣有日
設終天只一嚘一踏靈几前只俎豆載旅香苾芬
叶只總惟䊹襏燈青熒只短誄言告淋泗零只鳥
虖王母聽只
有體有法何磊而唶咽不謂祭文乃有此也 愚山
銘中凡以藥戀行聽五箇只包括夫人之德之
行子姓之孝之悲何等雅炯庵

祭王父俛晩齋先生文

歲戊申之元月甲申孫洗腆烏荅竄淚爲文
哭告于王父俛晩齋先生之靈進曰烏虖天乎勵
哉何辜于天而抗我如不克胡負于天而奪之若
是偏邪恩育德誨庇䕃者尊而天則奪之山穨斗
祝祈待者逮而天禾慭畱天乎勵哉忉豐耆頣之山
者無信漢澳者無神而人之戚似不恫摯者一似無二於
而爲邪抑若者小子之愴烈而恫摯者一似無二於
人而已獨丁焉則又膚謟徒護之自然邪其主張

其戩先生不昧之靈又安得不縶頵而戀戀之乎
天之厚先生不厲不至而獨不可戀其所戀邪豈
將徒厚其生而不能推其厚於後承愛之濊小子寶
戩十人尸櫬而均宣或厚薄而敎愛之濊小子寶
最爲娟先生之卜居于蒼洲也吾王母病柱抹吾
諸父人而扶護出不鞠掌不可以從遊以小子從
烏於是乎先生之爲天於小子者全矣晨夕閒寢
小子也早晏侍食小子也陸杖屨於庭珍者小子
也拳筆硯於棨几者小子也呴濡顧復兩不相捨

嘗遊於是至今望之峯巒砯砑硏崿蔥籠有淸淨氣庵
於巖之下意必多高僧名衲如乾竺鷲嶺之間而
吾未之見焉則謂尼卽其人可乎佛之言曰沙門
有三坐禪嵓上誦經爲中助衆爲下尼微也向上
事無論己中下則餞笑是固應銘法銘曰
蒼故大兮舍桃毛徒目𩯭若之法海兮龍珠之珣
璨芳兮不焦兮水不沴天神抵杵而呵護兮赤幡
而白牛我銘斯印兮一月三舟
敍以法勝銘以奇勝高潔之極 愚山

筆端已現舍利舍桃大 炯庵

祭王母李夫人文

維歲王母夫人李氏之喪小子有㮰祓月而尚未
致一醑也人謂有㮰祓夫人之敎愛也最洽於其
大歸不可無言噫小子何言哉曰吾王母之歿而
吾祖杖矣吾父母耍蜜處笑吾兄㮰葛而廢業而
對累歡浪浪乎淨沱頣而已矣于斯時也吾喪吾
矣吾兄弟入而慰父母出而沿喪具退其私而相
七而小子何言哉雖然日月逝矣忽忽歲將改焉
而蹠奔之行是戒卽遠之日不遠于斯時也離狹

無言其忍諸且不言何待遂柴酒于饌載文其上
祈饗于靈莚時丙午除夕前二夕也其詞曰
倚嗟懿德終溫惠兮明粹其質婉嫕兮眾美于
萃文以藝兮壼淸水兮無滓兮瘀幾近之古女
士兮烏虖兮王母以兮性其㛂兮烏虖兮光光節
章有天降兮祈孫曹冠蟹章兮俾以算厚逝
戱豉以自閨祖開慶流洽兮虖王母榮兮謂蠁
未艾嬗而衰兮嶼然巨樁候葊菱兮歆彼靈光
悶豗菫兮著列鼎釜今也奠兮慊彼孝女如將見

女老悅壙塼銘

老悅者楓石子之幼女也甲辰三月生于芓谷之寓樹五十日而病風夭女生而曰皙顧角稜起有男子相其母悅之而其父不悅也曰女也而男子相邪稱笑呰將兄瘥于東坡之原後數年楓石子過其地而悲其育之不幸中也迺治塼書銘納之壙曰

寄土烏生叶　莫汝孀歸土烏真叶　莫汝永年烏虞造物者始以汝烏人之醜站天之冥靈也夫外示悠悠之鱗　中藏惻惻之情　蜩庵

喚醒庵舍利塔銘 并序

喚醒庵在白岳山後麓山之西余丙舍在焉去庵未數里晨夕梵鐘可聞也庵住持奉敏數從余遊一日水田木杖錫而踵門曰願有謁也余進之而問為奉敏合爪禮而曰吾庵有有道比丘尼今化矣不茲葦是髀顧得子又復捧書幣合爪再拜曰尼吾姑也姓某氏號海花堂文化民家女幼奇慧不茹葷庚奉大士有出世想嘗戈三日復甦至老尼歡處默默人咸異之既長落髪入九月山澄心習定者數十年晚從吾流寓四方㝵以餬口歲見飢寒甄妬之無怪壬寅來居庵時尼老笑猶焚修闉憪三朝六時佛聲浩浩如此居五年丙午八月某日示寂于庵此壽六十七法臘四十六既茶毗翌日示荼見山之阿大放光明雲瑞氣鍾之得利二即尼荼毗處也於是福曰男女蒙觀禮拜咨嗟驚歎庵烏之填咽嚊不異哉吾將浮屠藏之一置之九月一置之庵烏衆生福田子其銘之余聞白岳之巔有巖曰世尊相傳上世算菩薩

煕日生何事曰難哼晨循吾伊恭人色喜曰歸得所哉烏之加餐今也銘恭人莫宜吾文此恭人之志也銘曰

靜而順德協坤也賢不祿旋歲天也協故奠幽定而厚載喬故蓄其巍而貽昆卷彼湯阿妾枕俟旅矩度森然筆筆雅潔銘而古奧可諷備旬用韻尤奇恩山

短幅中具萬里之勢鑄句鍛字何嘗有一浮響炯庵

烈婦劉氏墓誌銘

醫者洪履福習于徐子一日捧書幣立于門外徐子延之入而問焉曰吾里有烈婦劉氏者既旋其舅之不文不能掩其夯乎且其弱而不媿子閨矣顧俄寵于夫子以志其幽徐子曰何烈曰烈法當宜餂遂爲之銘曰婦生員靜寧言笑動合女則幼閑古圖史節烈事毅不祿兮尢兒窮之蕎兮豐屯芳焉頭之嶙峋閨笑誰人盆賢之歸十年其夫病兮烈婦齔哭幸夫子卒賜之惠徐子曰嗚呼驚曜攸使盧也雖余子娩而莊人異之長歸于崔事舅姑孝待夫滋笤難矣曷葬之曰楊之某原其藏也銘石猶皷嘻然有艷慕志人異之長歸于崔事舅姑孝待夫兮司常乃之旌璧者之庚庚兮徐夫子之銘呼嗟石息曰我无誰葬夫者吾舅姑老矣吾戚之蓬烈兮弗炸幽明章法奇絕有視陽明而上之誌文之夔體也恩山坤啜泣手沿奠具附身附棺必誠信吾嘗撫子于渾樸中帶精悍昔者柳柳州嘗從事於斯炯庵子婉而莊人盆賢之歸十年其夫病兮又歲之蓬

柳君墓銘

柳君遼陽字士守居芙蓉江工種樹自齡年四十二以歿其人生醇愨無他能至歿不識闒闠爲之日鄰里多爲之涕者丁未春余從都人訪花至桃園班荆坐移時籬落間颯拉有聲一短丈夫從兩子見耶其詞曰而歸之曰姑以此納諸幽子謂紵絮陳漆可不朽空期曰將葬於楊之某原余貧無以飲助廼爲銘之疾已三月矣余內慚之歸未期閒君歿未克葬殯于桃園之麓余簽悲之後數月其弟健陽來告黛黃尨默不任衣視不上帶呼語之則楊其目問稚傴僂扶杖出爲主客禮甚恭詢之知爲君也全其天倪歸復于地而我銘以志之噫呼其瓻幾短柳蹣跚如從紙上出墓誌中千古絕調炯庵頹昂無媿

宋母金恭人墓誌銘

恭人金氏世爲江陵人進士諱始見其王父也縣監諱尚孝其父也於禮曹判書諱昌明爲介婦諸生名翼永爲配子男一人晃戴女嫁者三人決朴亲琦眞婿也恭人年以今上己亥七月某日距其生丙辰壽四十四歲于臨湍東坡之原窆且十年晃戴子其狀徵銘于有繋有繋讀之旣曰噫可銘也已恭人之應銘法者有二志啓而行順也恭人奉尊章先意承志姑鄭氏家三世葬匪吉鄭以爲憂恭人鬻金邊三匱歸之吉土附於柳者必誠信焉事夫子無敢有違命嫁時資奩甚豐悉聽夫子取施輿戴而無儥傾其有而不悔哥可不謂乎恭人寡言笑簡喜怒終日執鍼蹙綟壺閣之內竊若無人也夫子數踏肯門不見收僮孃孳或癰怨恭人穆然如不聞也家中萋裙布糲食人不堪憂而恭人雍閒自如沒身無剌剌契潤語也可不謂靜乎靜順者婦德之選也可不以銘乎始余聞恭人之病遺吾婦歸尊恭人問

楓石鼓篋集卷第五

墓誌銘　塔銘　祭文　哀辭

太學生趙君墓誌銘

瀏上　徐有榘準平

趙君諱安逵字伯文楊州人而籍於洪父棨健遊京師有名而於我乎館遠于君繼世好故知君習君才氣穎銳言笑憒嫡好雖萬人物遇不可則稠人衆會掷揄譽毀必折柳之乃已人以是多娭之者然其所與遊多先生長者博聞强記善緣飾古義盱衡鼓掌陳古調今聽其言纚纚如也伉爽亢傲句喜辭可沾沾然視一世莫已逜也酒闌燈炧蓬跣號呲高談危言吐屬如流庸陋劣輩望之逺盖余之知君者如此而其娥於人亦由此也旣而戢翮歛翼嚴隼弓矩獲之中而中道慣矣悲夫君年三十四成進士粤二年乙巳痾丸張目謂二第曰我兄誰當爲家者趙氏將不大于吾巳而瞑再舉省尹氏皆于早勁君之第琴君見至惟人可謂知心之友得意之文烱庵于鄕之某原而以二尹㭙柔君客余最久余之實

客厮役無不知君然知君者竟余一人也滋久滋益好諸娭君者盍啞余益辱趙之而君而盜聽如也嘗謂余曰知我者惟于他曰子必銘我而可余曰吾銘易耳顧君曰皆踈眉目法宜壽吾二人誰先哭者遂相視啞然而罷喟呼笑言在耳而君之墓木拱矣迺覩此世者何如也可慨夫吾言人欲久不死而覩居此世者何如也可慨夫吾本復相天下士矣銘曰人不而知騰脣口天下不而知舊而后惟地憤然又奠知余銘而石永無斁叶後千百年尚知而獨不知而知耶不知耶噫秋從一知宇起結而生意勃鬱銘又古僑奧衍可謂飽唱愚山諛墓之諸但諧已不免若狀趙伯文曰沈默莊重不知者固不必疑布知者當腹誹余平生不識伯文何狀而歷歷如在目中其所不盡美處乃

曰仁仁冒外家姓為梅氏世居孤山其族益繁以

盛至今孤山有梅林村

楓石鼓篋集卷第四終

楓石鼓篋集卷第五目

墓誌銘　塔銘　祭文　哀辭

太學生趙君墓誌銘
柳君墓銘
宋妣金恭人墓誌銘
烈婦劉氏墓誌銘
女老悅壙塼銘
喚醒庵舍利塔銘并序
祭王母李夫人文
祭王父俛晚齋先生文
祭柳君彌素文
送逵辭哭幾何子有序

謂男子及時也兒芳時高早非十年貞不可予恨奇其言不強後十年冬竟歸于連通素貧寒所居環堵竹籬不蔽風雪夫人處之晏如也性能耐苦寒有時露宿於庭嚴霜飲而精神颯爽支體溫舒瘃凍見而異之曰吾聞趙飛燕冬夜露立體溫舒無疹果予眞其倫也遂爲陶室紙帳以居之連倘徉山水間不問生産夫人亦澹泊疏拙未嘗執女紅家益落朝夕或不給每拾山果爲食支計結之衣帶閒纍纍然或親自和羹甘酸有異味通雅重夫

人但貴其標格趣致而已不以俗事相聊自是情好益密每殘雪籠冷淡月流影半姿媚嫵清韻灑然連爲之手撝鼻齅目朗心爽款款不忍捨嘗贈之以詩曰疏影橫斜水清淺暗香浮動月黃昏又曰人情紅艶多應俗天與清香似有私人爭傳誦夫人寫眞又或謂適回公起世逸士何連以烏夫人若是通曰婉而不嫌華而有實香其外瑩感於婦人也雖以宋廣平之鐵石腸猶不能其中負介人也有童子丹頗者從連遊通甚愛之畜

於家子咛之通或出遊西湖未歸客來相訪則夫人輒使丹頰報嘗韶通曰昔吾先世淡粧美人今相類也通曰君不可與淡粧美人兒吴人遇趙師雄於羅浮酒肆否竣蚜脣相嫌謙者鄙之君之嫁也父母命之竹夫人爲姆可謂備禮矣且我二人清雅爲交名則夫婦義實朋友君不與浚粧芙人并夫人笑而不答奠亲開通名以柬帛微之通謀諸夫人夫人止之曰吾家世清寒不

願富貴且子不見朱門桃李邪春陽煦和擧范競榮及夫狂飆振蕩飄寒跕盡雖欲復得昔日繁華得乎連遂不就辟隱約終其身後世言遺逸必先數林先生盖夫人內助之力爲多云蓉洲子曰世傳林和靖無子信然邪蓋聞夫人清淨自修凛凛有冰雪之操梅居不以菜得不怨宗嗣文重而區區小潔之是尚夫人蘂展夕回室情懓邈然如木偶人夫如是雖欲有子薄行哉或曰非也夫人最多子長曰賓次曰梭火

和靖夫人傳

宋處士林逋有妻曰和靖夫人凡公侯之妃曰夫人卿曰內子士庶人曰妻林逋布衣也而曰夫人者也夫人姓梅小字瓊英貴之也繫以和靖從夫號也世鳥粵之大庾人其先有梅調者以割烹要商高宗勳在王室脽于梅而命之代梅之有姓自此始是後本支蓄蕃散處海內省清伯有操世福名茇荊時梅伯漢成帝時梅福其元著者也至唐梅妃有寵於玄宗驪楊貴妃所妒出居西年春從鄭人得見二烈婦節夫狀讀之終卷惻惻然幾欠哭出聲語曰秉彞之言感入也淡怡哉余聞景愈篤行人也溫雅孝友以小學律身閨閫之內井井有規度夫如是則二烈婦之事雖謂文平日觀感所致可矣照景愈名無稱焉而迺反因烈婦始箸余亦傳烈婦而章運書之名節之重人也如是夫朴氏貞一有石折不回之節李氏亦娩有從容就義之旨不愧彤史可傳於後何其威七今世士大夫誓笑人甁曰閭巷鄙俚閭巷之人乃如是烏虖可感也已
悽切悲婉讀之欷泫愚山

妃有寵於宋㮊曰梅猜後鳥楊貴妃所妒出居西官愁眼以光於夫人鳥南祖行而未辭其代數云夫人生有奇姿幽靜潔肌膚綽約手無粧查之理而面如傳粉裾無蘭蕙之珮而身有異香炯炯厭王立風塵之表真絕代佳人也父根移家西湖隱居不仕與徂徠人葉青寒山人蒼筠相善結鳥歲寒友三人之名重天下從遊者皆高人韻士時林通居孤山數詣根素偏強少推翻獨奇通才謂夫人曰林君林下奇男子吾欲以女妻之夫人辭曰詩云標有梅其實七兮求我庶士迨其吉兮

朴烈婦姓李氏父名允培唐城人年十三歸朴景
兪景兪者金烈婦之兄也蓋十五年之間嫂妹二
人相繼亡節故二列婦之名爲一時艶稱和李氏
之歸景兪也祖姑朱氏老而病其舅亦廢于疾李
氏不解帶躬執厠瑜廿年無惰容景兪甚重之及
病且死呼李氏前語絮絮曰吾王母老矣父病解
兄弟莫養幸君善謝護吾舅雖亡瞑矣李氏泣曰諾
景旣亡李氏養二老盤勤吸泣呑聲未嘗以戚
容見舅姑是歲冬其夫旣虞卒而舅姑疾盜痛人
先是金烈婦之死也躬飮鹽液故朴氏家諱鹽液
見卽棄之地不當也李氏求不得潛以器置鹽苞
下受其液歸飮之藏笑器于甕竈中是以其家漠
然不知也後數日開甕得器見鹽液滴漬始知飮
此死擧而沽席卷而得二書其矢也指期文書日
夫子之殁已五月矣妾何愛一日之生苟延至今
武吾祖姑吾舅病俱瀨於危妾一死而疾盜不可
爲矣於吾心其能恩乎必有知乎夫必有聞其
將何辭以對吾所不敢君此也今則顧夫辛臻
容何歔以對吾云云

和妾於是乎得聞矣廸若五月十八日妾旣以是
日生卽當以是日死其謝殼君舅之書曰新婦甚
愚莫知終養之義而區區之節是守新婦之罪工
通于天治婦喪必滅前妻險水杯私篋皆乘夜手
縫悲忱籩篹憂必其舅戚聞泣曰是婦也淺夬戱
笑隱忍至今者爲我必賢戚聞者爲之感泣李氏
火以今　上壬寅望年癸卯有司以事聞命旌
其閭

蔡洲子曰金家竹西去朴氏里近故宿耳其事今
毀號日李氏察被蒙頭卧不烏動毀之己氣盡嗟莫得致死狀
之李氏聚觀環顧
虞也夜向晨隔壁聽李氏所寢之室有聲哈哈毀
忍移舍欲復生者三夜滾然朱氏亦不之
知矣亢之志潛有期也夜侍朱氏側懷愧掩抑不
也悲乎蓋其翌日卽李氏生日故家人云戚實未
別語家人竊相謂曰生逢是日自悟傷痛嬸婦事
謂李氏所感而景兪知所托矣一日對家人有說

洮汰鍛鍊澄明剪裁法　一贊含畜何限　愚山

金朴二烈婦傳

金烈婦姓朴氏父名文中密城人端莊脩好事父母孝里之有女者莫不稱朴家女相教戒也年十六歸企剛朝團輔素嬰疾家且貧朴氏盡賣釵環雜珮鈇鑿餌費將護如僕御疾禱北斗顙代夫死而其夫竟死矣朴氏自誓從夫水漿不入拑口父母舅姑夏來強食之曰獨不念我輩在乎朴氏不得已強聽食然一丸之心矢靡渝也其兄戒以官語嘗之則瓢垂涕淺嗄咽曰吾於金氏既無一塊之遺三從絕矣生亦何爲畫獨未嘗久貽父母舅姑之蹴是亦非大不孝者乎嘗別處一室足不下庭家人察其意防護甚嚴丰歲不得問一日小腫粟簽頷下不甚痛而請其兄藥之故其防守稍懈夜起如厠其毋心動隨之朴氏先其母執燭而後下堂朴氏忽大聲仆於地就視之唵鹽沖升詐氣絕而死時英宗戊子五月也後四年壬辰英宗命有司抄啓孝烈概楔其里者六十九人而朴氏與焉又十一年而有李氏節婦事

博學宏詞禧亦徵舉中被徵以疾辭郡太守縣令
夏督趣就道不得已舁疾至南昌就醫藥撫軍某
疑其詐以極菲舁之至門禧絮被蒙頭臥稱病篤
乃放歸後二年赴維陽故人餞之至儀真舊暴心氣
病一夕卒年五十七禧博學喜讀文尤好左氏傳
反蘇洵之著有文集三十二卷詩集八卷左傳經
世若干卷祥禮并有集行世皆不及禧唯毗陵邵
長蘅與之齊名
邵長蘅一名衡字子湘號青門山人常之毗陵人
與魏禧同時一遇之竑旅握手語相知脫長蘅
幼奇慧兒時日誦秦漢文數千言十歲補茅子員
試再高等果舉於鄉輒報眾會康熙中江南奏銷案
起牴誤者萬人而長蘅亦獺籍時論惜之長蘅既
謝舉子業盍肆力爲古文辭沈酣三史唐宋大家
凡六七年而其文乃大昌海有所纂冗然一室中
實思過搜兩頰發赤喉閒喀喀作聲頗有大者
既成則大喜牽衣遠琳往呼過得意虛別釜大喜
詑不讓古人驚葉不積日不出也故其文辭得失

多慧息久之臺所著北遊燕一日而名動京師時
宣城施閏章新城王士禛嵐山徐乾學黃岡王澤宏
先達有感名顧皆折節定交長蘅豐而髮疎率喜
山水晚而倦遊足跡车天下之文累觀海市窮壯
背望炎浪浮西湖登孤山訪林逋高踪而其感慨
佗傺無聊不平之鳴時時於詩文發之故其詩文
以後作益瓌瑋入化初長蘅客京師入太學隨牒
試吏部家宰得其文驚異之擬第一例
當授州同知然無志之地者再就京兆試再報罷
亦苦倦歸之著有簷曝十六卷旅菓六卷膽菓
八卷古文韻略若干卷行于世
論曰魏禧邵長蘅負才兗鬱老死溝壑可謂阨矣
然當時之齡高位都通顯者何限息吾漸減身名
與齒俱同朽而至于今赫奕巋赫者乃兩諸生異
哉雖感禧可以仕矣而竟不仕長蘅未嘗不欲仕
而竟不得仕吾爲禧悲其志而爲長蘅惜之

魏禧邵長蘅傳

魏虜古文至於明幾凡矣自嘉隆諸君子觀為秦漢已不厭眾望後乃爭矯之而矯之者變逾下委靡疲薾國運隨之明山而古文益凡矣悲夫雖然三才之文相需咸章人而無文其於參三何哉豈運厄陽九天地閉塞人文亦從而晦而厭飫抑懷瑾蘊玉甘自韜沉以韜昜歟余論明公以後文得二人吾曰寧都魏禧此陵邵長蘅禧主識議善變化凌厲矯矯天不屑屑擺擬亦精卓切事情

長蘅長敘事工洗簡而婉澹而道摹情像珍奇氣勃鬱行閒要皆魁奇卓爾一時之雄者亦余刪次兩家文各得如千首烏虞天下之大而董得二人之文而可傳者又僅止於是古文之難得如是哉孟子曰讀其書不知其人何乎是以論其世也作魏禧邵長蘅傳

魏禧字冰叔號勺庭贛必寧都人與其兄祥弟禮皆以文章名於世稱三魏而禧亦自號叔子云禧年十一補弟子員試輒冠其曹崇禎甲申流賊

陷京師天子凡社稷禧聞號慟日哭臨縣居常憤慨此咤如不欲生謀與給事曾應遴起兵復讎不果已乃棄諸生服隱居教授禧修幹微鷙目光奕奕射人論事縱橫雄傑倒注不窮善謦畫理勢每懸策前沒後必驗方流寇之蹶也寧都人謂寇遠徒難及不為備禧獨憂之移家翠微峯居焉翠微峯距寧都西十里四面削起百餘丈中徑折目底至頂若斧劈成緣斫鑿磴道梯而登出其上穴如甕口因實閉烏守望後數年寧都中庭被屠掠

而翠微獨完禧時年二十一禧既家翠微士友稍稍往休之南昌彭士望林時孟寧都邱維屏皆寧書子至茅子著籍者常數十人以古文相劇切顧其居曰易堂於是易堂諸子之稱籍籍海內禧性嚴毅見人過不肯平面視戚人或攻已過卯厲色極言無幾微忤為文軋委摹議彈射毇登木者或行劇易故文亦盆工年四十乃出遊涉江逾淮游吳越恩盆支天下非常之人閒有隱逸士不憚千里造訪其所與交皆遺民也康熙中詔中外舉

銖一資議者以不利和好沮之時佐酋行長陽與符之臣舉皆鼠竄獸駭故先之不戰而應銖以聞
我議和秋脫其王子俘者然實無還兵意應銖謂并匹夫提致百嬴弱之卒當天下莫強之寇大小
彼以前愚我耳匪情也憂憤疾作上䟽乞解兵不十餘戰用寡敵衆所震無堅不能窮其腥犢復我
許乃還軍慶州賊拔大丘之令山應銖用鏡辛五祖席雖古名將何以過之哉余童時則聞長者誦
百齊之尋以兵副總兵解生徙至經理楊鎬傅說權忠毅公討復事未嘗不噴噴稱奇顧其話其
燒殺蜀山諸賊會天子大發兵十四萬來宿留本末最嘗見磊洞南公有客所撰神道碑敘事詳
南府使起田鎛辛以備後瑜年歸新寧故里尋策密但慶州此戰碑獨不著稱賊毀營而適此事
陽府使起田鎛辛以備後瑜年歸新寧故里尋策頻失實宜故諱之歟余乃據其事為傳而復正其
討倭功賜號致忠義協力宣武功臣封花山君謬如左又按碑稱天朝總兵劉綎老八莒應銖
進秩資憲已而復有倭釁拜本道防禦使兼察理與郭再祐往議軍事提兵勞之曰當令諸將曉兵
使居一年佐請平而應銖亦解歸朝廷厚以官名機盡力王家無出將軍右者勉之提督李如松
之皆不就識者多其善居功云應銖官至總戎使亦聞其善用奇兵之使人遺錦段龍研曰以此
工曹判書家居二年病卒 仁祖二年贈左贊成相賀二事人至今豔稱之云
肅宗十九年賜謚忠毅嶺人追慕其功德為立敘事詳密而行文頓挫最得扶風筆恩山
祠新寧之龜川以時祀之
論曰余聞應銖高麗太師幸之苗裔也生之日太
師廟玉笛自鳴語曰高山之下必有溪澗信哉鳥
虖當壬癸之際膽氣靐日羯鼓震地中外握龍腰

捷門入過霞于巷疾戰良久斬首數百級是日東南
風急應銖下令軍中順風縱火官民廬舍立燒盡賊
氣索自樑戚相殺死者數千萬屍骸枕藉街巷皆滿
其逃火者爭投入水中水為不流又遣兵守城西
北隅有起城走輒鋼斫之無一人走脫者遂復永川
先是賊既陷慶州連營至永川永無守禦之屯精
觀兵二萬夫丘羲城軍咸亦各走兵數萬相犄角反
永破三路賊休皆拔寨遁去而嶺五復全應銖力也
事聞擢署嘉善大夫應銖兵馬虞候諸將論功有差

應銖長驅偉要方面戰輒狀貌燁勳人勇悍慓
騎射無善用片箭中顫貫數人賊豐之卵大驚跳
去旺奮毅號令明甫犯法者唯閫法如何不少貸然
隔克奮鄆以先士卒蹁陣雄呼意氣益厲戰勝輒
推功與人不自居故能得士心爭樂為之用晉破取
慶州以應銖為先鋒朴毅長副之帥十六邑兵萬
餘進薄慶州荔壯士焚城外人家大軍從烟焰霧
雨中鑿擁而逴圖城數百戰賊方酣賊潛兵襲我後我
師驚潰棄甲扠戈而走應平力戰墜馬為賊擒應

左別將裵忠清道防禦使奉 天子詔率所部赴
天將營至彦陽關沿海賊八黃龍寺劫兵糧倍道
還擊走之駐軍慶荊問以奇兵百嚇走賊鍾清正
于倉葉戎獲之未我賊連兵機張東萊欲鞍入延
日與海應銖詞知之檄二縣撥方略促兵至安康
界搜賊果過諸溪川令軍中勿妄發一矢吹螺喝
笳以示閒暇賊望見兵少麾兵來鬪我軍棄旗鼓
佯歐走及兄江延與兵已屯江上左右夾擊之應
銖還兵衝其前賊于江盡之捷聞 上欣起應

楓石鼓篋集卷第四

洌上　徐有榘準平

傳

權應銖傳

權應銖字仲平其先安東人後徙新寧應銖少有大志喜論兵負膽略未甞屈首沿詩書間比陸敦警歎曰嗟世有一男在使醜類猖獗乃爾遂去書學弓釖蹁年戌及弟謝奉事成義州遷無推薦者辣慶尚左水使朴泓幕府是歲萬厯辛卯昭敬王二十五年已明年壬辰倭奴大舉入寇先陷東萊應銖數鳥泓言計不用去之家居賊進支薪山矣使李珏棄城適應銖聞之乃與其弟應平所善李薀秀行募矢所得壯勇六十當是時國家昇平二百年民不知干戈郡邑叟或尩或走無一人敢矢以衡賊者賊乘勝長驅連陷數十邑而虜在龍鳥賊洲叢蜂屯城聚奔突飄忽直六百里雖火無聲應鈦士新合器無堅完徒以義氣相激進與賊遇火潤歊之虜斗馬以益軍又或其銮兵扴於漢川斬首

誠臣子效忠之秋尚一心力滅賊賊不滅毋見父母敢皆泣曰諾又令曰亂言者斬見賊退五步者斬不用命者斬失伍者斬皆應曰諾應銖乃進兵川南踔城二百武士兵城外水道以困賊已乃建兵川南踔城二百武士營日曜兵不戰伺賊少怠仰射黑衣將陪之乘其擾麾師進薄之賊開門急衆迎之師少卻應銖慈奮馬大呼馳射直奔入陣中斬其號將一賊小退會日暮收兵明日復戰賊尚強莫利先登應銖手斬二人以殉士皆股栗爭前大膊之城櫓下斬守堞者十餘人乃

於是雨矣十年之畜一日潰之自嘆以逞君之潰
客有覩予吾讀書甚貪而日用頗繁腹笥之藏已
槁然餒矣行將假貸剽竊於君矣雖然文章之讀
作猶儒者之知行徒讀不作禪家之談經也徒作
不讀陸氏之良能也吾之文病陸君之文病禪以
君聲吾以吾聲君斯可酒今年雨暘不節槁槁
無近開野外消息穡事失稔云甚關念也不一
堂青城
以序體作書議論高潔末句轉揮九縮天入化
恩山
金人瑞以雨喻詩極其靈悟今以雨喻文何代
無賢炯庵

楓石鼓篋集卷第三終

楓石鼓篋集卷第四目

　　傳
　權應銖傳
　魏橲邵長蘅傳
　金朴二烈婦傳
　和靖夫人傳

小尺猶有佳韻

曰予自江夏沂洞庭舟過蒲圻壁石崖有赤壁字
其北岸曰烏林亦曰烏巢上有周瑜廟此烏瑜戰
地無疑攷之史志皆合蓋古蒲圻地今屬嘉魚也
黃州之山則名赤鼻亦名赤鼻山水經曰鄂縣北江
水右得樊口又左延赤鼻山南是也子瞻博極羣
書運猶訛鼻爲壁始知羹堅瓝輿之學其難如是
哉夫子瞻之游逌似赤壁吾二人之游逌於眞
蓉洲此又古文人畔必同而何遽讓子瞻獨擅千
古勝事因筆漫及聊伏一笑不一一

與從父弟道可書

去年秋不雨自七月至于十二月今年又不雨至
于四月川瀆洿涸汨洳龜坼農家子曉曉咨嗟以
爲是將終不雨未如之何五月大雨至于七月皆
之洿洞者今爲瀰漲昔之龜坼者今爲蛙產江郊生
涯依然如水國中昨日偶與鄰人朴生同宿夜漏
下雨勢益怒攢雷瀧瀧撞耳疾風驅雨鈴撼悟毅
殷簌簌伏枕輾轉幾不成寐忽飜然悟黙然赴大
聲謂生曰子知今日之雨乎此古人之文章也生

米達吾告之曰前日之不雨鳥今日當此今日之
雨烏前日淺也惟其畜也久故洩也不匱文章亦
然古之作者類皆積學沉思逐者數十年近者亦
十餘年汨浮蕩溢抑而不伸然後逌出之爲文章
故其言潭潭泡泡之不竭不厭而以貴矣之產
應日用之需不足則假貸剽竊幾何其不敗也生
歎息以爲名言遽一哄而罷君自識書學于吾讀
詩書禮春秋業之久矣而克克然不能言說吾簹
怪之待君之文甚於農家之待雨今見君之文君

不滅仙者曰形與心俱不滅寫真者曰心滅形不
滅僕竊恐仙佛誕也無足取獨寫真者之言頗有
實理恐心滅而形不滅果何益於其人且圖畫之
力不過百年具心既不能傳於後世則形為能獨
傳與天地相終始百世之下猶可想見其心之好
惡則非所謂形滅而心不滅者乎其心既傳形亦
附而傳焉則非所謂形與心俱不滅者乎若是者
宗儒者之道既仙佛之利而昔人所稱不朽盛事

愛己指識者尤我罪不邪
雅瑩之極兼有慧韻愚山
一段雅韻微帶言外感繁炯庵

也夫文章之巧拙妍醜始勿論傳其人之苦心則
一可敢不自量揣摹次平日篆述復以小照冠
之鴉自附於宗儒統仙佛之道而旬知辭拙語蕪
不堪傳遠如足下賜以數篇短律題其左方則可
籍之為重而傳顧不幸斂拙叢方惜人緒寫分為
六卷序記書傳碑誌雜著各體略具私計編寫畢
錦其帕牙其籤藏之烏枕中秘書苔曰香山著書
藏之轉輪陸天隨著書藏之佛腹古人汲汲於身
後之傳如此僕文雖逮不逮二子然不愛僅手而

與內弟朴聖用書

明日是七月既望欲做子瞻故事泛舟遊笑蓉江
子與我共之可也新晴月色當佳己蜀舟子織
一葉舟荻蘆汀邊獨無洞簫客子賦詩吾作蒼洲
之鼓枻而歌之足矣但惜吾文非相反當子瞻唾
所謂古今人不同不可一宿而歃子瞻之謀諸婦者
釀秫數斗於其上可同而未可知也開致圖經赤
壁不在今黃州而在嘉魚魚截大崖之山謝枋得

誤解遂啓不沒之疑陣及元明諸公合註言經宴摹暗索臆波剝剝詭怪百出世所稱深衣說者盈箱溢篋而攷其實則皆無徵之空言耳夫無徵則不信不信則又何足疑之做季子無識之例述古人不齒之蓋凡一切璪璪之說皆可置之勿問而獨悲夫好異悅新之徒紛紛影影從同聲相應遂使堂堂法服一變而爲妖氣之深衣非古之深衣矣嘗謂萃天下深永之說授畀有火焚燒之燐溫之一付祝融回祿處置使千古之訟素舉爲一朝之厭却而后經可解衣可制譽警辯敷徒事曉曉不若秦炬一焰之爲快耳狂瞽妄率語無倫脊尚馮高溪盈或未備幸先生觀馬察爲疑果真疑敷信果確信敷先生之言可信將待之而沒惕五候命悚惕不宣

媛据如子固削撃如于厚必傳之文愚山

與沈禪敎気題小照書

李生命基爲僕寫小照墨所加以橫泰尺計之縱八寸衡不及參之二既像而圖其外爲對鏡自照狀此例刱於晦庵朱子近世王源洋貽上用之或以爲圓腮非也其像頂戴幅巾深衣大帶自腰以下隱而不見右手捫帶左手展卷目睨睨似意有所會所會者圖不能畫其意顧得足下一言發揮之曾有雷淵南公文集有贈寫眞者序曰儒者曰有生必有形與心俱滅佛者曰形滅而心

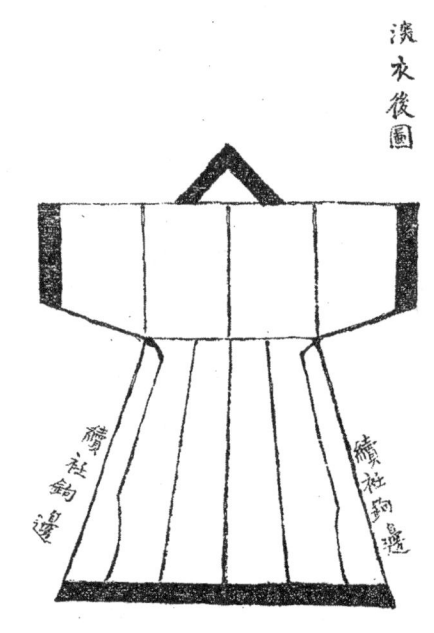

深衣後圖
續衽鉤邊
續衽鉤邊

衣莫不有裾何獨裒衣無之爾雅曰裗謂之裾郭璞注衣後裾也劉熙釋名曰裾倨也倨然直亦言在後常見踞也今我國圍領直領皆有衣後之下嚅何真說之道哉鉤者曲也樂記曰句中鉤累斜幅彌斜旣無菊蜀別裁直布而鉤之連續於社邊鉤有交互之義衆朱者曰邊謂邊也縫也裕邊又曰裙下羣也連接裾幅也此可想續社曲裾之日婦人上服曰社其下垂者上廣下狹如刀圭也斜幅彌際使之微曲以爲燕尾曲裾之狀嫩釋名屈體者之四幅在前俊者三幅如扇圓俊領狹直俊者無不幅而槪相衽伴取前大幅而衽衣之衽亦當如是議我方之社亦當有衣後之下者六幅而幅廣直俊者前三幅狹直俊領曲者四幅則前俊慊廣狹相制則裾柱於兩菊貨漲衡舞賦曰裾似飛燕梁庾肩吾謝東宮賫肉制矣司馬相如子虛賦曰蜚襳垂髾師古注襳袿衣之長帶也髾謂燕尾之蜀故來七發曰雜裾垂人春永啓回裾翩合燕領分燕此可想燕尾之主之制矣凡此諸書參之鄭注而合矣悟則孔蹠之可疑鄭注之可信又各不止二也楊氏疑孔疏而反之於是有衿下續社之論而信鄭注而反之於是有合縫覆縫爲鉤二字說去不得宗楊者曰合縫爲續社覆縫爲鉤
句荵作鉤荵匕可見句伺鉤三字皆可通用而其鉤曲之義則未之易也歷攷載籍何甞有交互連續之辭旨且合縫覆縫同是縫緘之稱別續社鉤邊得非一意而鼉說乎朱氏所謂邊者果指何邊鉤之者又如何鉤之以縫訓固已寧強而直布鉤之之鉤字尤沒著落雖使衣有衿下之社鉤之之鉤字尤沒著落雖使衣有衿下之朱氏說不妨還他衿下之社何必指雌爲雄待方補衲乎夫鄭氏不可非也兩漢之際古剃猶存鄭氏目睹之有聞之其言可信不虛而一自孔氏之二字說去不得宗楊者曰合縫爲續社覆縫爲鉤

注深衣曰續衽鉤邊社在裳旁者也屬連之不殊裳前後也鉤讀如鳥喙必鉤之鉤鉤邊若今曲裾也孔氏爲之疏曰喪服之裳前三幅後四幅各自爲裳不相連屬深衣之裳不然一幅連之相著故續衽一幅則有曲裾之邊鉤竊恐鄭既謂若今社解續衽一幅則有曲裾之邊鉤竊恐鄭既謂若今曲裾而後漢書曲裾之制兩旁皆有則孔迤曰一幅掩之者何哉且屬之則左右社屬之斯可疑也夫屬一幅復綴無用之假社曲裾云可爾何必蜀一幅復綴無用之假社曲裾云如掩朝祭服是謂深衣上假飾爲駢拇懸疣哉是可疑也夫疏所以釋註鄭氏之意果如是歟疏註所以釋經傳文之旨果如是歟疑註故疑註所以經而先王之法服不可復見於今嫩帳然無所歸偶攷漢書江充傳曰充衣紗縠禪衣曲裾後垂交輸如淳註交輸割正幅使一頭狹若燕尾垂之兩旁見於後是禮社鉤邊賈逵謂之衣社蘇林註交輸如今新婦袙上掛全幅繒角割名曰交輸裁也得是說而始信曲裾之兩旁皆有也鄭氏注至藻曰社蜀衣則垂而放之蜀裳則縫之以爾雖然縫焉而止則鉤邊曲裾之制于何見之且

鄭氏所藏者孔安國獻之所謂天抶歐陽大小夏侯三家經文酒誥脫簡一召誥脫簡二率言二十五字者脫亦二十五字簡二十二字者脫亦二十二字文字異者七百有餘脫字數十班固目云此劉敵者云古文舊書藏于秘府伏而未發傳閒民間膠東庸生之遺學與此同則漢時秘府固有孔壁古文然攷諸壁代史志秘府藏書熒于董卓之亂三俟于惠懷之亂焚煬瀎蕩敥佚無遺而尚書古文之存沒遂不可閒矣奇齡乃謂永嘉亂時並不曾止何乃率爾如此粲二十以前頗好毛氏之說每一見其論辨輒焉之目明心爽前年綸庵孚生書經入燕遇中州士戴儔亨語及西河必戰手罵曰彼舌劍非大雅所尚粲始閒其言頗不謂感近氣細者其專制臆斷朋友令人厭惡古文冤詞卽其尤者不可不辨此噫學無洒可救有一竊病夫論者之歧道殊軌各自謂是而竟無一人起而正之毁彼之非粲此之是則是天下有兩是之學而后可

古文自是古今大案不有似淵子大聲之呼何由息競止罵 愚山

與李愚山論滾衣續社鉤邊書

昨拜琳下晤言從容益開所不聞虛往而實歸鄰壁惜光蘭室薰香未足喻其樂也㿿滾衣續社鉤邊之說緖焉長日短卒辭歸卧耿結如鯁柱咬輒復假跋尺而冒昧一聆之難於滾衣之難明莫難於辨說孟庭矣架嘗沿之以自唐說明辨說之以盡其變可疑者二可信者二不在疑信之中而可火其書者不

之所謂舉世夢者非邪五曰序文之疑漢書稱稽未的尚矣一二歟正曾見毛奇齡古文尚書冤詞
伏生初亦變藏後乃發十篇而大序乃云伏生失辨論頗多而右列五條闕然無辨辨亦蕪蘆牽鑿
其本經口以傳授則與漢書胡悟矣劉歆移太常掇拾儦文之餘唾而欲鉏天下之口其亦難矣哉
博士書首悅漢紀班固漢書顏師古注漢書皆稱彼所以執為詁櫬顧諝古文之寃者不過到隋書
增多十六篇石大序又伏生二十四篇則經籍志之文一則曰古文尚書經文存於東晉秘府而
之書初無補于今文反類今文而成書者也金華王柏所聞云至於未嘗止也然梅頤所上之傳初非無經而
小序則種種訛錯不可殫舉而只言其大者如左所存之經其為孔氏古文亦無明文可據何則漢
諸家所云翻不足信也大序又云以所聞伏生之初傳注之例雖皆與經各自為書欽自孴者兩禮
書致論文義定其可知者也書序初非無尚書也一則曰古文尚書經初非安國之傳秘府而
之書序序于今文而成書者也至於所存之經雖孔氏古文亦無明文可據何則漢
傳定公四年祝佗告萇弘其言曰命以伯禽與嫄合經丈而經賦若使孔氏之傳無經而獨行則
而封于少皞之墟其言衛也命以康誥傳始媲鳥一而經賦若使孔氏之傳無經而獨行則
殷虛其言晉也曰命以唐誥而封于夏虛是曰都尉朝下至桑欽只習安國之傳而初不見
禽之命康誥唐誥卿周書之三篇是則伯經文變字也此蓋理也哉隨經傳娓不合古木之傳
也書序序于其中不列其名又文記毀本紀有太然則梅頤所上之時必當并上經傳而今所行古
戊一篇漢書律曆志有古文月采篇又疏漏文經仍梅頤所上之本也至隋志所稱晉世秘府
年王命作策豐列今山書之內並無諸名其所存有古文尚書者則本無指仙馬孔氏古文者其
殷杜鳥孔文何從知之又其下文鄭稱今無傳者
會之命作策豐列今山書之內並無諸名其傳社鳥孔文何從知之又其下文鄭稱今無傳者
顯然則不但書序之可疑並百篇之目亦未可解謂傳遞也耄情騰則今世所傳古文果是秘府
盡信矣凡此五者皆據聞據見條析樓列或有致所存之經邪獨漢書藝文志云劉向以中古文校

紀均用其說而今以二書參致其所稱說多不相待也聘覲上壽年至竟卿位二十八歲求先譯試辭百一歲七歲而世紀則云堯年百一十七載十四始見而試用囲跟則云堯年百二十歲十八歲與試攝政二十八載而崩二十二歲遵南方紀使禹攝政十有一年陟方二十五歲攝五典十有一年而崩年百有五年萬二年而崩百有十五年苗頑弗即工舜攝政五載苗民逆命三旬苗格世紀則云百一十二歲而崩而世紀則云高陽氏裔孫封於虞故號有虞氏其德能紹堯故謂之重華堯釐降二女以嬪于虞釋以女妻舜也吕刑云皇帝遣之外百爰封崇伯鮫爲司空而舜仍命之釋以皇帝爲帝堯命禹作司空令平水土之日舜聞禹行德故命之
古文者也外此如許慎鄭沖之徒世所稱得見古文者實皆未之見爲也見則自漢訖晉晏有見
氏古文者皆未之見爲也則自漢訖晉盡有見
是時春秋左傳傳亦未嘗立於學官而諸儒皆公言顯道曾未聞注左傳謂逸傳者也四曰傳文之疑安國蓋嘗注論語笑凡引古文如君陳泰誓類皆不注篇名堯曰篇于小子履以下一句注云此代衆告天之文墨子引湯誓若此而傳以釋湯誥則反在夏之後雖有周親不如仁人謂箕子微子來則用之而剟誅之管蔡是也仁人謂周家之多仁人傳注出傳則云耐至親雖多不如周家之多賢自一人之于而異其辭何歟司馬遷從安國閇故
者矣夫以古聖王典謨之書出于孔氏之壁中是其人之愛而寶之者當天球琰之復出於世而東都以來名儒鉅公無一人專紫之表章之何乃寥寥乃爾嘗非以其書之無傳而然歟毛奇齡辯之曰漢儒所注諸經引古文處皆注曰逸書以其逸于學官也又曰今所在謨不立凡好古文者皆不敢踰越此道辭如夫漢晉之際上無
則其說必本于安國笑今孔傳有父師太師三公箕子也少師孤卿比干也之語而據史記則太師疵少師強自有其人與殷本紀鳳宋世家微子敖騎太師少師去師少師微子開於漢書古今人表亦有太師疵少師強姓名流傳有自而僞托孔傳者乃漫然不知不已踈踊于賄贚慎之命注有孔
古文者皆不敢踰越此道辭如夫漢晉之際上無海駒驢扶餘之名夫高句麗之五國建號在漢元帝建昭二年扶餘則晉武帝時始通中國而漢式按書之律下無是古之禁則私自箋注又何拘於不立學官之故而聞此晨首晨尾隱語漫應哉具帝時孔安國乃能舉之此是夢語而世復固然信

尚書傳授之證然尹敏周防則與杜林同時雖未必即傳添書本而楊掾二家後於杜林則其烏孔烏杜又不可知旦設謂傳孔氏之書亦當仍如都尉朝以下之敘傳二十九篇而已何補於增多十六篇之傳授乎若謂此四人之傳未嘗關於篇則儒林傳又稱楊倫講授大澤中弟子至千餘人庸時傳授講討既如此盛則所謂十六篇亦當家傳戶誦而東漢諸儒無一人得見何哉孔僖所謂世人莫識其奇者又何以稱焉蓋嘗攷之

兩漢二史伏生之書問歐陽生訖于桓榮皆有傳授杜林之書自衛宏賈達訖于鄭玄亦皆有傳授如貫珠如累棋昭昭可攷源流可尋而獨孔氏之書雜歡以後未聞其傳孔僖以後又未聞其傳書知自僖以後孰授之以至於鄭冲之徒邪

正義水柳梁晉朝以授文授汝南鄭沖沖以授扶風蘇愉愉上愉授大義水柳梁晉朝以古文曾授史斯儒此十八且冲在高貴鄉公時業異司坐高貴鄉公講尚書冲執經親授使冲果得妄國之書何難工進冲又嘗與孔覔晉義荀

凱何晏共集論語訓注奏之于朝若孔書既得則論語或問孔子章引書即應證以君陳之旬而乃復用包咸之訓美詞大予之職群則冲之得傳孔氏古文未可信也三日顯晦之疑蓋增多十六篇漢後諸儒皆未之見鄭玄注禮記韋昭注國語杜預注左傳趙歧注孟子諸家皆未嘗見孔氏古文者也賈逸書則是數三諸儒未嘗見孔氏古文者也費逵注尚書跪有流為烏之語與古文泰誓有異則建亦未見孔氏古文者也馬融書序云經傳所引

泰誓泰誓並無此文又云逸十六篇皆無師說則融亦未見孔氏古文者也讓周五經馺舌論授古文書說以證成王冠期而致今孔傳無之則周亦未見孔氏古文者也正義謂王肅注書始似竊見孔傳故注亂其紀綱爲夏太康時然陸氏釋文所引王注不一並無及乎增多篇內雙字則肅亦未見孔氏古文者也正義又引晉皇甫謐有隨從姑子外弟梁柳得古文尚書故作帝記往往載孔傳五十八篇之書然誼既得其書而篤信之則宜乎世

古文則三家之中未知誰指而右袒古文之徒乃引此烏安國尚書流傳之證其亦難矣哉二曰傳授之疑漢書儒林傳曰安國授都尉朝朝授膠東庸生作後漢書譚生授清河胡常常授徐敖敖授王璜平陵塗惲惲授河南桑欽此安國尚書之傳授於西京以前者也然儒林傳又稱司馬遷亦從安國問故遷書載堯典禹貢洪範微子金縢諸篇多古文說而致諸史記其所載不出二十九篇之內 五帝本紀載堯典 夏本紀載禹貢 宋微子世家載微子 周本紀載泰誓 魯周公世家載金縢

賊語誥熟則自都尉朝下至桑欽所傳者仍二十九篇而已其十六篇則竟未有人傳授矣後漢書儒林傳曰孔僖字仲和魯國魯人也自安國以下世傳古文尚書連叢子亦載孔大夫以下四海以內皆為章句彥問答大夫曰今朝廷已乎季彥答曰先聖遺訓壁出古文臨淮傳義盡固可謂妙矣而不在科策之例世人固莫識其奇賴吾家世世修之此安國尚書之傳授於東都者也然獨怪夫章帝過魯拳

閭里命儒者講論而僖亦與焉僖家既有臨淮傳義別何不一上之講論之頃乎及于拜為郎中賜褒城侯從還京師恢書東觀是時一進至尊初非難事而又秘不上進又不以中秘絕文一枝其同異何哉又儒林傳稱南陽尹敏初習歐陽尚書後受古文汝南周防師事徐州刺史蓋豫受古文尚書陳留楊倫師事丁鴻習古文尚書濟陰孫期受古文尚書而毛奇齡古文尚書冤詞引此以為安國

太卿初任而史記邊事作史本時其而是書謂莫古之譎出竊

以任國終於太初未嘗遷延至中葉東事其史本記時亦無是今書謂莫古之譎出竊

而於其增終於太初未嘗運延傳年東事其而記時作史本而無是今書謂莫古之譎出竊

彤日西伯戡黎世家載金縢遷文費周敬賓世家載其家文殤三子狹二十九字肉

世家載伯黎金縢遷文費周敬賓世家載君父公

殿宋微諸子戴百數二十九七篇肉字

良田增多十六篇未奉詔旨立之學官安國不敢

私授諸人也陵失奇齡之於史記時亦無賊作史記時

而文版本本紀夫簡縱從雖寫一本安國國獻相好問

膐其說也略夫鈍贖實塡故不能畫偶得其其二十九篇

以而史記其增且明古史記何歷何指嘗謂儒

終於國未嘗運延年東事其而說天漢營太始初事可指嘗謂儒

在毛奇齡之攷未竟防漏踢備三其不列家而孫期之則也然為安國

期受古文尚書而毛奇齡古文尚書冤詞引此以為安國

古文與張霸之書為二也後漢書儒林傳曰扶風
杜林傳古文尚書賈逵為之作訓馬融作傳鄭玄
注解由是古文尚書遂顯于世杜林傳曰林前于
西州得漆書古文尚書一卷常寶愛之以傳東海
衛宏濟南徐巡宏為訓旨漆書本與安國本同異
不可攷焉陸氏釋文馬鄭所注二十九篇則所
不過伏生所傳之二十八篇為一卷益稷以下
注釋馬一篇並舜典九共一篇槃庚以下棄典以下
益稷為一西伯戡黎十五酒誥十六一盤庚三高
宗肜日十四微子十五酒誥十六一牧誓十七召
誥十八洛誥十九多方二十酒誥二十一召誥
王誥二十二呂刑二十三文侯之命二十四秦
十八二十九篇又雜以今文非孔氏舊書是則鄭
誓本非伏生所得且非孔氏之舊則鄭本
誓者顧史孔安仲對策頗入於王其所謂得多十六
篇者不與其聞也惰書經籍志云馬融鄭玄所傳
惟二十九篇又雜以今文非孔氏舊書是則鄭本
不徒增多十六篇之不在其內並與其二十九篇
而亦異乎孔氏矣夫馬鄭所注實依漆書而孔鄭之
學既如是相歧則孔本與杜本又當為二而安國

之書張霸之書杜林之書凡漢時之以古文稱者
其數有三矣彼此相蒙而蕪苗莫分真僞相眩而
朱紫難辨是以許慎認杜書為孔書玉裁氏書序云
文雖七篇則其八所增必皆孔氏古文字相反說
傳是孔通認杜書為孔鼻正義歸漆書說者
孔穎達認杜書張書馬張書傳正義增云此篇乃百
遠意偽張霸偽書顥達不知鄭氏所注杜傳不合
者兩篇其且非張霸書乃孔氏所說也
況其下者乎自是而漢唐去古未遠而猶如是
則東都以後說于前晉諸

書所補古文者其為安國古文張霸古文杜林古
文皆不可知如後漢儒林傳稱建和申諸南陽生
受古文尚書而其下又稱杜林傳古文尚書由是
古文尚書遂顯於世則工所稱高才生所受古文
者果安國古文邪杜林古文邪是未可辨矣是
後山陽度尚中郎將楊弱揚雄謂京氏易賈氏
儒學英武傳註書曰謝承左氏傳云陳變尚
國義評備開京師或首承秋左氏社尚書毛詩謝
尚書之長皆傳古文尚書而但曰古文未嘗稱安國

與李愚山論尚書古文書

槩白愚山先生足下昨客有過此者語及尚書古文真偽之辨其說頗主古文辭意激昂槩搖手止之曰毋此千古大案言之何易客俛首喑喑而去因憶疇昔誦言謂尚書古文皆孔氏之舊不可致鄙意不能無疑會卒卒未暇請其說未知先生所謂不可致者果有說乎抑將疑古人云然吾亦云然于古文之說慼慼未之有傲也辛丑尚書已致疑于今

曰真偽之疑漢時尚書今文與古文為二而古文又自為三漢書藝文志曰尚書古文經四十六卷焉五十七篇師古曰孔安國書序云凡五十九篇為四十六卷承詔作傳引序各冠其篇首定五十八篇鄭玄序贊云後又亡其一篇故五十七與古文為二也又曰古文尚書經四十六卷亢小夏侯二家歐陽經三十二卷師古曰此二十九卷伏生傳授者劉向以中古文校之此今文與古文為二也又曰經二十九卷亢小夏侯二家歐陽經三十二卷師古曰此今文與古文為二者出孔子壁中武帝末魯共王壞孔子宅欲以

廣其宮得古文尚書及禮記論語孝經凡數十篇皆古字也恭王往入其宅聞鼓琴瑟鐘磬之音於是懼乃止不壞孔安國者孔子後也悉得其書以考二十九篇得多十六篇安國獻之遭巫蠱事未列於學官儒林傳曰世所傳百兩篇者出東萊張霸分析合二十九篇以為數十又采左氏傳書序為作首尾凡百二篇篇或數簡文意淺陋成帝時求其古文者霸以能為百兩徵以中書校之非是又孔氏

抄冬在竹西之太極室因友人某發難竟諸家論辨繙閱一過較同繫異引伸反側則可疑者不一僕心然未嘗飫毫伸眡辨駮一二蓋遲之不敢邃也及乎漁獵愈博索愈久而疑仍如舊時一就高明以諸得失則是將迷山霧海填塞乎前而終身不得辨其曩昔以資其照映也況此一葉未了後此不得不以諸書疏次以溯將命者之一聽非先生誰歸輒敢伏床誦之以闢可疑者有五一為惟先生進而教之蓋槩之所謂可疑者有五一

臣之請有大全則改云元帝不行是不如古書此人君子之用心也但朝釋出後元明以來如蒙引
說在顧寧人曰知歸而汪長洲份所訂四書大全存疑困勉錄諸言皆可續禾區區愚意竊願先
之說先儒姓氏換甲作乙經史引用指東為西種生用數年之工參枝其異同攷正其義例復柔諸
種疵類不可夢僂數夫因前人未成之書而益加家之解彙為附錄於是引而伸之擴而充之易用
潤色功也剽前人已成之書而竊焉已有賦也又折中詩書春秋閣彙纂三禮用義疏益加攻次
況惜其真而諂乎朱錫鬯論之曰朝廷可欺及孝經爾雅而夫學中庸遜之禮記左傳穀梁公
賞禄可覬後世不可諠蓋己淺疾之笑今庫序所羊各自為書合成十三經傳說而註疏前編傳
課頁閭所取皆用夫全著之為律令經生學士不說為後編網羅諸儒之割鮮而古今并收闡揚聖
知大全以外更有何書試問以大全所無則瞠目聖之蘊訓而微奧畢顧顧不偉歟雖卽不行于今

沘頵莫之能對如是而章一代教學之功繼十古猶可藏之笥篋以竢百世從子當奉筆硯相役得
儒林之舰不亦戞戞乎其難哉輯釋隨傳已久獨附訂閱之未掛名篇尾亦足不朽矣若夫詩之小
附見於劉用章判所列四書通義而近見浙江書序書之古文大學之改本春秋之春王正月公吾
目又稱子罕以下三篇闕逸惑則倪氏全文獨是心大吾目挂彼曉曉之辯立我正正之幟勿撓焉
書在耳嘆乎窮經著書之士當其仰面屋梁陶精勿懾焉可也顧後膽前當斷不斷則盈庭之訟終
冶神用一生鉛槧之工而不敢自勞者為名使也無堂上之人矣其於復尭之責何哉忠狠䫉䫉悸
逦遘身後之傳未幾胠篋之盜竊發甚可悲也而灰悚灰
是書尤可傳不可沒者今幸壁中之藏無恙家裏
之編尚存竢及今表章毋使終湮滅於天下此仁 譚經爾雅之文 後悟讜論高大有振木千仞
之像憨山 之儀

趙悟青城

上段描寫通真下段趙悟出慶畫記中龜品山巒位置蕭閒如入米南宮海嶽菴炯菴

楓石鼓篋集卷第二終

楓石鼓篋集卷第三目

書

上仲父明皋先生論四書輯釋書
與李愚山論尚書古文書
與李愚山論溪永韻社鈞邊書
與沈穉敎乞題小照書
與內弟朴聖用書
答從父弟道可書

楓石鼓篋集卷第三

洌上　徐有榘準平

書

上仲父明皋先生論四書輯釋書

四書輯釋抄本已裝池成否竊謂此本要須惡費勘校始可登列我東儒者若無離書之學板印一行訛舛百出絕羣之誤在牡丹之議在柱若不者與無書等不可不愼也蓋輯釋之出去朱子不遠又能集羣書而一之詳簡得宜頗稱精切一自

永樂中儒臣胡廣等承命纂修四書大全頒之學宮而輯釋遂廢然文全全襲輯釋少有增刪其詳其簡反不如舊大學中庸或問則多訛誤大學或問有不待七十子棗而大義已乘之語輯釋釋之曰出劉歆秘太常書反孔子家語後序大全輒去劉歆書但云出家語後序是不辨先後中庸或問引賈捐之對元帝語而輯釋之曰漢書本傳云後宮也威則賢者隱微倖臣用事則尊臣杜口而文帝不行此捐之之言謂文帝不聽後宮倖

而後動雖不中不違矣四者德之府也吾將以是
學聖人而為射且夫君子礦志如鏃也簽言
如矢也語其學則三均而九和也語其材則荊橘
幹而青白角也進退中規周旋中規内體正外體
直故筴已皆中節君子之於射沒身焉已矣而非
喑弓抽矢之謂也彈素憮然作而曰射哉射哉吾
願道德以為弓矢仁義以為侯的而從事于無形
之射

俊射義兼用考工法青城

文氣古爲規橅八家者不能作乃爾語愚山
前一半彈素敎射千準平後一半準平喻學于
聲素互有師資之益文亦甫足堪讀烱庵

池北題詩圖記

筠園之南方池演漾半矩見半矩隱荷葉如錢茜
苕已開末開者六七稍北怪石二嵌嶔偉峙靳靳
然東堂朱欄曲隱映怪石左大石林一鐠陳壺
一爐一茶梡一書函一茶梡螗蜽斑爛來殻搉翠
烟二莖書當唐人詩或无明名家不可知怪石右
芭蕉一本大葉三小葉二抱莖方吐者風披半折
者各一晚菩薩交薛覆地蒼蒼凉空翠欲流中
有一美丈夫幅巾大帶端坐蒲團上者園之主人

洗心子也膝前置端溪風字研白磁筆筒一手展
橫卷一手操不聿口喻嗋若賦詩將題狀所賦詩
古迤體不可知或曰其目睫盱眈視池中荷是
賦荷者或曰于蕉是賦蕉者蓉洲子曰岸匯
也夫匪也匪賦荷匪賦蕉匪石林匪朱欄匪怪石
者也夫閒遊於濠梁見儵魚出游曰是魚樂也然
魚之樂匪周之樂特藉物以寫意夫夫之圍亦寓
焉已矣問諸主人嗒然不答益瞪視池中荷
蓉洲子曰夫夫之不答是答也丁未立夏日記

毀責人塚墓罪當死命杖之旣寐瘧甚疾作家人大懼止之奎感堪輿說不聽曰塚中枯骨何能爲遂葬之十日而兔人咸曰蘇公之靈怒而爲之也目是憔悴不入焉憶高麗距今四百年耳前代之宮觀山陵墓皆葬烏江墟蕩爲寒烟百不存一而公之靈猶有不昧者存歟人兔斯形化矣魂氣上升骨肉歸復于土桓司馬之石椁楊王孫之臝葬其朽則一也夫既已銷況劉滅矣自達者觀之不以爲遽廬也辭矣而公則猶有所斷斷不能忘於斯者耶抑先生有命非一人之靈所可主張而適然之幻夢畫不足信歟余訝其言之近誕問公之名則士人不知歸而烏之記志怪也

文才三百餘字耳前幅寫妄如眞後幅慷慨頓挫名極柳歐佳處　愚山

古有占夢之官又有無鬼之論不可一而否今此記得史記傳疑信之法　炯庵

正論　蘇公有知便當爽然自失青城

鶴西學射記

徐子在鶴山西月日漫漫無所事客有柳彈素者憫其無業也告之曰山之西平疇夷可俟而射盡射以爲樂也徐子曰諾遂張候袒浚拾授矢以出蓋徐子未嘗操弓者也彎未旣手顫掉飄舍矢舒而趨不數武釋彈素習弓教之曰是病于弦之欲滿釋之欲按突不滿則需釋不常彈故矢不速如其言矢候而郊不左候而落無當彈素曰是病于樹釋樹不挺臂也不挺臂則不固則易搖故不中如其言矢向候而或過之或不及彈素曰是病于子之身母己昂母己俯則莫能以應中己俯則莫能以遠中如其言獲二矢焉徐子逌發其弓棚其矢曰已哉吾不復射矣彈素曰何故徐子曰吾將學聖人而焉用學射居吾語子射夫宛者克其彀也釋欲技者發之剡也執柎挺臂者操之勁也母己昂母己俯者身無偏也彀延乎量剡迪乎勇勁迪乎信身無偏則正己也是故君子量以範之勇以行之信以守之正己

覺病良已後數年園丁失培蕉竟根敗棄余亦牧家于蓉洲而雨蕉硯適以是時歸余私謂早晚蕉當膿聽雨用此硯題詩烏今年逃暑計會以事牽卒卒在關闠顧莫之遂朴君聖用余内弟也爲人港岩跞磊兀工於詩一日以赫蹏屬余記其堂堂之名卽雨蕉也余覽已回想曩時恍恍如昨夢延戱復之曰陰陽相嬗而雨不可恒寒暑代謝而草有時枯其有也瞥然其無也候炎六七月之間白雨如麻絲葉如扇子憑軒顧之陶乎其樂及夫

起爽覺清氣滿紙青城蕭踈截朝飈去近手畦徑青門集中得意作嗚雨是一日之有無蕉是一歳之有無硯是一世之有無推此而往天地古今爲十二萬九千六百年之有無不得不融然自適已耳㢠庵

秋霖收而草木萎庭宇闃如未始不悵焉于了焉則吾見子之樂一年無幾日而視余之固無有不甚遠也處此有術如王子猷之竹君則可也夫子猷詎未嘗一日無竹哉特其風韻趣味與自家並故心與之全化雖無而不無者存也且子開不開昔之人雪中畫蕉乎此之謂神會若是者又有無方不拘於時放心流形融然自適已耳又云乎哉吾將與子以之遂以雨蕉硯歸之曰姑以此書吾言

羅尺洞記異

羅尺洞在金陵數里舍西蔥可企而望黙洞無奇也余未嘗至焉一日甚無事偶步至其洞洞有大墳爲若奔若堂擦荆蕪翳剝頹者半余意其古大夫之塚也徘佪求豐碑短碣之遺蹟而不可得名洞前土人而問之主人曰此高麗侍郞蘇公之墓也故亦名蘇侍郞山徃年邑人姜奎愛其毋之老也於是既瘞始夜夢一貴人朝服冠帶入其室從騎甚盛呼奎跪之庭責之曰奎鄕野小人敢擅

愛竹獨不能盡一酌然飲人以酒輒大喜以爲樂今年夏扁其所居之齋曰篠歘訪余于碧洲屬以記余曰昔晋之陸機種竹齋東日飲其中子之扁蓋取諸斯乎夫生簀聽風竽舉曰而飲此晋人之清放而醉愈所謂有託而逃焉若此子富於年優於才園將立身砥行出而爲世用尚何麴蘖之托而林籬之逃邪吾以爲不倫也仲尼之聞竹忘味惟酒無量誠非貪聲歘嗜假物而寓義子之扁亦假焉已爾孟子曰伯夷聖之清者也柳下惠

之和者也竹之風有伯夷之清酒之味有柳下惠之和過和則流於放放非酒之罪也余故曰酒狂匪眞狂迺狷之狂熙則謂酒君子亦可竹酒不具兼之子敵故而中間忽挿入上上下下雜綴竹酒具兼掌斷岸千尺無夏進一步輕輕選來斐然而斐然獨愛竹而不愛酒回顧籧敵二字如鳥雙翼而車于輪此將奈何忽又此物連類一齊一解一譬善鳥踊纔非吾句庭友人叔子冰叔氏無此作焉準乎氏何人也

能有此作也乎既斐然嗜飲孔子曰狂簡斐然狂者誰非酒德惟斐然乃能嗜飲桐庵

兩蕉堂記

余畜硯四方曰濤雲曰雨蕉曰龍珠曰蓬壺而雨蕉硯爲余所最者愛硯端溪產也玄池邊柱竹西蕉葉風雨半折狀故以名憶庚子中夏余之太極室室南小塢新植芭蕉四五本驟長十餘尺晚陰覆臒几榻書帙爲之澄碧可念時暑甚余病肺卧汗涔涔昏䆫若睡者歘忽聞除砌有淅瀝聲渟凉撲面起視則陣雲密布雨鈴驟打蕉葉上拍拍蕺蕺玲瑯戞落余蝡久之神爽氣朗

不俗齋記

天曰風地曰俗夏后氏尚忠殷人尚質周人尚文風也魯之逢掖宋之章甫吳越之文身俗也二者古今天下之大關也故曰陳良楚産也又曰伯夷之風然則不困於俗者其惟聖人乎自三代以來聞泰楚之强悍齊魯之禮義也余東人也東俗最近中華猶於習染之來常患其方而靜是以移風易俗雖難吾聞唐虞之後復有賢以下猶曰風俗云雖然天之德圓而動地之德風不能奪此竹之品氣中正也而後風易俗則與之同功焉雖然擧天下古今而論之種竹者夫人而是也百姓日用而不知君子見物而思義易曰君子以善俗吾伯氏以之喫醒語青城庵夫竹有幹有節有葉難免乎草之俗也然其虛空勁直何嘗染木草之俗居東而慕華其亦人中之竹也歟齋記蓋隱映此段之旨煙庵

篠飲齋記

陋也信乎俗之難易也丁酉夏五月余伯氏種竹于除竹甚茂遂名其居曰不俗他日余語人曰善哉吾伯氏之移風易俗也昔仲尼在衛聞竹三月不知肉味曰人不竹則俗莫善乎竹伸曰傳曰竹之冷淡如古人風故易亦莫善乎竹俚曰俗擧其難也夫中則不移正則不易千有餘者風俗之謂也是故地之相去也千有餘歲而得志行于中國若合符節此聖人之德之中正也外體直內體虛嚴霜不能摧

昔人謂竹君子謂酒狂藥狂之於君子遠矣照余嘗怪愛竹者必善飲嵇康阮籍之徒居竹林七賢其愛竹也如此而是七人者皆酒徒也辛仲宣载竹爲鸚以盛酒曰我惟愛竹好酒欲合之俗蓋此二者若相因而不相離者其故何哉竹使人清酒使人放清與放一致而趣則異竹者善歐固宜余由是知王子猷必善飲劉伶必愛竹犢傳記無其說可徵也余再從叔父斐嘅素愛竹情

義何室記

蹟者達者其學大精而審者其學小蓋由性之近
藝又末也若是其小哉子之學也感察其色則山
而聖人之教之者亦惟因其性而未有能柳其精
審而強其學焉是以觀其學可以知其性觀
其性可以知其人今之學者不然惟恐其學之不
大而不能因其性之近也是故精審者迂其性而
力為之大於是乎有違心之行有拂志之言有內
愧之名觀其學不可以知其性觀其性不可以知
其人豈不惑歟余嘗以為孔氏之學其為大也至
矣然其教人也不一依顏淵閔子騫善言德行宰
我子貢善為說辭冉求季路之政事子游子夏之
文學其學焉而得之者有大有小有全有偏夫二
三子之得聖而師之如彼其專也遊乎其門如彼
其久也而尚或不能盡其大者豈非因其性之近
而觀其學可以知其人也專因其性可以知乎
余風與柳琴彈素相好其為人也詳靜密察之
而弗知弗措也恩之而弗得弗措也裁乎其精審
者矣余嘗過其家於終南之麓視其扁則曰義何
室記

室入而詰之曰子不聞之乎藝道之末也而數於
藝又末也若是其小哉子之學也感察其色則山
歟焉而左右者皆天文曆數之書歧然若自得者
蓋其性之固然也余徒而謝焉曰子其不以名易
其性者也且當舉世驚大之時予獨不以小為歡亦
可謂特立也己彈素以余為知己遂以記請余曰
熙夫子之因性而不趨名雖不子之面而聞其
學皆可以知子烈余之相好久矣顧安得默也遂
書以贈之使後之欲知斯人者於焉取之

道得彈素固守專執不徒為彈素堂室記把作
畫像贊墓誌銘夫辭曰不可炯庵

洗心軒記

好我而惡物憂於眍而樂於亨此人之常情也然心卽虛明已好惡憂樂豈心之本有者哉特物使之然而虛明者應之笑故君子之寧必虛其明其明使吾心之全體立而物之在外者觸而不亂至而能應於物或於色發於聲若不得者則大憂以懼二者相尋於無窮眇亂友復七情橫以心徇物故感於物或於色發於聲若不得者一得於世則必欣欣然見於色發於聲若不得者

物之奪我心者嘗多故古之人必有切磋之益法誠之設以擴其良心而防其非辟之干今吾叔以是名其軒而出入警省之際嘗若嚴師忠友之臨乎前凡好惡愛憎之形於心者一以虛明洗之使夫方寸能寫意於物而不留意於物則庶幾不於君子之應物余故樂爲之道且固以論心之文除非周張程朱則易墮於衒頭巾而此記映然不渾匪惟主人有洗心之工作者洗文之手烱庵

生而其虛明者無可以見則其爲形也亦愚哉獨不知吾之欲無盡而物之可以盡吾欲者有盡矣豈不悲夫若君子則不然性之在我者盡之命之在彼者安之素富貴行乎富貴素貧賤行乎貧賤素患難行乎患難不尤人不怨天下不惡於物之外而吾之虛明自若也此豈非洗心之致乎余從祖叔父景博氏扁其居曰洗心諝余爲之記余以爲君子之神明其德生於吾心美以名軒烏哉夫常人之心虛明者嘗微而外

超然臺記後又有此作青城

楓石鼓篋集卷第二

洌上　徐有榘準平

記

樂樂齋記

白鶴之麓蜿蜒奔騖南馳石低岸回如抱晴平如陸者曰明皋吾仲父五如先生移卜先處士之宅兆而築室于其下名曰樂樂齋蓋取諸記所謂樂樂其所自生者也有梁請記之以昭其命名之義曰夫孝子之事親也蓋亦多矣奚止於樂哉然語其本之於心以凝諸精而釋於神者則樂烏夫寢處安逸足以適其四體此世所謂善事親者也然其悅之也樂之也適之也皆在形而不在心故君子小之若乃致其敬和致其歡著誠而玄僞窮本而知變融然疑精釋於神者則其惟禮與樂乎雖然記不云乎禮由中出禮自外作世有歸貌事親而亨其心則不掩者所謂圓冠岌岌大裙禪禪坐而言起而舞趨不以孔孟之心爲心者是已

又豈徒曰禮烏哉惟樂則不然鐘鼓管磬羽籥干戚之器雖備而必本之於心會之於精神然後其聲與之感此其哀樂喜怒邪曲直一感於心者則從之見其所以樂其生也是以君子致樂而事親則陶陶遂遂和氣暢於內喻色婉容形於外凡吾之疑諸精者可以釋吾父母之神故曰邇不忘乎心諸此皆樂之道也聲不絶乎耳志嗜欲不忘乎心此皆樂之道目聲之釋於神者可以釋吾父母之精吾而事親則陶陶遂遂和氣暢於內喻色婉容形於外凡吾之疑諸精者可以釋吾父母之神故曰樂其生也是以君子致樂而事親則陶陶遂遂

歸焉甫夫何也以本於心者莫大乎樂而其發見而不可以烏僞者又莫大乎樂也宜先生之必取於斯也齋旣成先生有歸老之志而有梁亦將以卜親墓于梁之南麓而徃從焉則是扁之以戒此亦所以戒世萬子孫母變也遂書以別之以垂諸後云言禮言心點瑕隱映可以補樂記而翼孝經庶幾極意摸六一公有美堂記幾於換脫讀者不能坐而覧兒山

拜曰大哉命名之義也苐則何敢雖然請以兄之
言書諸紳
二序並典雅得體 青城
最近陽明 愚山
守叙引謐法于古卓異之見 炯庵

楓石鼓篋集卷第一終

楓石鼓篋集卷第二目

記
樂樂寮記
洗心軒記
幾何室記
不俗齋記
篠飲榭記
雨蕉堂記
羅尺洞記異
鶴西學射記
池北題詩圖記

以自悅不足以爲樂君子之樂其惟朋來乎雖然
學斯悅悅斯樂樂者樂之本也而明不先立乎本
王不琢不成器人不學不成道而勉乎哉同聲相
應同氣相求水流濕火就燥學成而悅悅而來者
之有也大學曰明明德學而悅也明明德於天下
朋來而樂也古者八歲入小學十五入大學而年
今十五加一以其時考之則可矣故名之曰有樂
字而曰朋來而勉乎哉公曰善哉爾之言之也爾
行賓事有榮趨而出直西序東面有樂立于西階
東南面有榮讀曰禮儀旣備令月吉日昭告爾字
爰字孔嘉髦士攸宜宜之于徦永保受之有樂對
曰敢不服膺是曰也從父弟有榮亦冠
古來字說多用訓詁今則訓詁焉儀注所以祈
典冰雅炯庵

從父弟有榮字序

從父弟有榮與叔弟有樂同日冠于蓉洲旣加布
其見有榮以王父命之字曰爲之讀字辭如有
樂禮退而見兄子私有榮拜從父兄楓石子答
拜禮之以咸人也有榮卽席閒然曰命之斯可言
之矣斯可服也王父旣命之頡名之斯可言
世言之楓石子曰不亦善乎君子顧名思義而不知
之業中英華發外故木之榮花蕚是己
人之業吉祥善事是己人之榮莫尊乎德莫貴乎
達行由義樂善不倦睟面盎背道德之榮也垂
紳縉笏出將入相在社稷澤被生民顯達之榮
也兼之蕭此二者也夫道德天爵也顯達人爵
也天命之人尊之業執大焉天人協同熟加焉
雖然古之人修天爵而人爵從之而姑修之己矣
謹法曰寵祿光大曰榮顯達之謂寵祿道德之謂
光大兼之故曰榮舉千古而數之得此謹者蓋寥
寥焉其難也如是迺以名而字而盛矣乎其祝之
也而能不負斯名也則吾與有榮焉有榮瞿然起

山者曰黔丹山色澄沐如藍歊霞半夜山露螺黛數點初旭薄射演顧成紋故曰黔峽紋霞是二者於朝宜中江而壅偃烏島者曰粟峽對嶼而瀠紆島泛者曰蔓川瀕寂波潛露氣暮流魚鷖多柱嶼渚蠏燈多在川港藂火點點如踈星行舟欲乃聲與漁謌相互答故曰粟與魚鷖曰蔓川蠏燈是二者於夜宜江之下流曰烏灘春冰甑泮漕舶早集遙望千橋筏立淡霧浮翠閒依依然工流日鷖梁潦水時至溫水灘漫片艇浮搖若去若來江之北

麓曰麻浦峴有櫪柞數十株秋濃葉老丹碧錯互爛漫如蜀錦衣山東漸日沙村坪村人歲播秫麥麥芒方吐微霙初集璀璨如琳琅落絮故曰麥坪玉屑曰橲圍錦穀曰鷖梁逶迤曰烏灘墨橋是四者或宜春夏或宜秋冬蓋天柱黌几案閒飭也今年之遠眺東嶼蔓川橲圍栗坪丹烏灘鷖得抄春舟過烏灘見中流塊石龜伏露頂鑱二大字苔鼓蘚蝕刺楷其下手捫讀之其文曰集勝士人從遊者曰明朱之蕃筆也遂拓之歸復列八月

于左將丐詩諸名家主人先爲序以道其志主人姓徐逸其名自號笑蓉子
雲興霞蔚絢繢人目青城
如握奇形名奇正警墨不可方物烟雇

叔箏有樂字序

叔箏有樂之冠筮日不筮賓時有功緦之服未成禮也及日兄箏衿于蓉州冠三加仲兄有槷以王父命之字曰朋來復賜之坐而告之曰冠而字之成人之道也而飤責之以成人之禮焉而壺慎諸且而知夫命字之義乎夫與衆樂之謂樂君子烏善及於人而信從者衆故樂之遠也有朋自遠方來不亦樂乎朋之來信從善而來也是故徒學足以譐聞不足以自悅徒習足

之若聰人道派蓋清者也工書嗜畫九好品論古
董興至輒攜笈遊西湖別業以攬雲烟花鳥之勝
而詩日益富才情逸發風流動盪其得於清氣者
居多余嘗評定其詩以高芬郁如秋空之芙蓉香
艷如春園之𩑺頷蒼古則殷爵周之冷汰也澹
雅則法書名畫之鮮榮也婆娑天地間清淑之氣
結轄于方寸抒寫于篇什而擬議成變富有日新
則其浮於世而不没此無疑後有乘詩者必以

蚓庵

攢簇芳郁有烟雲出没之奇此逸品也愚山

余言爲過也余素喜文章而獨不能詩舞鼎書畫
則愛之而不知其妙故文亦蕪而不清今筼圄子
迺欲以余言冠其詩噫涇近于渭矣余愧甚雖然
雲嵐花卉不能自顯遂見於金石形於圖書而
名笔彭金石圖書亦有時而削劇僞文章之傳爲
無窮故彼䜭齋莫不托之文章而后其清逈大著
於久遠余辭以是卷貿之姑書此以爲他日之左
契焉可也
鍾退谷曰詩清物也黎雲閣詩敘蓋善爲詮解

芙蓉江集勝詩序

集芙蓉江逸近之勝指計有八其一天柱朵雲其
二黝丹紋震其三栗與魚鬐其四蕙川蠏燈其五
烏難壘橋其六鷩梁逸艇其七樹園錦縠其八麥
坪玉屑直江東南數十石武刱岌詭秀而山齋曰
冠岳最高而峯者曰天柱晨起凭眺一朵白雲濛
濛起峯頂已而芬簇擁統甲薈蕭自山腰以上
隱而不見已而芙飛盡則獨見峯巃破砑倚天
屹立故曰天柱朵雲自冠岳西馳蜿蜒復徒走而

聽焉此之謂啞山今之為詩者以雕繢為能事鬪草儷葉取青妃白壇土沙以為峯齏酪以俠水符匪不清奇華艷而功之無脈相之無骨譬之無生意而迤沲自喜曰吾之詩三唐正聲也鳴鳥啞詩也幾希為詩而不至於啞則斯可矣故余於川流得詩道焉吾伯氏之詩不欸緣乎情沿乎志唱其胃中之所欲言而止不以人工惎天造故楮毫之工脈理縱橫行墨之間骨格崚嶒一詠一歎漾漾若清泉從石鑄迸射信乎其活機之能籟也自是石激為雷照噴為鐘轚為淘湯灩之為三江之澎湃豁之為彭蠡之噌吰皆其所必至也余以三月歸自鶴山而伯氏今又行矣遙想潦水時至瀑流益奢踞石獨聽如余曩時之為而賦詩吟哦水聲相雜則未嘗不棚栩神迻也伯氏詩凡若干首題曰金陵詩草金陵吾家立墓鄉也亦名鶴山

屈折縈迴如水出峽不斬奇而自奇成

借水喻詩自昔或有而未嘗見若斯之淋漓蕭瑟也啞詩墳犢頫府山守詩守譜感感罵山罵詩何太刻也山與詩有眼其當淚落如豆

梨雲閣詩序

天地清淑之氣氤氳苞孕為雲嵐花卉其在罵則為鐘鼎簿籤在人則為書畫為文章而文章之中詩尤貴夫清也詩之清以書畫以舞鼎以花卉雲嵐不爾詩無清也良工搆室必先擇材詩亦有材焉擇之不精則詩不清不清則不傳魏叔之論詩曰古人之詩莫不有清淑氣與雲物相接故嘗浮于世而不沒信矣夫濁則實而墜於地矣余從祖叔父笏園子癯貌玉立明朗檐潔墊

無是刑全於此謂之大宗偏於此謂之小宗若夫
舒氣者病肆按法者病槪遲巧者病熟無
一於三者謂之無文斯義也蓋嘗受之吾仲父明
皋先生黙未之有徵此及先生年至強仕辨攉中
篋盡出曰所爲詩文手削什之三命有槧編之
生之言既而手卷而請名于先生先生曰其始有
而不肆按而不枳遲而不冶讀先生之文而徵先
井井爾規度者其法乎膈膈搞藻者其巧乎舒
爲一集既辛業仰而戴曰熊熊爾勃鬱者其氣乎

法度嚴峭而筆力蒼挺結語似徹非徹文之絕
佳者愚山

予昔公子荆善居室始有曰苟合矣少有曰苟完
笑富有曰苟美矣今斯之名志始也繼此而集者
爲少有爲富有蓋將爲集者三云爾有槧融戯會
怡然得辭雅馳而曰始取于天乎少取于地乎富
取于人乎易曰乾元資始又曰坤以簡能又曰富
有之謂大業丁未日南至從子有槧敬序

古來論文未有若斯之備 青城
始以易終以易具三極之義不惟始有集爲熟
此序體段曰氣曰法曰巧何嘗不一儁于 炯庵

金陵詩序

丁未二月余在鶴山丙舍山之東有大溪焉余嘗
乘月至夜寂谷虛樹抄不動俚聞川聲瀺灇撞耳
顧而樂之就溪邊崖石上箕踞靜聽之喟然嘆曰
噫此山籟也可以言詩也已語有之天生名山石
爲之骨川爲之脈夫如是故活機動而籟作爲彼
嗚者咆者瀰洋者漢潛者之淘淘之湾島湾也者
之然哉是故無石謂之島無川謂之湾島湾也者
頹然一土塊而已雖使師曠終日側耳于衡安所

而以序焉余閒按圖史岱淵以東琉球呂宋蝦夷之屬雜國以十數日本最大又能通異國資有無貨財輻湊民殷兵強勝國以來歲為邊患至皇明萬曆間平秀吉鬼闞伯聲言入寇中原先犯朝鮮七道糜爛三都燕菜我昭敬王西駐義州乞救于天朝 神宗皇帝赫然震怒遣提督李如松統兵討之王師所曉樺飄席卷東土數千餘里書錫封威恩并加溟得古聖王君天下之體何其盛也今覽國志秀吉兵敗憲忿不再傳而國內亂源家康滅平氏而代之自是和議益固與民休息傳其孫吉宗待我使甚歡交鄰之禮勿懈益虔東南州郡晏然無干戈之警二百年于茲而我國亦自壬辰以後恪遵天朝約束置前日之異俗登于能述入于榮素者盍富以威之適際是時依最纖詳可喜而柳知 神宗皇帝休育涵濡之澤如是之久且遠哉又接歷代正史必

仲父明皋先生始有集目錄後序
易曰剛柔交錯天文也文明以止人文也又曰成天地之文斯之謂三才之文也蓋烏文之道三氣資乎天法稱于地巧生乎人一藝乙而要其至三極之道聚焉渾沦汪濊瀇瀁沉注淵瀧之水而故之渤鮮者以氣勝者也無是歲洵汰鍛鍊剪緞雕刻導情妮而徵勝者也無是聲韻鏗鏘者則典式方軌準繩殘操匠郢之斤而施之縄尺者也無是

此真經國手段交鄰硯儒蓋大略也申聞筆墨翰舞露出言外之悲有辰動人峒庵

尤長著書

名德巒完山國姓起家爲奎章閣檢書博學工詩其必傳而後之修史者亦將有取於斯云爾李君而詰于今志尚止有誣非閱聨者則是書如吾知不知也我國辭處東陲之外惟與日本相舞為中國利害者所宜評列而羈縻制馭之術不可傳外夷蓋不惟大一統之義亦以其叛服去來能

像形簡而遍研精韻澈神以明之者以巧勝者也

歎其年滾多駃畫何此蓋以其世遠而慎所不知
也自退之以後傳古好奇之士務多聞以爲勝收
葉遺漏補綴殘欠於是乎有潘迪之音訓有薛尚
功之歎識記有胡世將之資古紹志錄以至都元
敬金薤篇劉梅國廣文選其所攷錄者或四百九
十四字或四百九十七字而戟其時代後出者反
多於前此亦可疑不可信者至若皇明楊愼自謂
得之於李賔之所傳唐人拓本余滋惑焉取其本
而攷之第五鼓有我來自東靈雨奔流之文夫車
攻詩所謂篤言自東有甫草者以其時狩于東
也若岐陽則在鎬京之西宣可云我來自東乎第
六鼓民間窪以爲臼文盞漫滅今以他鼓較之每
行多者七字少者六字此鼓則行僅四字而上皆
二三字而用修逐行增一字強之成文果如用修
之言則寶之必見全本而其所著石鼓歌中乃有
韓章之好古也來必後於用修而乃反攘遺拾瀋
涓埃補海岳之句何哉夫明之去古也已遠
欲補逸之之所未補於數百年之下其不量力而

務勝宜其失之多也烏乎豐氏之石經行而大學
之旨亂手本之經說行而三傳之義晦楊用修之
僞本出而石鼓之眞此不可不辨也余因序舊聞之
而不能無疑於鄭漁仲三代歎識之記也
舉尊之考證得此益備
下炯庵
考據與則恨不使朱錫鬯撰次于日下

蜻蛉國志序
蜻蛉古日本國名當周幽王時有狹野者立國于
和州晦偶山之東南種原國號豐秋津洲日本人
謂蜻蛉島秋津以其地形似之也後漢光武時始
通中國史補倭奴木補野馬是也至唐咸平中自
謂居近日出処國號曰日本後世因之地環海居
天下之東北與我國相鄰故其風俗版興選遞見
於我國記籍如海東諸國記日本行錄之類甚衆
今橫城令李君戀官蒼華來撰蜻蛉國志二卷

楓石鼓篋集卷第一目

序

石鼓文序
蜻蛉國志序
仲父明皋先生始有集目錄後序
金陵詩序
梨雲閣詩序
芙蓉江集勝詩序
叔華有樂字序
從父弟有榮字序

楓石鼓篋集卷第一

洌上　徐有榘準平

序

石鼓文序代

三代之時有鼎彝旂常以紀蹟焉當文武盛時懿德偉烈之載謨款識河徽於久者宣云少哉後世猶有失其傳者豈非以其遠也歟岐陽石舊在陳倉野世傳周宣王時獵碣云唐餘磨之鳳翔孔子廟中後自鳳翔移汴又自汴移燕

元皇慶間置之文廟戟門內蓋石鼓至唐而始章顯物以為周文王之鼓宣王刻詩韓退之以宣王之鼓謂之字文周所刻者焉大卿是也謂先秦篆文者鄭樵是如所擴各異瞽皆不已數說者雖未知其得失而歐陽脩又謂非史籒能作朱彞尊則曰其文離鐘鼎款識未遠要之上代之迹無疑也照其歷歲既久蝕虧殆盡今可見者才三百二十五字余嘗疑退之好古者既得張生之全本而未嘗拾鼓補闕以傳于後

自引

彙楓石子交裝迭成凡六卷一卷之三分序記書如千篇四卷之六分傳誌雜交如千篇辛丑收中其起散之歲也異言主議識交多紀事名物考據又什之三此入經藝子史百家多者繼二累千言炏實典所得也異交好師西京自唐宋大家說明李名家靡所不好擯不好東人交見之瓢呐炏交不能自成一家也異為交此之甚難頻有大苦者鼓成則大喜客至剛尚從相彈跌不讓古人炏或訾毀之交哎炏秉忰也其藁約多散佚毀而悔曰病志有之人不愛珍之指而愛已之指吾嘗否有而已他日暨前吾又奚知遂慕之挑汉取燹記語題曰楓石鼓篋集中州趙雪颿此序諸名家各有評語而芙蓉江徐有榘自引峕年二十四

楓石鼓篋集總目

卷一
　序
卷二
　記
卷三
　書
卷四
　傳
卷五
　塔銘
　墓誌銘
　祭文
　哀辭
卷六
　雜著

足孝工記時燈火青熒
煉聲硏澤在登間楓石
子朗誦數遍拍案而起
曰大丈夫業定不當如
是耶余笑而頷之楓石
子瞪忘之耶是豈序戈
申白露日明皐樵隱書
于必有堂中

楓石集序
我東文章家紀綱道德經緯人事英辭潤金石高
義薄雲天者磊落相望獨世掌絲綸賁飾笙鏞壇
歉之治鮮笑惟楓石太史徐公歷世立幟騷壇
稱爲大家其文委自天機衆之史傳蘊思仓毫遊
心內運經累日始放言落紙氣韻天成性靈之風
標神明之律呂也稟藻超前絕後不借古語用
於手我獨成於心其華編麗豪見者皆翕然重之
申今情篤三藐而卑三觀九耆歐陽文日人嘗成
余少也就賢作文程式公葉流風迴雪落花依草
之體肇天球琬琰赤刀大貝之法俾有用於國也
嘻余放嬉於無成祗記得申複之意石公嘗引東
坡言勉之曰作者善改不如善削今於公頁卷之
文何敢以衍語蔓辭犯大家之誡也哉
大匡輔國崇祿大夫議政府領議政領經
筵弘文館藝文館春秋館觀象監事　世子師
月城李裕元書

明清以後肢弛不羈之士最宋心之規撫劈畫而卓然秦漢注想不可傳則高然何秦漢平興故自王何己失與故於是乎矯之以峻整而

入斯卷斯卷之與二子傳盍乘疑美飲余以為謂二子發疑者交余故也余今殷殷望於斯交矣不復育然負起心然矣與所願學則且不在二

叔魏倡焉矯之以雅潔而子湘鳴焉矯之二子亦而文而宋心好焉二子每畸美楓石子酷好二子一佔先以示余曰可與二子傳乎曰可馭後始

子況楓石子視余富氣尚鉞所楓石子齒尚富子年不翅所成什佰過之乃友以二子為傳而使余盃而疇乎憶余嘗左明皋精舍與楓石子講禮

楓石鼓篋集序

天下事有平居離合聚散不常乎厥後者乎至文字有事不可不知焉者乎至文字有事不可不知焉者乎至文字有事不可不知焉者

余命故畸人一切文有楓石子悉二十五與多也及楓石子年二十二以則百餘畸不可忘

動輒斧忤獨於文誰弱主之傳在與傳蒙未唐石子是己楓石子未子讀五經四子冠徑余

盡一家文疑必叩叩必屢詰末訓滋益不俊當苟契矣語未竟唾唾而奇

宋八家文未契即斯之未能信余曰蒹子諤一言進進匈觀者歟而咲而許典所已能而勉其所

巾衍所藏刑定蒹子一集而請曰余序已日請余日諤必激

不怔也如是十餘年雖未甞子噫文此弊久矣

楓石鼓篋集

目次

魏禧鄒長蘅傳……四〇
金朴二烈婦傳……四二
和靖夫人傳……四四

卷第五

墓誌銘

太學生趙君墓誌銘……四七
柳君墓銘……四八
宋妞金恭人墓誌銘……四八
烈婦劉氏墓誌銘……四九

塔銘

女老悅壙墖銘……五〇
喚醒庵舍利塔銘 并序……五〇

祭文

祭王母李夫人文……五一
祭王父儀晚齋先生文……五二
祭柳君彈素文……五五

哀辭

送遠辭哭幾何子有序……五六

卷第六

雜著

春王正月辨……五八
詩策……六一
本史補編論斷……六七
讀歐陽公帝王世次圖序……六九
題洗劒亭雅集圖……七〇
跋本史……七〇
跋朱子墨蹟……七一
漳河子琴銘……七二
杖銘……七二
筆洗銘……七二

知非集

卷第一

上疏

辭奎章閣待製疏……七七
淳昌郡守應旨疏……七七
辭弘文館副提學疏……八一
辭江華留守書……八二
刑曹判書時與參判任栐常參議李景在聯名上疏……八四

楓石全集 目次

鼓篋集

卷第一

序
- 石鼓文序 …………………… 1
- 蜻岭國志序 ………………… 5
- 仲父明皐先生始有集目錄後序 … 7
- 金陵詩序 …………………… 8
- 梨雲閣詩序 ………………… 9
- 芙蓉江集勝詩序 …………… 10
- 叔弟有樂字序 ……………… 11
- 從父弟有榮字序 …………… 12

卷第二

記
- 樂樂寮記 …………………… 14
- 洗心軒記 …………………… 15
- 幾何室記 …………………… 16
- 不俗齋記 …………………… 17
- 篠飲淅記 …………………… 17
- 雨蕉堂記 …………………… 18
- 羅尺洞記異 ………………… 19
- 鶴西學射記 ………………… 20
- 池北題詩圖記 ……………… 21

卷第三

書
- 上仲父明皐先生論四書輯釋書 … 22
- 與李愚山論尚書古文書 …… 24
- 與李愚山論溪木續社鉤邊書 … 30
- 與沈穉教乞題小照書 ……… 33
- 與內弟朴聖用書 …………… 34
- 答從父革道可書 …………… 35

卷第四

傳
- 權應銇傳 …………………… 37

【楓石鼓篋集 原文】

저자 강민구

성균관대학교를 졸업하고 연청(研靑) 오호영(吳虎泳) 선생을 사사하였다. 현재 경북대학교 교수이다. 역서로 『국역 낙재 선생문집』, 『교감국역 송남잡지』 등이 있고 저서로 『조선후기 문학비평의 이론』, 『조선후기 문학비평의 실제』 등이 있다.

실학파의 산문과 비평
― 서유구의 청년기 저작에 대한 비평의 실제 ―

2013년 8월 26일 초판 1쇄 펴냄

지은이 강민구
펴낸이 김흥국
펴낸곳 도서출판 보고사

등록 1990년 12월 13일 제6-0429호
주소 서울특별시 성북구 보문동7가 11번지 2층
전화 922-5120~1(편집), 922-2246(영업)
팩스 922-6990
메일 kanapub3@chol.com
http://www.bogosabooks.co.kr

ISBN 979-11-5516-090-9 93810
ⓒ 강민구, 2013

정가 20,000원
사전 동의 없는 무단 전재 및 복제를 금합니다.
잘못 만들어진 책은 바꾸어 드립니다.